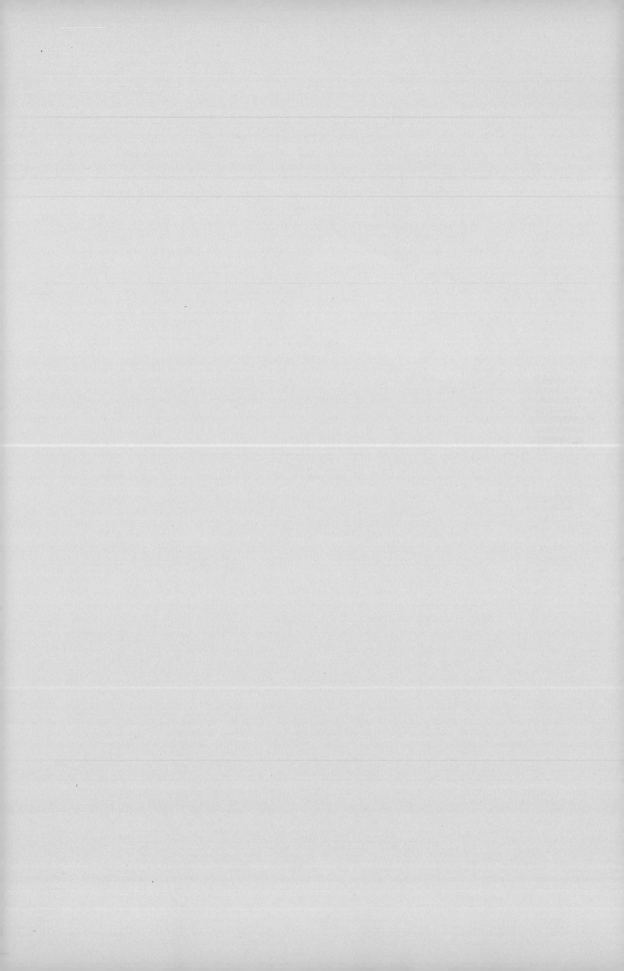

はしがき

　労働安全衛生の法規制は、とかく「複雑でわかりにくい」といわれています。その理由としては、法律や政令、省令、告示などの数が膨大であるうえ、内容的にも複雑であり、改正点も少なくないことなどが挙げられます。

　そこで、本書では、複雑でわかりにくい安全衛生法令を項目ごとに一覧表形式にしてまとめました。安全衛生を担当される皆様の身近に置いて、必要が生じた時に参照していただくことを目的としています。

　本書は、初版刊行以来、好評のうちに改訂を重ねてきました。改訂16版では、原則として、令和4年10月1日現在での安全衛生法令をもとに編集しています。令和4年4月15日の安衛則等の改正では、これまで安衛法22条に基づく健康障害を防止するための必要な措置の対象とされてこなかった一人親方等に対しても、労働者と同等の保護を図るため一定の措置を講ずることが事業者に義務付けられました〔令和5年4月1日施行〕。また、同年4月28日の安衛則改正では、安衛令第22条第3項で定める有害な業務に従事する労働者に対して歯科健康診断を実施する事業者は、その使用する労働者の人数にかかわらず、安衛則第48条の歯科健康診断（定期のものに限る）を行ったときは、遅滞なく、歯科健康診断の結果の報告を所轄労働基準監督署長に行わなければならなくなりました〔令和4年10月1日施行〕。さらに、5月31日の安衛則等改正では新たな化学物質規制が導入されました〔公布日、令和5年4月1日、令和6年4月1日施行〕。本書の関連する箇所においては、これらの改正点を反映させました。

　ただ、本書はあくまでも「規制の概要」をまとめたものですから、事業場において実際に労働安全衛生業務を運用される際には、本書の内容を手掛かりとして、法令の条文そのものに当たられることをおすすめします。具体的には、労働安全衛生分野の法令だけでなく、解釈例規（行政通達）も掲記している『安衛法便覧』（労働調査会出版局編／毎年度発行）がもっとも充実したものとなっています。インターネットでは、厚生労働省の法令等データベースシステムや中央労働災害防止協会の安全衛生情報センターなどで検索することも可能です。

※　なお、令和6年4月1日施行の改正箇所にはその旨を注記するとともに、令和5年4月1日施行の改正点には★印を付しています。

　　令和5年1月

　　　　　　　　　　　　　　　　　　　　　　　　　　　　　　編　者

安全衛生法令早見表

目次

法令名の略称

　本書は、労働安全衛生法令のうち、下表に掲げる法令に関する規制を対象にしており、「関係条文」などには以下の略称を使っています。

法令	名　　称	略　　称
法律	労働安全衛生法	安衛法
政令	労働安全衛生法施行令	施行令
省令	労働安全衛生規則	安衛則
省令	ボイラー及び圧力容器安全規則	ボイラー則
省令	クレーン等安全規則	クレーン則
省令	ゴンドラ安全規則	ゴンドラ則
省令	鉛中毒予防規則	鉛則
省令	四アルキル鉛中毒予防規則	四鉛則
省令	特定化学物質障害予防規則	特化則
省令	高気圧作業安全衛生規則	高圧則
省令	有機溶剤中毒予防規則	有機則
省令	電離放射線障害防止規則	電離則
省令	酸素欠乏症等防止規則	酸欠則
省令	事務所衛生基準規則	事務所則
省令	粉じん障害防止規則	粉じん則
省令	石綿障害予防規則	石綿則
省令	東日本大震災により生じた放射性物質により汚染された土壌等を除染するための業務等に係る電離放射線障害防止規則	除染則
法律	じん肺法	じん肺法
省令	じん肺法施行規則	じん肺則

安全衛生管理体制に関する措置

1　業種別安全衛生管理体制の規制一覧

業種		安全委員会の設置基準（令8条）	衛生委員会の設置基準（令9条）	総括安全衛生管理者の選任基準（令2条）	安全管理者の選任基準（令3条）	安全管理者の専任の基準（則4条）
製造業（物の加工業を含む） 化学工業	有機化学工業製品製造業	50人以上	50人以上	300人以上	50人以上	300人以上
製造業（物の加工業を含む） 化学工業	石油製品製造業	50人以上	50人以上	300人以上	50人以上	300人以上
製造業（物の加工業を含む） 化学工業	無機化学工業製品製造業	50人以上	50人以上	300人以上	50人以上	500人以上
製造業（物の加工業を含む） 化学工業	化学肥料製造業	50人以上	50人以上	300人以上	50人以上	500人以上
製造業（物の加工業を含む） 化学工業	その他	50人以上	50人以上	300人以上	50人以上	下記＊に同じ
製造業（物の加工業を含む）	紙・パルプ製造業	100人以上	50人以上	300人以上	50人以上	1000人以上
製造業（物の加工業を含む）	鉄鋼業	50人以上	50人以上	300人以上	50人以上	1000人以上
製造業（物の加工業を含む） 輸送用機械	造船業	50人以上	50人以上	300人以上	50人以上	1000人以上
製造業（物の加工業を含む） 輸送用機械	その他	50人以上	50人以上	300人以上	50人以上	1000人以上
製造業（物の加工業を含む）	電気・ガス・水道・熱供給業	100人以上	50人以上	300人以上	50人以上	＊
製造業（物の加工業を含む）	自動車整備業	50人以上	50人以上	300人以上	50人以上	＊
製造業（物の加工業を含む）	機械修理業	50人以上	50人以上	300人以上	50人以上	＊
製造業（物の加工業を含む）	金属製品製造業	50人以上	50人以上	300人以上	50人以上	＊
製造業（物の加工業を含む）	木材・木製品製造業	50人以上	50人以上	300人以上	50人以上	＊
製造業（物の加工業を含む）	その他	100人以上	50人以上	300人以上	50人以上	＊
鉱業		50人以上	50人以上	100人以上	50人以上	＊
建設業		50人以上	50人以上	100人以上	50人以上	300人以上
運送業	道路貨物運送業	50人以上	50人以上	100人以上	50人以上	500人以上
運送業	港湾運送業	50人以上	50人以上	100人以上	50人以上	500人以上
運送業	その他	100人以上	50人以上	100人以上	50人以上	上記＊に同じ
林業		50人以上	50人以上	100人以上	50人以上	上記＊に同じ
卸売・小売業	各種商品卸売・小売業	100人以上	50人以上	300人以上	50人以上	上記＊に同じ
卸売・小売業	家具・建具・じゅう器等卸売・小売業	100人以上	50人以上	300人以上	50人以上	上記＊に同じ
卸売・小売業	燃料小売業	100人以上	50人以上	300人以上	50人以上	上記＊に同じ
卸売・小売業	その他	設置の必要なし	50人以上	1000人以上	選任の必要なし	専任の必要なし
通信業		設置の必要なし	50人以上	300人以上	50人以上	上記＊に同じ
接客娯楽業	旅館業	100人以上	50人以上	300人以上	50人以上	上記＊に同じ
接客娯楽業	ゴルフ場業	100人以上	50人以上	300人以上	50人以上	上記＊に同じ
接客娯楽業	その他	設置の必要なし	50人以上	1000人以上	選任の必要なし	専任の必要なし
清掃業		50人以上	50人以上	100人以上	50人以上	上記＊に同じ
上記以外のその他の業種		設置の必要なし	50人以上	1000人以上	選任の必要なし	専任の必要なし

＊ 2000人以上使用しているもので過去3年間の労働災害による休業1日以上の死傷者数の合計が100人を超える事業場に限る

（注）数字は常時使用する労働者数

※建設業等独自のものについては本表で割愛した。

衛生管理者の選任基準（令4条）（則7条）	衛生管理者の専任の基準（則7条）	衛生工学衛生管理者の選任基準（則7条）	産業医の選任基準（令5条）（則13条）	産業医の専属の基準（則13条）	安全衛生推進者の選任基準（則12条の2）	衛生推進者の選任基準（則12条の2）
50人以上 （選任数） 50〜200人　1人（以上） 201人〜500人　2人（以上） 501人〜1000人　3人（以上） 1001人〜2000人　4人（以上） 2001人〜3000人　5人（以上） 3001人以上　6人（以上）	1．常時1001人以上を使用する事業場 2．501人以上使用する事業場で次の業務に常時30人以上を従事させる場合 ①坑内労働 ②多量の高熱物体を取り扱う業務及び著しく暑熱な場所における業務 ③多量の低温物体を取り扱う業務及び著しく寒冷な場所における業務 ④ラジウム放射線、エックス線その他の有害放射線にさらされる業務 ⑤土石、獣毛等のじんあい又は粉末を著しく飛散する場所における業務 ⑥異常気圧下における業務 ⑦削岩機、鋲打機等の使用によって身体に著しい振動を与える業務 ⑧重量物の取扱い等重激なる業務 ⑨ボイラー製造等強烈な騒音を発する場所における業務 ⑩鉛、水銀、クロム、砒素、黄りん、弗素、塩素、塩酸、硝酸、亜硫酸、硫酸、一酸化炭素、二硫化炭素、青酸、ベンゼン、アニリン、その他これに準ずる有害物の粉じん、蒸気又はガスを発散する場所における業務	常時501人以上で次の業務に常時30人以上を従事させる場合は衛生管理者のうち1人は衛生工学衛生管理者免許を受けたものから選任 ①坑内労働 ②多量の高熱物体を取り扱う業務及び著しく暑熱な場所における業務 ③ラジウム放射線、エックス線その他の有害放射線にさらされる業務 ④土石、獣毛等のじんあい又は粉末を著しく飛散する場所における業務 ⑤異常気圧下における業務 ⑥鉛、水銀、クロム、砒素、黄りん、弗素、塩素、塩酸、硝酸、亜硫酸、硫酸、一酸化炭素、二硫化炭素、青酸、ベンゼン、アニリン、その他これに準ずる有害物の粉じん、蒸気、又はガスを発散する場所における業務	50人以上 （ただし3001人以上は2人（以上）選任）	1．常時1000人以上を使用する事業場 2．次に掲げる業務に常時500人以上の労働者を従事させている場合 ①多量の高熱物体を取り扱う業務及び著しく暑熱な場所における業務 ②多量の低温物体を取り扱う業務及び著しく寒冷な場所における業務 ③ラジウム放射線、エックス線その他の有害放射線にさらされる業務 ④土石、獣毛等のじんあい又は粉末を著しく飛散する場所における業務 ⑤異常気圧下における業務 ⑥さく岩機、鋲打機等の使用によって身体に著しい振動を与える業務 ⑦重量物の取扱い等重激な業務 ⑧ボイラー製造等強烈な騒音を発する場所における業務 ⑨坑内における業務 ⑩深夜業を含む業務 ⑪水銀、砒素、黄りん、弗化水素酸、塩酸、硝酸、硫酸、青酸、か性アルカリ、石炭酸その他これらに準ずる有害物を取り扱う業務 ⑫鉛、水銀、クロム、砒素、黄りん、弗化水素、塩酸、塩酸、硝酸、亜硫酸、硫酸、一酸化炭素、二硫化炭素、青酸、ベンゼン、アニリンその他これに準ずる有害物のガス、蒸気又は粉じんを発散する場所における業務 ⑬病原体によって汚染のおそれが著しい業務	10人以上50人未満選任 選任の必要なし 10人以上50人未満選任 選任の必要なし 10人以上50人未満選任 選任の必要なし	選任の必要なし 10人以上50人未満選任 選任の必要なし 10人以上50人未満選任 選任の必要なし 10人以上50人未満選任

7

2 安全衛生管理体制・選任者一覧

選任者 ＼ 事項	選任時期	報告の要否	報告先	やむを得ない事由による代理者の選任の要否	事業場専属の要否	選任に必要な資格
総括安全衛生管理者（安衛法10条）	選任事由発生から14日以内	○	所轄労働基準監督署長	○	×	な し
安全管理者（安衛法11条）	同 上	○	同 上	○	○ ただし、2人以上選任する場合で、その中に労働安全コンサルタントがいるときは、労働安全コンサルタントのうち1人は専属でなくてもよい。	1．次のいずれかに該当する者で、厚生労働大臣が定める研修を修了したもの イ．学校教育法による大学又は高等専門学校における理科系統の正規の課程を修めて卒業した者で、その後2年以上産業安全の実務に従事した経験を有するもの ロ．学校教育法による高等学校又は中等教育学校において理科系統の正規の学科を修めて卒業した者で、その後4年以上産業安全の実務に従事した経験を有するもの 2．労働安全コンサルタント 3．厚生労働大臣が定める者（注1）
衛生管理者（安衛法12条）	同 上	○	同 上	○	○ ただし、2人以上選任する場合で、その中に労働衛生コンサルタントがいるときは、労働衛生コンサルタントのうち1人は専属でなくてもよい。	1．都道府県労働局長の免許を受けた者 2．医師 3．歯科医師 4．労働衛生コンサルタント 5．厚生労働大臣の定める者（注2）
安全衛生推進者（安衛法12条の2）	同 上	×	——	×	○ ただし、次の者を選任した場合は除く。 1．労働安全コンサルタント 2．労働衛生コンサルタント 3．安全管理者又は衛生管理者の資格を有	「安全衛生推進者等養成講習」を修了した者その他業務に必要な能力を有すると認められる者（注3）

事項 選任者	選任時期	報告の要否	報告先	やむを得ない事由による代理者の選任の要否	事業場専属の要否	選任に必要な資格
					する者で、当該資格を取得した後5年以上安全衛生の実務（衛生推進者にあっては衛生の実務）に従事した経験を有する者 4．厚生労働省労働基準局長が前号に掲げる者と同等以上の能力を有すると認める者	
衛生推進者 （安衛法12条の2）	同 上	×	——	×	同 上	同 上
産業医 （安衛法13条）	同 上	○	所轄労働基準監督署長	×	常時1000人以上の労働者、あるいは有害業務（注4）に常時500人以上の労働者を従事させる場合には専属が必要	医師のうち、下記の要件を備えたもの。 1．労働安全衛生法13条1項に規定する労働者の健康管理等を行うのに必要な医学に関する知識についての研修であって厚生労働大臣の指定する者が行うものを修了した者 2．産業医の養成等を行うことを目的とする医学の正規の課程を設置している産業医科大学その他の大学であって厚生労働大臣が指定するものにおいて当該課程を修めて卒業した者であって、その大学が行う実習を履修した者 3．労働衛生コンサルタント試験に合格した者でその試験の区分が保健衛生であるもの 4．学校教育法による大学において労働衛生に関する科目を担当する教授、准教授又は講師（常時勤務する者に限る）の職にあり、又はあった者 5．厚生労働大臣が定める者

（注１）厚生労働大臣が定める者（昭47労働省告示第138号）

次のいずれかに該当する者で、厚生労働大臣が定める研修を修了したもの

１．学校教育法による大学又は高等専門学校における理科系統の課程以外の正規の課程を修めて卒業した者（独立行政法人大学改革支援・学位授与機構により学士の学位を授与された者（当該課程を修めた者に限る）若しくはこれと同等以上の学力を有すると認められる者又は当該課程を修めて同法による専門職大学の前期課程を修了した者を含む）で、その後４年以上産業安全の実務に従事した経験を有するもの

２．学校教育法による高等学校又は中等教育学校において理科系統の学科以外の正規の学科を修めて卒業した者（学校教育法施行規則第150条に規定する者又はこれと同等以上の学力を有すると認められる者を含む）で、その後６年以上産業安全の実務に従事した経験を有するもの

３．職業能力開発促進法施行規則９条に定める専門課程又は同令36条の２第２項に定める特定専門課程の高度職業訓練のうち同令別表第６に定めるところにより行われるもの（職業能力開発促進法施行規則等の一部を改正する省令（平成５年労働省令第１号。以下「平成５年改正省令」という）による改正前の職業能力開発促進法施行規則（以下「旧能開法規則」という）別表第３の２に定めるところにより行われる専門課程の養成訓練並びに職業訓練法施行規則及び雇用保険法施行規則の一部を改正する省令（昭和60年労働省令第23号）による改正前の職業訓練法施行規則（以下「訓練法規則」という）別表第１の専門訓練課程及び職業訓練法の一部を改正する法律（昭和53年法律第40号）による改正前の職業訓練法（昭和44年法律第64号。以下「旧訓練法」という）９条１項の特別高等訓練課程の養成訓練を含む）（当該訓練において履習すべき専攻学科又は専門学科の主たる学科が工学に関する科目であるものに限る）を修了した者で、その後２年以上産業安全の実務に従事した経験を有するもの

４．職業能力開発促進法施行規則９条に定める普通課程の普通職業訓練のうち同令別表第２に定めるところにより行われるもの（旧能開法規則別表第３に定めるところにより行われる普通課程の養成訓練並びに訓練法規則別表第１の普通訓練課程及び旧訓練法９条１項の高等訓練課程の養成訓練を含む）（当該訓練において履習すべき専攻学科又は専門学科の主たる学科が工学に関する科目であるものに限る）を修了した者で、その後４年以上産業安全の実務に従事した経験を有するもの

５．職業訓練法施行規則の一部を改正する省令（昭和53年労働省令第37号）附則２条１項に規定する専修訓練課程の普通職業訓練（平成５年改正省令による改正前の同項に規定する専修訓練課程及び旧訓練法９条１項の専修訓練課程の養成訓練を含む）（当該訓練において履習すべき専門学科の主たる学科が工学に関する科目であるものに限る）を修了した者で、その後５年以上産業安全の実務に従事した経験を有するもの

６．７年以上産業安全の実務に従事した経験を有するもの

（注２）厚生労働大臣が定める者（昭47労働省告示第94号）

１．教育職員免許法４条の規定に基づく保健体育若しくは保健の教科についての中学校教諭免許状若しくは高等学校教諭免許状又は養護教諭免許状を有する者で、学校教育法１条の学校に在職する者（常時勤務に服する者に限る）

２．学校教育法による大学又は高等専門学校において保健体育に関する科目を担当する教授、准教授又は講師（常時勤務に服する者に限る）

（注３）必要な能力を有すると認められる者（昭63労働省告示第80号）

１．学校教育法による大学又は高等専門学校を卒業した者（独立行政法人大学改革支援・学位授与機構により学士の学位を授与された者若しくはこれと同等以上の学力を有すると認められ者又は同法による専門職大学の前期課程を修了した者を含む）で、その後１年以上安全衛生の実務（衛生推進者にあっては、

衛生の実務。次号及び第３号において同じ）に従事した経験を有する者

２．学校教育法による高等学校又は中等教育学校を卒業した者（学校教育法施行規則第150条に規定する者又はこれと同等以上の学力を有すると認められる者を含む）で、その後３年以上安全衛生の実務に従事した経験を有するもの

３．５年以上安全衛生の実務に従事した経験を有する者

４．前３号に掲げる者と同等以上の能力を有すると認める者

（注４）有害業務（安衛則13条１項３号参照）

１．多量の高熱物体を取り扱う業務及び著しく暑熱な場所における業務

２．多量の低温物体を取り扱う業務及び著しく寒冷な場所における業務

３．ラジウム放射線、エックス線その他の有害放射線にさらされる業務

４．土石、獣毛等のじんあい又は粉末を著しく飛散する場所における業務

５．異常気圧下における業務

６．さく岩機、鋲打機等の使用によって、身体に著しい振動を与える業務

７．重量物の取扱い等重激な業務

８．ボイラー製造等強烈な騒音を発する場所における業務

９．坑内における業務

10．深夜業を含む業務

11．水銀、砒素、黄りん、弗化水素酸、塩酸、硝酸、硫酸、青酸、か性アルカリ、石炭酸その他これらに準ずる有害物を取り扱う業務

12．鉛、水銀、クロム、砒素、黄りん、弗化水素、塩素、塩酸、硝酸、亜硫酸、硫酸、一酸化炭素、二硫化炭素、青酸、ベンゼン、アニリンその他これに準ずる有害物のガス、蒸気又は粉じんを発散する場所における業務

13．病原体によって汚染のおそれが著しい業務

3 安全衛生管理体制・選任者一覧（建設・造船現場）

事項／選任者	選任時期	報告の要否	報告先	やむを得ない事由による代理者の選任の要否	事業場専属の要否	選任に必要な資格
統括安全衛生責任者（安衛法15条）	建設業、造船業に属する事業の元方事業者で、その労働者及び関係請負人の労働者が一の場所において作業を行うとき。ただし、下記の場合は除く。 1．ずい道等の建設の仕事、橋梁の建設の仕事（人口が集中している地域内における道路上、若しくは道路に隣接した場所又は鉄道の軌道上若しくは軌道に隣接した場所において行われるものに限る）又は圧気工法による作業を行う仕事で、常時30人未満の場合 2．前号の仕事以外の仕事で、常時50人未満の場合	○	所轄労働基準監督署長	○	×（ただし、当該場所においてその事業の実施を統括管理する者をもって充てる）	な　し
元方安全衛生管理者（安衛法15条の2）	統括安全衛生責任者を選任した事業者	○	同　上	○	○	1．学校教育法による大学又は高等専門学校における理科系統の正規の課程を修めて卒業した者で、その後3年以上建設工事の施工における安全衛生の実務に従事した経験を有するもの 2．学校教育法による高等学校又は中等教育学校において理科系統の正規の学科を修めて卒業した者で、その後5年以上建設工事の施工における

事　項 選任者	選任時期	報告の要否	報　告　先	やむを得ない事由による代理者の選任の要否	事業場専属の要否	選任に必要な資格
						安全衛生の実務に従事した経験を有するもの 3．厚生労働大臣が定める者
安全衛生責任者 （安衛法16条）	統括安全衛生責任者を選任すべき事業者以外の請負人で、当該仕事を自ら行うもの	○	統括安全衛生責任者を選任すべき事業者	○	×	な　し
店社安全衛生管理者 （安衛法15条の３）	建設業に属する事業の元方事業者で、その労働者及び関係請負人の労働者が一の場所において作業を行うとき。ただし、下記の場合は除く。 1．ずい道の建設の仕事、橋梁の建設の仕事（人口が集中している地域内における道路上、若しくは道路に隣接した場所又は鉄道の軌道上若しくは軌道に隣接した場所において行われるものに限る）又は圧気工法による作業を行う仕事及び主要構造部が鉄骨造又は鉄骨鉄筋コンクリート造である建築物の建設の仕事で、常時20人未満の場合 2．前号の仕事以外の仕事で、常時50人未満の場合 3．統括安全衛生責任者を選任しなければならない場合	○	所轄労働基準監督署長（ただし、特定元方事業開始報告（安衛則664条の報告・様式は任意）に記載し、届出）	職務内容から代理者を選任する事態は生ぜず、職務を実行できるものを選任することが必要である。	×	1．学校教育法による大学又は高等専門学校を卒業した者で、その後３年以上建設工事の施工における安全衛生の実務に従事した経験を有するもの 2．学校教育法による高等学校又は中等教育学校を卒業した者で、その後５年以上建設工事の施工における安全衛生の実務に従事した経験を有するもの 3．8年以上建設工事の施工における安全衛生の実務に従事した経験を有するもの 4．前３号に掲げる者のほか、厚生労働大臣が定めるもの

4　元方事業者・特定元方事業者の講ずべき措置

元方事業者（特定元方事業者を含む）		一般的指導事項	技術上の指導事項
元方事業者 ＊元方事業者とは、一の場所において行う事業の仕事の一部を請負人に請け負わせているもの（当該事業の仕事の一部を請け負わせる契約が2以上あるため、その者が2以上あることとなるときは、当該請負契約のうちの最も先次の請負契約における注文者）	製造業その他政令で定める業種に属する事業を行う元方事業者 （安衛法30条の2） ＊現時点では「その他政令で定める業種」は定められていない	【元方事業者】 （安衛法29条） 1．関係請負人及び関係請負人の労働者が、当該仕事に関し、この法律又はこれに基づく命令の規定に違反しないよう必要な指導を行うこと。 2．関係請負人又は関係請負人の労働者が、当該仕事に関し、この法律又はこれに基づく命令の規定に違反していると認めるときは、是正のため必要な指示を行うこと。 関係請負人とは、元方事業者の当該事業の仕事が数次の請負契約によって行われるときは、当該請負人の請負契約の後次のすべての請負契約の当事者である請負人を含む請負人。	
	建設業及び造船業の事業を行う元方事業者 （安衛法30条） （元方事業者のうちこれらの事業を		【建設業に属する事業の元方事業者】 （安衛法29条の2　安衛則634条の2） 建設業に属する事業の元方事業者は、下記の場所において関係請負人の労働者が当該事業の仕事の作業を行うときは、当該関係請負人が講ずべき当該場所に係る危険を防止するための措置が適正に講ぜ

講 ず べ き 必 要 な 措 置

【製造業の元方事業者】 （安衛則643条の2〜6）

その労働者及び関係請負人の労働者の作業が同一の場所において行われることによって生ずる労働災害を防止するため、作業間の連絡及び調整を行うことに関する措置その他必要な措置を講じること。

1．随時、元方事業者と関係請負人との間及び関係請負人相互間における連絡及び調整を行うこと。

2．作業がクレーン等（クレーン、移動式クレーン、デリック、簡易リフト又は建設用リフトで、クレーン則の適用を受けるものをいう。以下同じ）を用いて行うものであるときは、当該クレーン等の運転についての合図を統一的に定め、これを関係請負人に周知させること。

3．作業場所に次の各号に掲げる事故現場等があるときは、当該事故現場等を表示する標識を統一的に定め、これを関係請負人に周知させること。
  ①　有機則27条2項本文の規定により労働者を立ち入らせてはならない事故現場
  ②　電離則3条1項の区域、電離則15条1項の室、電離則18条1項本文の規定により労働者を立ち入らせてはならない場所又は電離則42条1項の区域
  ③　酸欠則9条1項の酸素欠乏危険場所又は酸欠則14条1項の規定により労働者を退避させなければならない場所

作業場所において自ら行う作業に係る上記①②③に掲げる事故現場等を、統一的に定められた標識と同一のものによって明示すること。

その労働者のうち必要がある者以外の者を上記①②③に掲げる事故現場等に立ち入らせないこと。

4．作業場所に次の容器が集積されるとき（②に掲げる容器については、屋外に集積されるときに限る）は、当該容器を集積する箇所を統一的に定め、これを関係請負人に周知させること。
  ①　有機溶剤等（有機則1条1項1号の有機溶剤等をいう。以下同じ）を入れてある容器
  ②　有機溶剤等を入れてあった空容器で有機溶剤の蒸気が発散するおそれのあるもの
  作業場所に前項の容器を集積するとき（②に掲げる容器については、屋外に集積するときに限る）は、統一的に定められた箇所に集積すること。

5　次の場合に行う警報を統一的に定め、これを関係請負人に周知させること。
  ①　作業場所にあるエックス線装置に電力が供給されている場合
  ②　作業場所にある電離則2条2項に規定する放射性物質を装備している機器により照射が行われている場合
  ③　作業場所において火災が発生した場合
  作業場所において、エックス線装置に電力を供給する場合又は放射性物質を装備している機器により照射を行う場合、火災が発生したこと又は火災が発生するおそれのあることを知ったとき、統一的に定められた警報を行うこと。
  火災が発生した警報が行われたときは、危険がある区域にいるその労働者のうち必要がある者以外の者を退避させること。

【特定元方事業者】 （安衛則635条〜642条の2の3）

特定元方事業者は、その労働者及び関係請負人の労働者の作業が同一の場所において行われることによって生ずる労働災害を防止するため、次の事項に関する必要な措置を講じること。

1．協議組織の設置及び運営を行うこと。
  ①　特定元方事業者及びすべての関係請負人が参加する協議組織を設置
  ②　当該協議組織の会議を定期的に開催
  ※関係請負人は、特定元方事業者が設置する協議組織に参加しなければならない。

元方事業者（特定元方事業者を含む）		一般的指導事項	技 術 上 の 指 導 事 項
	行う者を特に特定元方事業者という）		られるように、技術上の指導その他の必要な措置を講じること。 １．土砂等が崩壊するおそれのある場所（関係請負人の労働者に危険が及ぶおそれのある場所に限る） ２．土石流が発生するおそれのある場所（河川内にある場所であって、関係請負人の労働者に危険が及ぶおそれのある場所に限る） ３．機械等が転倒するおそれのある場所（関係請負人の労働者が用いる車両系建設機械のうち施行令別表第7第3号に掲げるもの又は移動式クレーンが転倒するおそれのある場所に限る） ４．架空電線の充電電路に近接する場所であって、当該充電電路に労働者の身体等が接触し、又は接近することにより感電の危険が生ずるおそれのあるもの（関係請負人の労働者により工作物の建設、解体、点検、修理、塗装等の作業若しくはこれらに附帯する作業又はくい打ち機、くい抜機、移動式クレーン等を使用する作業が行われる場所に限る） ５．埋設物等又はれんが壁、コンクリートブロック塀、擁壁等の建設物が損壊する等のおそれのある場所（関係請負人の労働者により当該埋設物等又は建設物に近接する場所において明かり掘削の作業が行われる場所に限る）

講 ず べ き 必 要 な 措 置

2．随時、特定元方事業者と関係請負人との間及び関係請負人相互間における連絡及び調整を行うこと。

3．毎作業日に少なくとも１回、作業場所を巡視すること。

　※関係請負人は、前項の規定により特定元方事業者が行う巡視を拒み、妨げ、又は忌避しないこと。

4．関係請負人が行う労働者の安全又は衛生のための教育に対する指導及び援助については、教育を行う場所の提供、教育に使用する資料の提供等の措置を講じること。

5．建設業の特定元方事業者にあっては、仕事の工程に関する計画及び作業場所における機械、設備等の設置に関する計画を作成するとともに、当該機械、設備等を使用する作業に関し関係請負人がこの法律又はこれに基づく命令の規定に基づき構ずべき措置についての指導を行うこと。

　①　工程表等の当該仕事の工程に関する計画並びに当該作業場所における主要な機械、設備及び作業用の仮設の建設物の配置に関する計画を作成

　②　車両系建設機械のうち安衛法施行令別表第７各号に掲げるもの（同表５号に掲げるもの以外のものにあっては、機体重量が３トン以上のものに限る）を使用する作業に関し安衛則155条１項の規定に基づき関係請負人が定める作業計画が、安衛法30条１項５号の計画に適合するよう指導すること。

　③　つり上げ荷重が３トン以上の移動式クレーンを使用する作業に関しクレーン則66条の２第１項の規定に基づき関係請負人が定める同項各号に掲げる事項が、安衛法30条１項５号の計画に適合するよう指導すること。

6．前各号に掲げるもののほか、当該労働災害を防止するため必要な事項

　①　作業がクレーン等（クレーン、移動式クレーン、デリック、簡易リフト又は建設用リフトで、クレーン則の適用を受けるものをいう。以下同じ）を用いて行うものであるときは、当該クレーン等の運転についての合図を統一的に定め、これを関係請負人に周知させること。

　　特定元方事業者及び関係請負人は、自ら行なう作業についてクレーン等の運転についての合図を定めるときは、統一的に定められた合図と同一のものを定めること。

　②　作業場所に次の各号に掲げる事故現場等があるときは、当該事故現場等を表示する標識を統一的に定め、これを関係請負人に周知させること。

　　イ　有機則27条２項本文の規定により労働者を立ち入らせてはならない事故現場

　　ロ　高圧則１条の２第４号の作業室又は同条５号の気こう室

　　ハ　電離則３条１項の区域、電離則15条１項の室、電離則18条１項本文の規定により労働者を立ち入らせてはならない場所又は電離則42条１項の区域

　　ニ　酸欠則９条１項の酸素欠乏危険場所又は酸欠則14条１項の規定により労働者を退避させなければならない場所

　　作業場所において自ら行う作業に係る上記イロハニに掲げる事故現場等を、統一的に定められた標識と同一のものによって明示すること。

　　その労働者のうち必要がある者以外の者を上記イロハニに掲げる事故現場等に立ち入らせないこと。

　③　作業場所に次の容器が集積されるとき（ロに掲げる容器については、屋外に集積されるときに限る）は、当該容器を集積する箇所を統一的に定め、これを関係請負人に周知させなければならない。

　　イ　有機溶剤等（有機則１条１項２号の有機溶剤等をいう。以下同じ）を入れてある容器

　　ロ　有機溶剤等を入れてあった空容器で有機溶剤の蒸気が発散するおそれのあるもの

　④　次の場合に行う警報を統一的に定め、これを関係請負人に周知させること。

　　イ　作業場所にあるエックス線装置（安衛法施行令６条５号のエックス線装置をいう。以下同じ）に電力が供給されている場合

　　ロ　作業場所にある電離則２条２項に規定する放射性物質を装備している機器により照射が行われている場合

　　ハ　作業場所において発破が行われる場合

元方事業者（特定元方事業者を含む）	一般的指導事項	技術上の指導事項

講 ず べ き 必 要 な 措 置

ニ　作業場所において火災が発生した場合

ホ　作業場所において、土砂の崩壊、出水若しくはなだれが発生した場合又はこれらが発生するおそれのある場合

　　作業場所において、エックス線装置に電力を供給する場合、放射性物質を装備している機器により照射を行う場合又は発破を行なう場合は、統一的に定められた警報を行うこと。火災が発生したこと又は土砂の崩壊、出水若しくはなだれが発生したこと若しくはこれらが発生するおそれのあることを知ったときも、同様とする。

　　上記ハニホの場合において警報が行われたときは、危険がある区域にいるその労働者のうち必要がある者以外の者を退避させること。

⑤　ずい道等の建設の作業を行う場合は、安衛則389条の11第１項の規定に基づき特定元方事業者及び関係請負人が行う避難等の訓練について、その実施時期及び実施方法を統一的に定め、これを関係請負人に周知させること。

　　特定元方事業者及び関係請負人は、避難等の訓練を行うときは、前項の規定により統一的に定められた実施時期及び実施方法により行うこと。特定元方事業者は、関係請負人が行う避難等の訓練に対して、必要な指導及び資料の提供等の援助を行うこと。

⑥　土石流危険河川において建設工事の作業を行う場合は、安衛則575条の16第１項の規定に基づき特定元方事業者及び関係請負人が行う避難の訓練について、その実施時期及び実施方法を統一的に定め、これを関係請負人に周知させること。

⑦　作業場所の状況（労働者に危険を生ずるおそれのある箇所の状況を含む。以下同じ）、作業場所において行われる作業相互の関係等に関し関係請負人が、当該場所で新たに作業に従事することとなった自らの労働者に対して周知を図ることに資するため、当該関係請負人に対し、当該周知を図るための場所の提供、当該周知を図るために使用する資料の提供等の措置を講じること。ただし、当該特定元方事業者が、自ら当該関係請負人の労働者に当該場所の状況、作業相互の関係等を周知させるときは除く。

5 資格等の必要な業務一覧

※表末尾（注）参照

業務名	資格等を必要とする業務内容	作業に必要な資格等	関係条文
発破の作業の業務	発破の場合におけるせん孔、装てん、結線、点火並びに不発の装薬又は残薬の点検及び処理の業務	1．発破技士免許 2．火薬類取扱保安責任者免状 3．甲、乙、丁種上級保安技術職員試験、甲、乙種発破係員試験、甲、丁種坑外保安係員試験、甲、乙、丁種坑内保安係員試験に合格したもの	施行令20条1号 安衛則別表第3
揚貨装置の運転の業務	制限荷重が5トン以上の揚貨装置の運転の業務	揚貨装置運転士免許	施行令20条2号 安衛則別表第3
	制限荷重が5トン未満の揚貨装置の運転の業務	揚貨装置の運転の業務に係る特別教育修了者	安衛則36条6号
ボイラーの取扱いの業務	ボイラー（施行令1条3号に定めるボイラー）であって、胴の内径750ミリメートル以下で、かつ、長さが1300ミリメートル以下の蒸気ボイラー、伝熱面積3平方メートル以下の蒸気ボイラー、伝熱面積14平方メートル以下の温水ボイラー、伝熱面積30平方メートル以下の貫流ボイラー（気水分離器を有するものは当該気水分離器内径400ミリメートル以下で、かつ、内容積0.4立方メートル以下のものに限る）以外のボイラーの取扱いの業務	1．特級ボイラー技士免許 2．一級ボイラー技士免許 3．二級ボイラー技士免許	施行令20条3号 ボイラー則23条1項
	ボイラー（施行令1条3号に定めるボイラー）であって、胴の内径750ミリメートル以下で、かつ、長さが1300ミリメートル以下の蒸気ボイラー、伝熱面積3平方メートル以下の蒸気ボイラー、伝熱面積14平方メートル以下の温水ボイラー、伝熱面積30平方メートル以下の貫流ボイラー（気水分離器を有するものは当該気水分離器内径400ミリメートル以下で、かつ、内容積0.4立方メートル以下のものに限る）の取扱いの業務	1．特級ボイラー技士免許 2．一級ボイラー技士免許 3．二級ボイラー技士免許 4．ボイラー取扱技能講習修了者	施行令20条3号 ボイラー則23条2項
小型ボイラーの取扱いの業務	小型ボイラー（施行令1条4号に定める小型ボイラー）の取扱いの業務	小型ボイラーの取扱いの業務に係る特別教育修了者	安衛則36条14号 ボイラー則92条

業　務　名	資格等を必要とする業務内容	作業に必要な資格等	関係条文
ボイラー等の周継手の溶接等の業務	ボイラー（施行令１条３号に定めるボイラー）又は第一種圧力容器（施行令１条５号に定める第一種圧力容器）の溶接（自動溶接機による溶接、管（ボイラーにあっては、主蒸気管及び給水管を除く）の周継手の溶接及び圧縮応力以外の応力を生じない部分の溶接を除く）の業務のうち、溶接部の厚さが25ミリメートル以下の場合又は管台、フランジ等を取り付ける場合における溶接の業務以外の業務	特別ボイラー溶接士免許	施行令20条４号ボイラー則９条、55条
	ボイラー（施行令１条３号に定めるボイラー）又は第一種圧力容器（施行令１条５号に定める第一種圧力容器）の溶接（自動溶接機による溶接、管（ボイラーにあっては、主蒸気管及び給水管を除く）の周継手の溶接及び圧縮応力以外の応力を生じない部分の溶接を除く）の業務のうち、溶接部の厚さが25ミリメートル以下の場合又は管台、フランジ等を取り付ける場合における溶接の業務	１．特別ボイラー溶接士免許 ２．普通ボイラー溶接士免許	施行令20条４号ボイラー則９条、55条
ボイラー等の整備の業務	ボイラー（施行令１条３号に定めるボイラーであって、胴内径750ミリメートル以下かつ長さ1300ミリメートル以下の蒸気ボイラー、伝熱面積３平方メートル以下の蒸気ボイラー、伝熱面積14平方メートル以下の温水ボイラー、伝熱面積30平方メートル以下の貫流ボイラー（気水分離器を有するものは当該気水分離器内径400ミリメートル以下で、かつ、内容積0.4立方メートル以下のものに限る）を除く）、第一種圧力容器（施行令１条５号に定める第一種圧力容器）の整備の業務	ボイラー整備士免許	施行令20条５号ボイラー則35条、70条
クレーン運転の業務 （注）床上運転式クレーンは、「床上運転式クレーンの運転の業務」参照	つり上げ荷重が５トン以上のクレーン（跨線テルハを除く）の運転の業務（下記の業務以外）	クレーン・デリック運転士免許（クレーン限定免許含む）	施行令20条６号クレーン則22条
	つり上げ荷重が５トン以上のクレーン（跨線テルハを除く）の運転の業務のうち、床上で運転し、かつ、当該運転する者が荷の移動とともに移動する方式のクレーンの運転の業務	１．クレーン・デリック運転士免許（クレーン限定免許含む） ２．床上操作式クレーン運転技能講習修了者	施行令20条６号クレーン則22条
	つり上げ荷重５トン未満のクレーン（移動式クレーンを除く）の運転の業務	クレーンの運転の業務に係る特別教育修了者	安衛則36条15号
	つり上げ荷重５トン以上の跨線テルハ（移動式クレーンを除く）の運転の業務	クレーンの運転の業務に係る特別教育修了者	安衛則36条15号

業　務　名	資格等を必要とする業務内容	作業に必要な資格等	関係条文
移動式クレーン運転の業務	つり上げ荷重が５トン以上の移動式クレーンの運転の業務（道路上を走行させる運転を除く）	移動式クレーン運転士免許	施行令20条７号クレーン則68条
	つり上げ荷重が１トン以上５トン未満の移動式クレーンの運転の業務（道路上を走行させる運転を除く）	１．移動式クレーン運転士免許 ２．小型移動式クレーン運転技能講習修了者	施行令20条７号クレーン則68条
	つり上げ荷重が１トン未満の移動式クレーンの運転（道路上を走行させる運転を除く）の業務	移動式クレーンの業務に係る特別教育修了者	安衛則36条16号クレーン則67条
床上運転式クレーンの運転の業務	床上運転式のクレーンの運転の業務	１．クレーン・デリック運転士免許 ２．その取り扱うことのできる機械の種類をクレーンに限定して与えられたクレーン・デリック運転士免許（クレーン限定免許） ３．次の者で、その取り扱うことのできる機械の種類を床上運転式クレーンに限定して与えられたクレーン・デリック運転士免許（床上運転式クレーン限定） (1)　クレーン・デリック運転士免許試験の学科試験のうち、クレーン則226条２項１号に掲げる科目（クレーンに係る部分に限る）、同項２号及び３号に掲げる科目並びに同項４号に掲げる科目（クレーンに係る部分に限る）に合格した者（以下この欄において「クレーン限定学科試験合格者」という）で、床上運転式クレーンを用いて行う実技試験に合格したもの (2)　クレーン限定学科試験合格者で、当該学科試験が行われた日から起算して１年以内に床上運転式クレーンを用いて行うクレーン運転実技教習を修了したもの	クレーン則224条の4

業　務　名	資格等を必要とする業務内容	作業に必要な資格等	関係条文
デリックの運転の業務	つり上げ荷重が5トン以上のデリックの運転の業務	1. クレーン・デリック運転士免許（ただし、取り扱うことのできる機械の種類を床上運転式クレーンに限定して与えられたクレーン・デリック運転士免許（床上運転式クレーン限定）及びクレーンに限定したクレーン・デリック運転士免許（クレーン限定）は除く） 2. デリック運転士免許（平成18年3月31日までに取得したもの及び平成18年4月1日以降であって改正省令附則6条4項の経過規定により取得したもの）	施行令20条8号 クレーン則108条
	つり上げ荷重5トン未満のデリックの運転の業務	デリックの運転の業務に係る特別教育修了者	安衛則36条17号 クレーン則107条
潜水業務	潜水器を用い、かつ、空気圧縮機若しくは手押しポンプによる送気又はボンベからの給気を受けて、水中において行う業務	潜水士免許	施行令20条9号 高圧則12条
金属の溶接、溶断又は加熱の業務	可燃性ガス及び酸素を用いて行う金属の溶接、溶断又は加熱の業務	1. ガス溶接作業主任者免許 2. ガス溶接技能講習修了者 3. その他厚生労働大臣が定める者	施行令20条10号 安衛則41条 安衛則別表第3
フォークリフトの運転の業務	最大荷重（フォークリフトの構造及び材料に応じて基準荷重中心に負荷させることができる最大の荷重をいう）が1トン以上のフォークリフトの運転（道路上を走行させる運転を除く）の業務	1. フォークリフト運転技能講習修了者 2. 職業能力開発促進法に基づくフォークリフトの訓練受講者 3. その他厚生労働大臣が定める者	施行令20条11号 安衛則41条 安衛則別表第3
	最大荷重1トン未満のフォークリフトの運転（道路上を走行させる運転を除く）の業務	フォークリフトの運転の業務に係る特別教育修了者	安衛則36条5号

業　務　名	資格等を必要とする業務内容	作業に必要な資格等	関係条文
車両系建設機械の運転の業務（整地・運搬・積込み用及び掘削）	機体重量が３トン以上の整地・運搬・積込み用及び掘削用建設機械で動力を用い、かつ、不特定の場所に自走することができるものの運転（道路上を走行させる運転を除く）の業務	1．車両系建設機械（整地・運搬・積込み用及び掘削用）運転技能講習修了者 2．建設機械施工技術検定合格者 3．職業能力開発促進法に基づく建設機械運転科の訓練修了者 4．その他厚生労働大臣が定める者	施行令20条12号 安衛則41条 安衛則別表第３
	機体重量が３トン未満の整地・運搬・積込み用及び掘削用建設機械で動力を用い、かつ、不特定の場所に自走できるものの運転（道路上を走行させる運転を除く）の業務	小型車両系建設機械（整地・運搬・積込み用及び掘削用）の運転の業務に係る特別教育修了者	安衛則36条９号
車両系建設機械の運転の業務（基礎工事）	機体重量が３トン以上の基礎工事用建設機械で動力を用い、かつ、不特定の場所に自走することができるものの運転（道路上を走行させる運転を除く）の業務	1．車両系建設機械（基礎工事用）運転技能講習修了者 2．建設機械施工技術検定合格者 3．その他厚生労働大臣が定める者	施行令20条12号 安衛則41条 安衛則別表第３
	機体重量が３トン未満の基礎工事用建設機械で動力を用い、かつ、不特定の場所に自走できるものの運転（道路上を走行させる運転を除く）の業務	小型車両系建設機械（基礎工事用）の運転の業務に係る特別教育修了者	安衛則36条９号
	基礎工事用建設機械で動力を用い、かつ、不特定の場所に自走できるもの以外のものの運転の業務	基礎工事用建設機械の運転の業務に係る特別教育修了者	安衛則36条９号の２
車両系建設機械（基礎工事）の作業装置の操作の業務	基礎工事用建設機械で動力を用い、かつ、不特定の場所に自走できるものの作業装置の操作（車体上の運転者席における操作を除く）の業務	車両系建設機械（基礎工事用）の作業装置の操作の業務に係る特別教育修了者	安衛則36条９号の３

業　務　名	資格等を必要とする業務内容	作業に必要な資格等	関係条文
車両系建設機械の運転の業務（解体）	機体重量が３トン以上の解体用建設機械で動力を用い、かつ、不特定の場所に自走することができるものの運転（道路上を走行させる運転を除く）の業務	1．車両系建設機械（解体用）運転技能講習修了者 (注)ブレーカに類する厚生労働省令で定める機械の場合は、平成25年7月1日以後開始の講習修了者 2．建設機械施工技術検定合格者 3．その他厚生労働大臣が定める者	施行令20条12号 安衛則41条 安衛則別表第3
	機体重量が３トン未満の解体用建設機械で動力を用い、かつ、不特定の場所に自走できるものの運転（道路上を走行させる運転を除く）の業務	小型車両系建設機械（解体用）の運転の業務に係る特別教育修了者	安衛則36条9号
車両系建設機械の運転の業務（締固め）	締固め用建設機械で動力を用い、かつ、不特定の場所に自走できるものの運転（道路上を走行させる運転を除く）の業務	ローラーの運転の業務に係る特別教育修了者	安衛則36条10号
コンクリート打設用機械の作業装置の操作の業務	コンクリート打設用機械の作業装置の操作の業務	コンクリートポンプ車の作業装置の操作の業務に係る特別教育修了者	安衛則36条10号の2
ショベルローダー・フォークローダーの運転の業務	最大荷重（ショベルローダー又はフォークローダーの構造及び材料に応じて負荷させることができる最大の荷重をいう）が１トン以上のショベルローダー又はフォークローダーの運転（道路上を走行させる運転を除く）の業務	1．ショベルローダー等運転技能講習修了者 2．職業能力開発促進法に基づくショベルローダー等の訓練受講者 3．その他厚生労働大臣が定める者	施行令20条13号 安衛則41条 安衛則別表第3
	最大荷重１トン未満のショベルローダー又はフォークローダーの運転（道路上を走行させる運転を除く）の業務	ショベルローダー等の運転の業務に係る特別教育修了者	安衛則36条5号の2
不整地運搬車の運転の業務	最大積載量１トン以上の不整地運搬車の運転（道路上を走行させる運転を除く）の業務	1．不整地運搬車運転技能講習修了者 2．建設機械施工技術検定合格者 3．その他厚生労働大臣が定める者	施行令20条14号 安衛則41条 安衛則別表第3
	最大積載量１トン未満の不整地運搬車の運転（道路上を走行させる運転を除く）の業務	不整地運搬車の運転の業務に係る特別教育修了者	安衛則36条5号の3

業　務　名	資格等を必要とする業務内容	作業に必要な資格等	関係条文
高所作業車の運転の業務	作業床の高さが10メートル以上の高所作業車の運転（道路上を走行させる運転を除く）の業務	1．高所作業車運転技能講習修了者 2．その他厚生労働大臣が定める者	施行令20条15号 安衛則41条 安衛則別表第3
	作業床の高さが10メートル未満の高所作業車の運転（道路上を走行させる運転を除く）の業務	高所作業車の運転の業務に係る特別教育修了者	安衛則36条10号の5
玉掛けの業務	制限荷重が1トン以上の揚貨装置又はつり上げ荷重が1トン以上のクレーン、移動式クレーン若しくはデリックの玉掛けの業務	1．玉掛け技能講習修了者 2．職業能力開発促進法に基づく玉掛け科の訓練修了者 3．その他厚生労働大臣が定める者	施行令20条16号 安衛則41条 安衛則別表第3 クレーン則221条
	つり上げ荷重が1トン未満のクレーン、移動式クレーン又はデリックの玉掛けの業務	玉掛けの業務に係る特別教育修了者	安衛則36条19号 クレーン則222条
研削といしの取替え等の業務	研削といしの取替え又は取替え時の試運転の業務	研削といしの取替え等の業務に係る特別教育修了者	安衛則36条1号
動力プレス機械の業務	動力により駆動されるプレス機械の金型、シヤーの刃部又はプレス機械若しくはシヤーの安全装置若しくは安全囲いの取付け、取外し又は調整の業務	動力プレスの金型等の取付け、取外し又は調整の業務に係る特別教育修了者	安衛則36条2号
アーク溶接等の業務	アーク溶接機を用いて行う金属の溶接、溶断等の業務	*1 アーク溶接等の業務に係る特別教育修了者	安衛則36条3号
電気取扱業務	高圧若しくは特別高圧の充電電路若しくは当該充電電路の支持物の敷設、点検、修理若しくは操作の業務、低圧の充電電路の敷設若しくは修理の業務又は配電盤室、変電室等区画された場所に設置する低圧の電路のうち充電部分が露出している開閉器の操作の業務	電気取扱業務に係る特別教育修了者	安衛則36条4号
伐木等機械の運転の業務	伐木等機械（伐木、造材又は原木若しくは薪炭材の集積を行うための機械であって、動力を用い、かつ、不特定の場所に自走できるものをいう）の運転（道路上を走行させる運転を除く）の業務	伐木等機械の運転の業務に係る特別教育修了者	安衛則36条6号の2

業　務　名	資格等を必要とする業務内容	作業に必要な資格等	関係条文
走行集材機械の運転の業務	走行集材機械（車両の走行により集材を行うための機械であって、動力を用い、かつ、不特定の場所に自走できるものをいう）の運転（道路上を走行させる運転を除く）の業務	走行集材機械の運転の業務に係る特別教育修了者	安衛則36条6号の3
機械集材装置の運転の業務	機械集材装置（集材機、架線、搬器、支柱及びこれらに附属する物により構成され、動力を用いて、原木又は薪炭材を巻き上げ、かつ、空中において運搬する設備をいう）の運転の業務	機械集材装置の運転の業務に係る特別教育修了者	安衛則36条7号
簡易架線集材装置の運転又は架線集材機械の運転の業務	簡易架線集材装置（集材機、架線、搬器、支柱及びこれらに附属する物により構成され、動力を用いて、原木等を巻き上げ、かつ、原木等の一部が地面に接した状態で運搬する設備をいう）の運転又は架線集材機械（動力を用いて原木等を巻き上げることにより当該原木等を運搬するための機械であって、動力を用い、かつ、不特定の場所に自走できるものをいう）の運転（道路上を走行させる運転を除く）の業務	簡易架線集材装置等の運転の業務に係る特別教育修了者	安衛則36条7号の2
チェーンソー取扱い業務	チェーンソーを用いて行う立木の伐木、かかり木の処理又は造材の業務	チェーンソー取扱いの業務に係る特別教育修了者	安衛則36条8号
ボーリングマシンの運転の業務	ボーリングマシンの運転の業務	ボーリングマシンの運転の業務に係る特別教育修了者	安衛則36条10号の3
ジャッキ式つり上げ機械の調整又は運転の業務	建設工事の作業を行う場合でジャッキ式つり上げ機械（複数の保持機構（ワイヤロープ等を締め付けること等によって保持する機構をいう）間を動力を用いて伸縮させることにより荷のつり上げ、つり下げ等の作業をワイヤロープ等を介して行う機械をいう）の調整又は運転の業務	ジャッキ式つり上げ機械の調整又は運転の業務に係る特別教育修了者	安衛則36条10号の4

業　務　名	資格等を必要とする業務内容	作業に必要な資格等	関係条文
巻上げ機の運転の業務	動力により駆動される巻上げ機（電気ホイスト、エアーホイスト及びこれら以外の巻上げ機でゴンドラに係るものを除く）の運転の業務	巻上げ機の運転の業務に係る特別教育修了者	安衛則36条11号
軌道装置の動力車の運転の業務	動力車及び動力により駆動される巻上げ装置で、軌条により人又は荷を運搬する用に供されるもの（鉄道営業法、鉄道事業法又は軌道法の適用を受けるものを除く）の運転の業務	軌道装置の動力車の運転の業務に係る特別教育修了者	安衛則36条13号
建設用リフトの運転の業務	建設用リフトの運転の業務	建設用リフトの運転の業務に係る特別教育修了者	安衛則36条18号 クレーン則183号
ゴンドラの操作の業務	ゴンドラの操作の業務	ゴンドラ取扱い業務に係る特別教育修了者	安衛則36条20号 ゴンドラ則12条
空気圧縮機の運転の業務	作業室及び気閘室へ送気するための空気圧縮機を運転する業務	空気圧縮機の運転の業務に係る特別教育修了者	安衛則36条20号の2 高圧則11条
高圧調節作業のバルブ等操作の業務（作業室関係）	高圧室内作業に係る作業室への送気の調節を行うためのバルブ又はコックを操作する業務	＊2 高気圧業務特別教育修了者	安衛則36条21号 高圧則11条
高圧調整作業のバルブ等操作の業務（気閘室関係）	気閘室への送気又は気閘室からの排気の調整を行うためのバルブ又はコックを操作する業務	＊2 高気圧業務特別教育修了者	安衛則36条22号 高圧則11条
潜水作業のバルブ等操作の業務	潜水作業者への送気の調節を行うためのバルブ又はコックを操作する業務	＊2 高気圧業務特別教育修了者	安衛則36条23号 高圧則11条
再圧室を操作する業務	再圧室を操作する業務	＊2 高気圧業務特別教育修了者	安衛則36条24号 高圧則11条
高圧室内作業に係る業務	高圧室内作業に係る業務	＊2 高気圧業務特別教育修了者	安衛則36条24号の2 高圧則11条

業　務　名	資格等を必要とする業務内容	作業に必要な資格等	関係条文
四アルキル鉛等業務	四アルキル鉛等について、製造する業務、又はガソリンに混入する業務あるいはこれらに使用する機械等の修理等の業務、汚染されたあるいは汚染のおそれのあるタンク等の内部における業務、含有する残さい物、ドラム缶等を取り扱う業務、研究の業務、汚染を除去する業務	*1 四アルキル鉛等業務特別教育修了者	安衛則36条25号
酸欠危険場所における作業に係る業務	酸素欠乏危険場所（施行令別表第6）における作業に係る業務	*3 酸素欠乏危険作業特別教育修了者	安衛則36条26号
特殊化学設備の取扱い等の業務	特殊化学設備の取扱い、整備及び修理の業務（施行令20条5号に規定する第一種圧力容器の整備の業務を除く）	特殊化学設備の取扱い、整備及び修理の業務に係る特別教育修了者	安衛則36条27号
X線、γ線の透過写真の撮影の業務	エックス線装置又はガンマ線照射装置を用いて行う透過写真の撮影の業務	*4 透過写真撮影業務特別教育修了者	安衛則36条28号
加工施設等において核燃料物質等を取り扱う業務	加工施設、再処理施設又は使用施設等の管理区域内において、核燃料物質若しくは使用済燃料又はこれらによって汚染された物を取り扱う業務	加工施設等において核燃料物質等を取り扱う業務に係る特別教育修了者	安衛則36条28号の2 電離則52条の6
原子炉施設において核燃料物質等を取り扱う業務	原子炉施設の管理区域内において、核燃料物質若しくは使用済燃料又はこれらによって汚染された物を取り扱う業務	原子炉施設において核燃料物質等を取り扱う業務に係る特別教育修了者	安衛則36条28号の3 電離則52条の7
事故由来廃棄物等の処分の業務	除染則2条7項2号イ又はロに掲げる物その他の事故由来放射性物質により汚染された物であって、電離則2条2項に規定するものの処分の業務	事故由来廃棄物等の処分の業務に係る特別教育修了者	安衛則36条28号の4 電離則52条の8
特定粉じん作業に係る業務	特定粉じん作業（粉じん則2条1項3号：設備による注水又は注油をしながら行う粉じん則3条各号に掲げる作業に該当するものを除く）に係る業務	粉じん作業特別教育修了者	安衛則36条29号
ずい道等の掘削の作業等に係る業務	ずい道等の掘削の作業又はこれに伴うずり、資材等の運搬、覆工のコンクリートの打設等の作業（当該ずい道等の内部において行われるものに限る）に係る業務	*5 ずい道等の掘削、覆工等の業務に係る特別教育修了者	安衛則36条30号

業　務　名	資格等を必要とする業務内容	作業に必要な資格等	関係条文
産業用ロボットの教示等の業務	産業用ロボットの可動範囲内において当該産業用ロボットについて行うマニプレータの動作の順序、位置若しくは速度の設定、変更若しくは確認又は産業用ロボットの可動範囲内において当該産業用ロボットについて教示等を行う労働者と共同して当該産業用ロボットの可動範囲外において行う当該教示等に係る機器の操作の業務	産業用ロボットの教示等の業務に係る特別教育修了者	安衛則36条31号
産業用ロボットの検査等の業務	産業用ロボットの可動範囲内において行う当該産業用ロボットの検査、修理若しくは調整（教示等に該当するものを除く）若しくはこれらの結果の確認又は産業用ロボットの可動範囲内において当該産業用ロボットの検査等を行う労働者と共同して当該産業用ロボットの可動範囲外において行う当該検査等に係る機器の操作の業務	産業用ロボットの検査等の業務に係る特別教育修了者	安衛則36条32号
タイヤ空気充填作業の業務	自動車（二輪自動車を除く）用タイヤの組立てに係る業務のうち、空気圧縮機を用いて行うタイヤに空気を充てんする業務	タイヤ空気充填業務特別教育修了者	安衛則36条33号
廃棄物の焼却施設における業務	廃棄物の焼却施設におけるばいじん及び焼却灰その他燃え殻を取り扱う業務	廃棄物の焼却施設に関する業務に係る特別教育修了者	安衛則36条34号
	廃棄物の焼却施設に設置された廃棄物焼却炉、集じん機等の設備の保守点検等の業務		安衛則36条35号
	廃棄物の焼却施設に設置された廃棄物焼却炉、集じん機等の設備の解体等の業務及びこれに伴うばいじん及び焼却灰その他の燃え殻を取り扱う業務		安衛則36条36号
石綿使用建築物等解体等作業の業務	石綿等が使用されている建築物、工作物又は船舶（鋼製の船舶に限る）（それぞれ解体等の作業に係る部分に限る。以降「解体等対象建築物等」と表記）の解体等の作業に係る業務	＊6 石綿使用建築物等解体等業務特別教育修了者	安衛則36条37号 石綿則27条

業　務　名	資格等を必要とする業務内容	作業に必要な資格等	関係条文
除染等業務	除染特別地域等内における除染等業務（①土壌等の除染等の業務、②廃棄物収集等業務、③特定汚染土壌等取扱業務）	除染等業務特別教育修了者	安衛則36条38号、除染則2条7項、19条
特定線量下業務	除染特別地域等内における平均空間線量率が2.5マイクロシーベルト毎時を超える場所で行う除染等業務以外の業務	特定線量下業務特別教育修了者	安衛則36条38号、除染則2条8項、25条の8
足場の組立てなどの作業	足場の組立て、解体又は変更の作業に係る業務（地上または堅固な床上での補助作業の業務を除く）	足場の組立て等特別教育修了者	安衛則36条39号
高さが2メートル以上の箇所であって作業床を設けることが困難なところにおける作業（1）	高さが2メートル以上の箇所であって作業床を設けることが困難なところにおいて、昇降器具（労働者自らの操作により上昇し、又は下降するための器具であって、作業箇所の上方にある支持物にロープを緊結してつり下げ、当該ロープに労働者の身体を保持するための器具を取り付けたものをいう）を用いて、労働者が当該昇降器具により身体を保持しつつ行う作業（40度未満の斜面における作業を除く）	ロープ高所作業に係る業務に係る特別教育修了者	安衛則36条40号
高さが2メートル以上の箇所であって作業床を設けることが困難なところにおける作業（2）	高さが2メートル以上の箇所であって作業床を設けることが困難なところにおいて、墜落制止用器具（施行令13条3項28号の墜落制止用器具をいう。130条の5第1項において同じ）のうちフルハーネス型のものを用いて行う作業（前段に掲げる作業を除く）	フルハーネス型墜落制止用器具を用いて行う作業に係る業務に係る特別教育修了者	安衛則36条41号

（注）1.「作業に必要な資格等」の欄に複数の免許等を記載の場合は、いずれか1つの資格等の所持で可。
　　　2.「作業に必要な資格等」の欄の「特別教育修了者」は、当該業務に関連し上級の資格（本表の免許または技能講習が該当）を有する者には、「特別教育」の全部または一部の省略が認められるので、必ずしも「特別教育修了者」でなければならないということではない。（昭和48年3月19日基発第145号）
　　　なお、＊1〜＊6印を付した「特別教育」については、上級の資格として次の免許または技能講習等がある。
　　＊1　特定化学物質及び四アルキル鉛等作業主任者技能講習
　　＊2　高圧室内作業主任者免許
　　＊3　酸素欠乏危険作業主任者技能講習
　　　　　酸素欠乏・硫化水素危険作業主任者技能講習
　　＊4　エックス線作業主任者免許
　　　　　ガンマ線透過写真撮影作業主任者免許
　　＊5　ずい道等の掘削等作業主任者技能講習
　　　　　ずい道等の覆工作業主任者技能講習
　　＊6　石綿作業主任者技能講習

6 免許試験一覧

免許の種類	免許を受けることができる者		免許を受けられない者
	試験合格者	有資格者（試験免除者）	
第一種衛生管理者免許	第一種衛生管理者免許試験に合格した者	1．学校教育法による大学又は高等専門学校において、医学に関する課程を修めて卒業した者 2．学校教育法による大学において、保健衛生に関する学科を専攻して卒業した者で労働衛生に関する講座又は学科目を修めたもの 3．その他厚生労働大臣が定める者	安衛法74条2項（3号を除く）の規定により免許を取り消され、その取消しの日から起算して1年を経過しない者
第二種衛生管理者免許	第二種衛生管理者免許試験に合格した者	その他厚生労働大臣が定める者	同　　上
衛生工学衛生管理者免許		1．学校教育法による大学又は高等専門学校において、工学又は理学に関する課程を修めて卒業した者で、都道府県労働局長の登録を受けた者が行う衛生工学衛生管理者講習を修了したもの 2．その他厚生労働大臣が定める者	同　　上
高圧室内作業主任者免許	高圧室内業務に2年以上従事した者であって、高圧室内作業主任者免許試験に合格したもの	その他厚生労働大臣が定める者 ※外国において高圧室内作業主任者免許を受けた者に相当する資格を有し、かつ、高圧室内作業主任者免許を受けた者と同等以上の能力を有すると認められる者（高圧室内業務の安全及び衛生上支障がないと認められる場合に限る）	1．安衛法74条2項（3号を除く）の規定により免許を取り消され、その取消しの日から起算して1年を経過しない者 2．20歳未満の者
ガス溶接作業主任者免許	次のいずれかに掲げる者であって、ガス溶接作業主任者免許試験に合格したもの 1．ガス溶接技能講習を修了した者であって、その後3年以上ガス溶接等の業務に従事した経験を有するもの	1．職業能力開発促進法による職業能力開発総合大学校が行う同法27条1項の指導員訓練のうち職業能力開発促進法施行規則別表第8の5の訓練科の欄に掲げる塑性加工科又は溶接科の訓練を修了した者 2．その他厚生労働大臣が定め	1．身体又は精神の機能の障害により当該免許に係る業務を適正に行うに当たって必要な溶接機器の操作を適切に行うことができない者 2．安衛法74条2項（3号を除く）の規定により免

免許の種類	免許を受けることができる者		免許を受けられない者
	試験合格者	有資格者（試験免除者）	
	2．学校教育法による大学又は高等専門学校において、溶接に関する学科を専攻して卒業した者 3．学校教育法による大学又は高等専門学校において、工学又は化学に関する学科を専攻して卒業した者であって、その後1年以上ガス溶接等の業務に従事した経験を有するもの 4．職業能力開発促進法28条1項の職業訓練指導員免許のうち職業能力開発促進法施行規則別表第11の免許職種の欄に掲げる塑性加工科、構造物鉄工科又は配管科の職種に係る職業訓練指導員免許を受けた者 5．職業能力開発促進法27条1項の準則訓練である普通職業訓練のうち、職業能力開発促進法施行規則別表第2の訓練科の欄に定める金属加工系溶接科の訓練を修了した者であって、その後2年以上ガス溶接等の業務に従事した経験を有するもの 6．職業能力開発促進法施行規則別表第11の3の3に掲げる検定職種のうち、鉄工、建築板金、工場板金又は配管に係る1級又は2級の技能検定に合格した者であって、その後1年以上ガス溶接等の業務に従事した経験を有するもの 7．旧保安技術職員国家試験規則による溶接係員試験に合格した者であって、その後1年以上ガス溶接等の業務に	る者 ※「厚生労働大臣が定める者」は、ガス溶接作業主任者免許規程（昭和47.9.30労働省告示第95号）2条各号に掲げる者	許を取り消され、その取消しの日から起算して1年を経過しない者 3．18歳未満の者

免許の種類	免許を受けることができる者		免許を受けられない者
	試験合格者	有資格者（試験免除者）	
	従事した経験を有するもの 8．厚生労働大臣が定める者 ※「厚生労働大臣が定める者」は、ガス溶接作業主任者免許規程（昭和47.9.30労働省告示第95号）1条各号に掲げる者		
林業架線作業主任者免許	林業架線作業の業務に3年以上従事した経験を有する者であって、林業架線作業主任者免許試験に合格したもの	1．学校教育法による大学又は高等専門学校において機械集材装置及び運材索道に関する講座又は学科目を修めて卒業した者で、その後1年以上林業架線作業の業務に従事した経験を有するもの 2．学校教育法による高等学校又は中等教育学校において機械集材装置及び運材索道に関する講座又は学科目を修めて卒業した者で、その後3年以上林業架線作業の業務に従事した経験を有するもの 3．その他厚生労働大臣が定める者 ※「厚生労働大臣が定める者」は、林業架線作業主任者免許規程（昭和47.9.30労働省告示第96号）1条各号に掲げる者	1．安衛法74条2項（3号を除く）の規定により免許を取り消され、その取消しの日から起算して1年を経過しない者 2．18歳未満の者
特級ボイラー技士免許	特級ボイラー技士免許試験に合格した者		1．身体又は精神の機能の障害により当該免許に係る業務を適正に行うに当たって必要なボイラーの操作又はボイラーの運転状態の確認を適切に行うことができない者 2．安衛法74条2項（3号を除く）の規定により免許を取り消され、その取消しの日から起算して1年を経過しない者 3．18歳未満の者

免許の種類	免許を受けることができる者		免許を受けられない者
	試験合格者	有資格者（試験免除者）	
1級ボイラー技士免許	1級ボイラー技士免許試験に合格した者		同　　上
2級ボイラー技士免許	次のいずれかに該当する者で、2級ボイラー技士免許試験に合格したもの 1．学校教育法（昭和22年法律第26号）による大学（旧大学令（大正7年勅令第388号）による大学を含む）、高等専門学校（旧専門学校令（明治36年勅令第61号）による専門学校を含む）、高等学校（旧中等学校令（昭和18年勅令第36号）による実業学校を含む）又は中等教育学校においてボイラーに関する学科を修めて卒業した者で、ボイラーの取扱いについて3月以上の実地修習を経たもの 2．ボイラーの取扱いについて6月以上の実地修習を経た者 3．都道府県労働局長又は登録教習機関（安衛法77条3項の登録教習機関）が行ったボイラー取扱技能講習を終了した者で、その後4月以上施行令20条5号イからニまでに掲げるボイラーを取り扱った経験があるもの 4．都道府県労働局長の登録を受けた者が行うボイラー実技講習を修了した者 5．厚生労働大臣が定める者 ※「厚生労働大臣が定める者」は、ボイラー技士、ボイラー溶接士及びボイラー整備士免許規程（昭和47.9.30労働省告示第116号）1条各号に掲げる者	次に掲げる者 1．職業能力開発促進法（昭和44年法律第64号）27条1項の準則訓練である普通職業訓練のうち、職業能力開発促進法施行規則（昭和44年労働省令第24号）別表第2の訓練科の欄に定める設備管理・運転系ボイラー運転科又は同施行令別表第4の訓練科の欄に掲げるボイラー運転科の訓練（通信の方法によって行うものを除く）を修了した者 2．厚生労働大臣が定める者 ※「厚生労働大臣が定める者」は、ボイラー技士、ボイラー溶接士及びボイラー整備士免許規程（昭和47.9.30労働省告示第116号）1条各号に掲げる者	同　　上

免許の種類	免許を受けることができる者		免許を受けられない者
	試験合格者	有資格者（試験免除者）	
エックス線作業主任者免許	エックス線作業主任者免許試験に合格した者	次の免許又は免状の交付を受けた者 1．診療放射線技師法（昭和26年法律第226号）3条1項の診療放射線技師免許 2．核原料物質、核燃料物質及び原子炉の規制に関する法律41条1項の原子炉主任技術者免状 3．放射性同位元素等による放射線障害の防止に関する法律35条1項の第1種放射線取扱主任者免状	1．安衛法74条2項（3号を除く）の規定により免許を取り消され、その取消しの日から起算して1年を経過しない者 2．18歳未満の者
ガンマ線透過写真撮影作業主任者免許	ガンマ線透過写真撮影作業主任者免許試験に合格した者	次の免許又は免状の交付を受けた者 1．診療放射線技師法（昭和26年法律第226号）3条1項の診療放射線技師免許 2．核原料物質、核燃料物質及び原子炉の規制に関する法律41条1項の原子炉主任技術者免状 3．放射性同位元素等による放射線障害の防止に関する法律35条1項の第1種放射線取扱主任者免状又は第2種放射線取扱主任者免状	1．安衛法74条2項（3号を除く）の規定により免許を取り消され、その取消しの日から起算して1年を経過しない者 2．18歳未満の者
特定第一種圧力容器取扱作業主任者免許		次の免状の交付を受けている者 1．電気事業法44条1項6号の第1種ボイラー・タービン主任技術者免状又は同項7号の第2種ボイラー・タービン主任技術者免状 2．高圧ガス保安法29条1項の製造保安責任者免状又は販売主任者免状 3．ガス事業法26条1項のガス主任技術者免状	安衛法74条2項（3号を除く）の規定により免許を取り消され、その取消しの日から起算して1年を経過しない者

免許の種類	免許を受けることができる者		免許を受けられない者
	試験合格者	有資格者（試験免除者）	
発破技士免許	次のいずれかに掲げる者であって、発破技士免許試験に合格したもの 1. 学校教育法による大学、高等専門学校、高等学校又は中等教育学校において、応用化学、採鉱学又は土木工学に関する学科を専攻して卒業した者であって、その後3月以上発破の業務について実地修習を経たもの 2. 発破の補助作業の業務に6月以上従事した経験を有する者 3. 都道府県労働局長の登録を受けた者が行う発破実技講習を修了した者	学校教育法による大学、高等専門学校、高等学校又は中等教育学校において応用化学、採鉱学又は土木工学に関する学科を専攻して卒業した者で、その後1年以上発破の業務について実地修習を経たもの	1. 身体又は精神の機能の障害により当該免許に係る業務を適正に行うに当たって必要なせん孔機械、装てん機若しくは発破器の操作、結線又は不発の装薬若しくは残薬の点検及び処理を適切に行うことができない者 2. 安衛法74条2項（3号を除く）の規定により免許を取り消され、その取消しの日から起算して1年を経過しない者 3. 18歳未満の者
揚貨装置運転士免許	揚貨装置運転士免許試験に合格した者	1. 揚貨装置運転士免許試験の学科試験に合格した者で当該学科試験が行われた日から起算して1年以内に揚貨装置運転実技教習を修了したもの 2. 職業能力開発促進法27条1項の準則訓練である普通職業訓練のうち職業能力開発法施行規則別表第2の訓練科の欄に定める揚重運搬機械運転系クレーン運転科若しくは揚重運搬機械運転系港湾荷役科又は同施行令別表第4の訓練科の欄に掲げるクレーン運転科又は港湾荷役科の訓練を修了した者で揚貨装置についての訓練（通信の方法によって行うものを除く）を受けたもの 3. その他厚生労働大臣が定める者	1. 身体又は精神の機能の障害により当該免許に係る業務を適正に行うに当たって必要な揚貨装置の操作又は揚貨装置の周囲の状況の確認を適切に行うことができない者 2. 安衛法74条2項（3号を除く）の規定により免許を取り消され、その取消しの日から起算して1年を経過しない者 3. 18歳未満の者

免許の種類	免許を受けることができる者		免許を受けられない者
	試験合格者	有資格者（試験免除者）	
特別ボイラー溶接士免許	特別ボイラー溶接士免許試験に合格した者		1．身体又は精神の機能の障害により当該免許に係る業務を適正に行うに当たって必要な溶接機器の操作を適切に行うことができない者 2．安衛法74条2項（3号を除く）の規定により免許を取り消され、その取消しの日から起算して1年を経過しない者 3．18歳未満の者
普通ボイラー溶接士免許	普通ボイラー溶接士免許試験に合格した者	普通ボイラー溶接士免許試験の学科試験の全科目及び実技試験の全部の免許を受けることができる者	同　　上
ボイラー整備士免許	次のいずれかに掲げる者であって、ボイラー整備士免許試験に合格したもの 1．ボイラー（小型ボイラー及び施行令20条5号イからニに掲げるボイラーは除く）又は6条17号の第一種圧力容器の整備業務の補助業務に6月以上従事した経験を有する者 2．ボイラー（施行令20条5号イからニまでに掲げるボイラーのうち小型ボイラーを除いたもの）の整備の業務又は第1種圧力容器（施行令6条17号イ又はロに掲げる第1種圧力容器のうち小型圧力容器を除いたもの）の整備の業務に6月以上従事した経験を有す		1．身体又は精神の機能の障害により当該免許に係る業務を適正に行うに当たって必要なボイラーの掃除又は附属品の分解等を適切に行うことができない者 2．安衛法74条2項（3号を除く）の規定により免許を取り消され、その取消しの日から起算して1年を経過しない者 3．18歳未満の者

免許の種類	免許を受けることができる者		免許を受けられない者
	試験合格者	有資格者（試験免除者）	
	る者 3．職業能力開発促進法（昭和44年法律第64号）27条1項の準則訓練である普通職業訓練のうち、職業能力開発促進法施行規則（昭和44年労働省令第24号）別表第2の訓練科の欄に定める設備管理・運転系ボイラー運転科又は同令別表第4の訓練科の欄に掲げるボイラー運転科の訓練（通信の方法によって行うものを除く）を修了した者		
クレーン・デリック運転士免許	クレーン・デリック運転士免許試験に合格した者	クレーン則223条2号から5号までに掲げる者	1．身体又は精神の機能の障害により当該免許に係る業務を適正に行うに当たって必要なクレーン若しくはデリックの操作又はクレーン若しくはデリックの周囲の状況の確認を適切に行うことができない者 2．安衛法74条2項（3号を除く）の規定により免許を取り消され、その取消しの日から起算して1年を経過しない者 3．18歳未満の者

免許の種類	免許を受けることができる者		免許を受けられない者
	試験合格者	有資格者（試験免除者）	
移動式クレーン運転士免許	移動式クレーン運転士免許試験に合格した者	クレーン則229条2号から5号までに掲げる者	1．身体又は精神の機能の障害により当該免許に係る業務を適正に行うに当たって必要な移動式クレーンの操作又は移動式クレーンの周囲の状況の確認を適切に行うことができない者 2．安衛法74条2項（3号を除く）の規定により免許を取り消され、その取消しの日から起算して1年を経過しない者 3．18歳未満の者
潜水士免許	潜水士免許試験に合格した者	その他厚生労働大臣が定める者※外国において潜水士免許を受けた者に相当する資格を有し、かつ、潜水士免許を受けた者と同等以上の能力を有すると認められる者（潜水業務の安全及び衛生上支障がないと認められる場合に限る）	1．身体又は精神の機能の障害により当該免許に係る業務を適正に行うに当たって必要な潜降及び浮上を適切に行うことができない者 2．安衛法74条2項（3号を除く）の規定により免許を取り消され、その取消しの日から起算して1年を経過しない者 3．18歳未満の者

7　作業主任者の職務一覧（主として製造業）

業務の内容			木材加工用機械	プレス機械	乾燥設備	ガス溶接	コンクリート破砕器	林業架線作業	ボイラー取扱	第一種圧力容器取扱	有機溶剤	鉛	四アルキル鉛等	特定化学物質	高圧室内	酸素欠乏危険
作業前	計画	作業方法決定				○	○	○			○		○	○	○	○
		労働者の配置						○								
	点検	安全措置確認・退避場所の指示					○				○	○				
		機械及び安全装置の点検	○	○	○	○			○	○		○		○		
		材料の欠点の有無の点検・不良品除去						○								
		整理、整頓し可燃性のものをおかない			○											
作業中	指揮等	作業直接指揮	○	○※	○	○	○	○		○					○	
		作業指揮									○	○	○	○		○
		作業指揮、労働者に必要な事項をやらせること					○									
		作業方法周知				○				○						
		異常時の必要な措置	○	○	○				○	○		○			○	
		退避の方法指示											○			
	監視	治具・工具の使用状況監視	○													
		切替えキースイッチの保管		○												
		要求性能墜落制止用器具等・保護帽の使用状況監視						○								
		保護具の使用状況監視					○				○	○	○	○		○
		局排・換気装置等点検									○	○	○	○		○
		測定器具点検													○	
		労働者数点検													○	
	その他	免許の携帯				○										
		一定の安全作業				○	○		○						○	
		記録							○	○						
		交替時の確実な引継ぎ								○						
		濃度測定														○

※金型の取付け、取外し及び調整の作業のとき

8 作業主任者の職務一覧（主として建設現場）

区分		業務の内容	木材加工用機械	型枠支保工の組立て等	地山の掘削	土止め支保工	ずい道等掘削等	ずい道等の覆工	採石のための掘削	はい	木造建築物の組立て等	コンクリート造の工作物の解体等	足場の組立て等	建築物等の鉄骨の組立て等	鋼橋架設等	コンクリート橋架設等	石綿
作業前	計画	作業方法決定		○	○	○	○	○	○	○	○	○	○	○	○	○	○
		作業順序決定									○	○					
		労働者の配置決定					○	○					○	○	○	○	
		換気等、方法決定 呼吸用保護具選択					○										
	点検	機械・安全装置の点検	○														○
		材料の欠点の有無の点検・不良品除去		○		○			○				○				
		器具・工具の機能点検・不良品除去		○	○	○				○	○	○	○	○	○	○	
		要求性能墜落制止用器具等・保護帽の機能点検・不良品除去					○	○				○	○	○	○	○	
		局排・換気装置等点検															○
作業中	指揮等	作業直接指揮	○	○	○	○	○	○	○	○	○	○	○	○	○	○	
		作業指揮															○
		異常時の必要な措置	○														
		作業の着手指示										○					
		作業箇所通行指示										○					
		退避の方法の指示							○								
	監視	治具・工具の使用状況監視	○														
		要求性能墜落制止用器具等・保護帽の使用状況監視		○	○	○	○			○	○	○	○	○	○	○	
		昇降設備の使用状況監視										○					
		作業の進行状況監視												○			
		保護具の使用状況監視															○
		局排・換気装置等点検															○

9 作業主任者の必要な業務一覧

作 業 名	作業主任者名	必 要 な 資 格
木 材 加 工 作 業 （施行令6条6号）	木材加工用機械作業主任者	木材加工用機械作業主任者技能講習修了者
プ レ ス 作 業 （施行令6条7号）	プ レ ス 機 械 作 業 主 任 者	プレス機械作業主任者技能講習修了者
型枠支保工の組立て又は解体作業 （施行令6条14号）	型枠支保工の組立て等作業主任者	型枠支保工の組立て等作業主任者技能講習修了者
加 熱 乾 燥 作 業 （施行令6条8号）	乾 燥 設 備 作 業 主 任 者	乾燥設備作業主任者技能講習修了者
金属の溶接、溶断、加熱作業 （施行令6条2号）	ガ ス 溶 接 作 業 主 任 者	ガス溶接作業主任者免許を受けた者
コンクリート破砕の作業 （施行令6条8号の2）	コンクリート破砕器作業主任者	コンクリート破砕器作業主任者技能講習修了者
地 山 掘 削 の 作 業 （施行令6条9号）	地 山 の 掘 削 作 業 主 任 者	地山の掘削及び土止め支保工作業主任者技能講習修了者
土止め支保工取付け、取り外しの作業 （施行令6条10号）	土 止 め 支 保 工 作 業 主 任 者	地山の掘削及び土止め支保工作業主任者技能講習修了者
ず い 道 掘 削、支保工組立等 （施行令6条10号の2）	ずい道等の掘削等作業主任者	ずい道等の掘削等作業主任者技能講習修了者
ず い 道 の 覆 工 の 作 業 （施行令6条10号の3）	ずい道等の覆工作業主任者	ずい道等の覆工作業主任者技能講習修了者
岩石の採取のための掘削作業 （施行令6条11号）	採石のための掘削作業主任者	採石のための掘削作業主任者技能講習修了者
はい付け又ははい崩しの作業 （施行令6条12号）	は い 作 業 主 任 者	はい作業主任者技能講習修了者
船 内 荷 役 作 業 （施行令6条13号）	船 内 荷 役 作 業 主 任 者	船内荷役作業主任者技能講習修了者

作 業 主 任 者 の 管 理 を 必 要 と す る 業 務 内 容	関係条文
木材加工用機械（丸のこ盤、帯のこ盤、かんな盤、面取り盤及びルーターに限る。 携帯用を除く）を５台以上（自動送材車式帯のこ盤が含まれる場合は３台以上）を有する事業場において行う当該機械による作業	安衛則129条 130条
動力により駆動されるプレス機械を５台以上有する事業場において行う当該機械による作業	安衛則133条 134条
型枠支保工（支柱、はり、つなぎ、筋かい等の部材により構成され、建設物におけるスラブ、桁等のコンクリートの打設に用いる型枠を支持する仮設の設備）の組立て又は解体の作業	安衛則246条 247条
乾燥設備のうち、①危険物等に係る設備で内容積１立方メートル以上のもの、②①の危険物等以外の物に係る設備で、熱源として燃料を使用するもの（固体燃料は毎時10キログラム以上、液体燃料は毎時10リットル以上、気体燃料は毎時１立方メートル以上）、電力を使用するもの(定格消費電力10キロワット以上)の加熱乾燥の作業	安衛則297条 298条
アセチレン溶接装置又はガス集合溶接装置を用いて行う金属の溶接、溶断又は加熱の作業	安衛則314条 315条 316条
コンクリート破砕器を用いて行う破砕の作業	安衛則321条の3 321条の4
掘削面の高さが２メートル以上となる地山の掘削（ずい道及びたて坑以外の坑の掘削を除く）の作業（採石の作業を除く）	安衛則359条 360条
土止め支保工の切りばり又は腹起こしの取付け又は取り外しの作業	安衛則374条 375条
ずい道等の掘削の作業（掘削機械を用いて行う掘削の作業のうち労働者が切羽に近接しない場合を除く）又はこれに伴うずり積み、ずい道支保工の組立て、ロックボルトの取付け若しくはコンクリート等の吹付けの作業	安衛則383条の2 383条の3
ずい道等の覆工(ずい道型枠支保工(ずい道等におけるアーチコンクリート及び側壁コンクリートの打設に用いる型枠並びにこれを支持するための支柱、はり、つなぎ、筋かい等の部材により構成される仮設の設備)の組立て、移動若しくは解体又は当該組立て若しくは移動に伴うコンクリートの打設)の作業	安衛則383条の4 383条の5
掘削面の高さが２メートル以上となる採石法２条に規定する岩石の採取のための掘削の作業	安衛則403条 404条
高さが２メートル以上のはい（倉庫、上屋又は土場に積み重ねられた荷（小麦、大豆、鉱石等のばら物の荷を除く）の集団）のはい付け又ははい崩しの作業（荷役機械の運転者のみによって行われるものを除く）	安衛則428条 429条
船舶に荷を積み、船舶から荷を卸し、又は船舶において荷を移動させる作業（総トン数500トン未満の船舶において揚貨装置を用いないで行うものを除く）	安衛則450条 451条

作　業　名	作業主任者名	必要な資格
足場の組立て等の作業 （施行令6条15号）	足場の組立て等作業主任者	足場の組立て等作業主任者 技能講習修了者
鉄骨の組立て、解体又は変更の作業　（施行令6条15号の2）	建築物等の鉄骨の組立て等作業主任者	建築物等の鉄骨の組立て等作業主任者技能講習修了者
橋梁の上部構造の金属部材の架設、解体又は変更の作業 （施行令6条15号の3）	鋼橋架設等作業主任者	鋼橋架設等作業主任者技能講習修了者
木造建築物の構造部材の組立、屋根・外壁下地等の取付作業（施行令6条15号の4）	木造建築物の組立て等作業主任者	木造建築物の組立て等作業主任者技能講習修了者
コンクリート造の工作物解体等の作業　（施行令6条15号の5）	コンクリート造の工作物の解体等作業主任者	コンクリート造の工作物の解体等作業主任者技能講習修了者
橋梁の上部構造のコンクリート造のものの架設又は変更の作業 （施行令6条16号）	コンクリート橋架設等作業主任者	コンクリート橋架設等作業主任者技能講習修了者
ボイラー取扱作業 （施行令6条4号）	ボイラー取扱作業主任者	特級ボイラー技士免許を受けた者

（注） 伝熱面積の合計は、次の数値により算定する。 1．貫流ボイラーは、その伝熱面積に10分の1を乗じて得た値 2．廃熱ボイラーは、その伝熱面積に2分の1を乗じて得た値 3．下記のボイラーはその伝熱面積を算入しない。 　①　胴の内径が750ミリメートル以下で、その長さが1300ミリメートル以下の蒸気ボイラー 　②　伝熱面積が3平方メートル以下の蒸気ボイラー 　③　伝熱面積が14平方メートル以下の温水ボイラー 　④　伝熱面積が30平方メートル以下の貫流ボイラー（気水分離器を有するものにあっては、当該気水分離器の内径400ミリメートル以下で、かつその内容積が0.4立方メートル以下のものに限る） 4．ボイラーに圧力、温度、水位又は燃焼の状態に係る異常があった場合に、当該ボイラーを安全に停止させることができる機能その他の機能を有する自動制御装置であって厚生労働大臣が定めるものを備えたボイラーについては、当該ボイラー（当該ボイラーのうち、最大の伝熱面積を有するボイラーを除く）の伝熱面積を算入しないことができる。	下記の免許を受けた者 1．特級ボイラー技士免許 2．1級ボイラー技士免許

作 業 主 任 者 の 管 理 を 必 要 と す る 業 務 内 容	関係条文
つり足場（ゴンドラのつり足場を除く）、張出し足場又は高さが5メートル以上の構造の足場の組立て、解体又は変更の作業	安衛則565条 566条
建築物の骨組み又は塔であって、金属製の部材により構成されるもの（その高さが5メートル以上であるものに限る）の組立て、解体又は変更の作業	安衛則517条の4 517条の5
橋梁の上部構造であって、金属製の部材により構成されるもの（その高さが5メートル以上であるもの又は当該上部構造のうち橋梁の支間の距離が30メートル以上である部分に限る）の架設、解体又は変更の作業	安衛則517条の8 517条の9
建築基準法施行令2条1項7号に規定する軒の高さが5メートル以上の木造建築物の構造部材の組立て又はこれに伴う屋根下地若しくは外壁下地の取付けの作業	安衛則517条の12 517条の13
コンクリート造の工作物（その高さが5メートル以上であるものに限る）の解体又は破壊の作業	安衛則517条の17 517条の18
橋梁の上部構造であって、コンクリート造のもの（その高さが5メートル以上であるもの又は当該上部構造のうち橋梁の支間の距離が30メートル以上である部分に限る）の架設又は変更の作業	安衛則517条の22 517条の23
ボイラー（小型ボイラーを除く）の取扱いの作業のうち取り扱うボイラーの伝熱面積の合計が500平方メートル以上の場合（貫流ボイラーのみを取り扱う場合を除く）における当該ボイラーの取扱いの作業（注）	ボイラー則24条 25条
ボイラー（小型ボイラーを除く）の取扱いの作業のうち取り扱うボイラーの伝熱面積の合計が25平方メートル以上500平方メートル未満の場合（貫流ボイラーのみを取り扱う場合において、その伝熱面積の合計が500平方メートル以上の場合を含む）における当該ボイラーの取扱いの作業（注）	

作　業　名	作業主任者名	必要な資格
ボイラー取扱作業 〔46ページより続き〕	ボイラー取扱作業主任者	下記の免許を受けた者 1．特級ボイラー技士免許 2．1級ボイラー技士免許 3．2級ボイラー技士免許
		下記の免許を受け又は講習を修了した者 1．特級ボイラー技士免許 2．1級ボイラー技士免許 3．2級ボイラー技士免許 4．ボイラー取扱技能講習
第一種圧力容器取扱作業 （施行令6条17号）	第一種圧力容器取扱作業主任者	化学設備関係第一種圧力容器取扱作業主任者技能講習修了者 （注）右の欄の［　］に記載の第一種圧力容器については、ボイラー則119条1項2号又は3号に掲げる者で、「特定第一種圧力容器取扱作業主任者免許」を受けた者から選任することができる。
		下記の免許を受け又は講習を修了した者 1．特級ボイラー技士免許 2．1級ボイラー技士免許 3．2級ボイラー技士免許 4．化学設備関係第一種圧力容器取扱作業主任者技能講習 5．普通第一種圧力容器取扱作業主任者技能講習 （注）右の欄の［　］に記載の第一種圧力容器については、ボイラー則119条の「特定第一種圧力容器取扱作業主任者免許」を受けた者から選任することができる。
屋内等での有機溶剤製造、取扱い作業　（施行令6条22号）	有機溶剤作業主任者	有機溶剤作業主任者 技能講習修了者
鉛業務に係る作業 （施行令6条19号）	鉛作業主任者	鉛作業主任者技能講習修了者

作 業 主 任 者 の 管 理 を 必 要 と す る 業 務 内 容	関係条文
ボイラー（小型ボイラーを除く）の取扱いの作業のうち取り扱うボイラーの伝熱面積の合計が25平方メートル未満の場合における当該ボイラーの取扱いの作業 （注）46ページ参照	ボイラー則24条 25条
下記のボイラーのみを取り扱う作業 ①　胴の内径が750ミリメートル以下で、かつ、その長さが1300ミリメートル以下の蒸気ボイラー ②　伝熱面積が3平方メートル以下の蒸気ボイラー ③　伝熱面積が14平方メートル以下の温水ボイラー ④　伝熱面積が30平方メートル以下の貫流ボイラー（気水分離器を有するものにあっては、当該気水分離器の内径が400ミリメートル以下で、かつ、その内容積が0.4立方メートル以下のものに限る）	
第一種圧力容器（小型圧力容器及び特定の内容積の容器を除く）の取扱い作業のうち化学設備に係る第一種圧力容器の取扱い作業 ［電気事業法、高圧ガス保安法又はガス事業法の適用を受ける第一種圧力容器の取扱いの作業のうち化学設備に係るものの取扱いの作業］ ＊特定の内容積の容器 ①　蒸気その他の熱媒を受け入れ、又は蒸気を発生させて固体又は液体を加熱する容器で容器内の圧力が大気圧を超える容器で、内容積が5立方メートル以下のもの ②　容器内における化学反応等により蒸気を発生させる容器内で容器内の圧力が大気圧を超えるもののうち内容積が1立方メートル以下のもの ③　容器内の液体の成分を分離するため液体を加熱し蒸気を発生させる容器で、容器内の圧力が大気圧を超えるもののうち内容積が1立方メートル以下のもの ④　大気圧における沸点を超える温度の液体をその内部に保有する容器で、内容積が1立方メートル以下のもの	ボイラー則62条 63条
上記以外の第一種圧力容器の取扱い作業 ［電気事業法、高圧ガス保安法又はガス事業法の適用を受ける第一種圧力容器の取扱いの作業のうち化学設備に係るもの以外のものの取扱いの作業］	
屋内作業場又はタンク、船倉若しくは坑の内部その他の場所等で有機溶剤を製造し、又は取り扱う業務で、厚生労働省令で定める作業	有機則19条 19条の2
施行令別表第4第1号から10号までに掲げる鉛業務（遠隔操作によって行う隔離室におけるものを除く）に係る作業	鉛則33条 34条

作　業　名	作　業　主　任　者　名	必　要　な　資　格
四アルキル鉛等業務に係る作業 （施行令6条20号）	四アルキル鉛等作業主任者	特定化学物質及び四アルキル鉛等作業主任者技能講習修了者
特化物等を製造し又は取り扱う作業 （施行令6条18号）	特定化学物質作業主任者	特定化学物質及び四アルキル鉛等作業主任者技能講習修了者
	特定化学物質作業主任者（特別有機溶剤業務）	有機溶剤作業主任者技能講習修了者
石　綿　取　扱　作　業 （施行令6条23号）	石　綿　作　業　主　任　者	石綿作業主任者技能講習修了者
高　圧　室　内　作　業 （施行令6条1号）	高　圧　室　内　作　業　主　任　者	高圧室内作業主任者免許を受けた者
X線等業務に係る作業 （施行令6条5号）	エックス線作業主任者	エックス線作業主任者免許を受けた者
ガンマ線透過写真の撮影作業 （施行令6条5号の2）	ガンマ線透過写真撮影作業主任者	ガンマ線透過写真撮影作業主任者免許を受けた者
第1種酸素欠乏危険作業 （施行令6条21号）	酸素欠乏危険作業主任者	1.　酸素欠乏危険作業主任者技能講習修了者 2.　酸素欠乏・硫化水素危険作業主任者技能講習修了者
第2種酸素欠乏危険作業 （施行令6条21号）		酸素欠乏・硫化水素危険作業主任者技能講習修了者

作 業 主 任 者 の 管 理 を 必 要 と す る 業 務 内 容	関係条文
施行令別表第5第1号から6号まで又は8号に掲げる四アルキル鉛等業務（遠隔操作によって行う隔離室におけるものを除き、同表6号に掲げる業務にあっては、ドラム缶その他の容器の積卸しの業務に限る）に係る作業	四鉛則14条 15条
施行令別表第3に掲げる特定化学物質を製造し、又は取り扱う作業。ただし次に掲げるものは除く。 1．試験研究のため取り扱う作業 2．厚生労働省令で定めるもの	特化則27条、28条
特別有機溶剤業務に係る作業	特化則27条、28条
石綿等（石綿若しくは石綿をその重量の0.1％を超えて含有する製剤その他の物）を取り扱う作業（試験研究のため取り扱う作業を除く）、又は石綿等を試験研究のため製造する作業	石綿則19条 20条
高圧室内作業（潜函工法その他の圧気工法により、大気圧を超える気圧下の作業室又はシャフトの内部において行う作業に限る）	高圧則10条
X線装置の使用又はX線の発生を伴う当該装置の検査業務、X線管若しくはケノトロンのガス抜き又はX線の発生を伴うこれらの検査の業務に係る作業（医療用又は波高値による定格管電圧が1000キロボルト以上のX線を発生させる装置の使用を除く）	電離則46条 47条
ガンマ線照射装置を用いて行う透過写真の撮影の作業	電離則52条の2 52条の3
酸素欠乏危険場所のうち、次欄（第2種酸素欠乏危険作業）以外の酸素欠乏危険場所における作業	施行令別表第6 酸欠則2条7号 11条
酸素欠乏危険場所のうち、下記に定める酸素欠乏危険場所における作業 1．海水が滞留しており、若しくは滞留したことのある熱交換器、管、暗きょ、マンホール、溝若しくはピット又は海水を相当期間入れてあり、若しくは入れたことのある熱交換器等の内部 2．し尿、腐泥、汚水、パルプ液その他腐敗し、又は分解しやすい物質を入れてあり、又は入れたことのあるタンク、船倉、槽、管、暗きょ、マンホール、溝又はピットの内部 3．酸素欠乏症にかかるおそれ及び硫化水素中毒にかかるおそれのある場所として厚生労働大臣が定める場所	施行令別表第6第3号の3、9号、12号 酸欠則2条8号 11条

10 安全衛生委員会規制一覧

事　項 委員会	開催回数	委　員　会　の　構　成
安 全 委 員 会 （安衛法17条）	毎月1回 以上 （安衛則 23条）	1．総括安全衛生管理者又は総括安全衛生管理者以外の者で当該事業場に おいてその事業の実施を統括管理するもの若しくはこれに準ずる者のう ちから事業者が指名した者（1名のみ） 2．安全管理者のうちから事業者が指名した者 3．当該事業場の労働者で、安全に関し経験を有するもののうちから事業 者が指名した者 　（ただし、1号の委員以外の委員の半数については、当該事業場の過半 数を代表する労働組合がある場合はその労働組合、ない場合は労働者の 過半数を代表する者の推薦に基づき指名しなければならない） ○開催に当たっては1号委員が委員会の議長を務める （注）　林業、鉱業、建設業、製造業（木材・木製品製造業・金属製品・化 学工業・鉄鋼業・輸送用機械）、運送業（道路貨物・港湾）、自動車整備 業、機械修理業、清掃業にあっては使用労働者50人以上、それ以外の業 種にあっては100人以上に設置義務　　　　　　　　　　　（施行令8条）
衛 生 委 員 会 （安衛法18条）	同　上	1．総括安全衛生管理者又は総括安全衛生管理者以外の者で当該事業場に おいてその事業の実施を統括管理するもの若しくはこれに準ずる者のう ちから事業者が指名した者（1名のみ） 2．衛生管理者のうちから事業者が指名した者 3．産業医のうちから事業者が指名した者 4．当該事業場の労働者で、衛生に関し経験を有するもののうちから事業 者が指名した者 5．事業者は、当該事業場の労働者で、作業環境測定を実施している作業 環境測定士であるものを委員として指名することができる 　（ただし、1号の委員以外の委員の半数については、当該事業場の過半 数を代表する労働組合がある場合はその労働組合、ない場合は労働者の 過半数を代表する者の推薦に基づき指名しなければならない） ○開催に当たっては1号委員が委員会の議長を務める （注）　全業種で常時50人以上の労働者を使用する事業場に設置義務 　　　　　　　　　　　　　　　　　　　　　　　　　　　（施行令9条）

注）委員会を設けている事業者以外の事業者は安全又は衛生に関する事項について、関係労働者の意見を聞くための機会を設けること（安衛則23条の２）

委 員 会 の 付 議 事 項	議事の周知 記録の保存
１．労働者の危険を防止するための基本となるべき対策に関すること ２．労働災害の原因及び再発防止対策で、安全に係るものに関すること ３．前２号に掲げるもののほか、労働者の危険の防止に関する重要事項 （以下の内容を含む）（安衛則21条） ①安全に関する規程の作成に関すること ②安衛法28条の２第１項又は57条の３第１、２項の危険性又は有害性等の調査及びその結果に基づき講ずる措置のうち、安全に関すること ③安全衛生に関する計画（安全に係る部分）の作成、実施、評価及び改善に関すること ④安全教育の実施計画の作成に関すること ⑤厚生労働大臣、都道府県労働局長、労働基準監督署長、労働基準監督官又は産業安全専門官から文書により命令、指示、勧告又は指導を受けた事項のうち、労働者の危険の防止に関すること	委員会の都度遅滞なく、議事の概要を労働者に周知 委員会の開催の都度、次の事項を記録し３年間保存 ①委員会の意見及び当該意見を踏まえて講じた措置の内容 ②①のほか、委員会における議事で重要なもの （安衛則23条）
１．労働者の健康障害を防止するための基本となるべき対策に関すること ２．労働者の健康の保持増進を図るための基本となるべき対策に関すること ３．労働災害の原因及び再発防止対策で、衛生に係るものに関すること ４．前３号に掲げるもののほか、労働者の健康障害の防止及び健康の保持増進に関する重要事項 （以下の内容を含む）（安衛則22条） ①衛生に関する規程の作成に関すること ②安衛法28条の２第１項又は57条の３第１、２項の危険性又は有害性等の調査及びその結果に基づき講ずる措置のうち、衛生に関すること ③安全衛生に関する計画（衛生に係る部分）の作成、実施、評価及び改善に関すること ④衛生教育の実施計画の作成に関すること ⑤安衛法57条の４第１項及び57条の５第１項の規定により行われる有害性の調査並びにその結果に対する対策の樹立に関すること ⑥安衛法65条１項又は５項の規定により行われる作業環境測定の結果及びその結果の評価に基づく対策の樹立に関すること ⑦定期に行われる健康診断、安衛法66条４項の規定による指示を受けて行われる臨時の健康診断、安衛法66条の２の自ら受けた健康診断及び安衛法に基づく他の省令の規定に基づいて行われる医師の診断、診察又は処置の結果並びにその結果に対する対策の樹立に関すること ⑧労働者の健康の保持増進を図るため必要な措置の実施計画の作成に関すること ⑨長時間にわたる労働による労働者の健康障害の防止を図るための対策の樹立に関すること ⑩労働者の精神的健康の保持増進を図るための対策の樹立に関すること ⑪安衛則577条の２第１項、第２項及び第８項の規定により講ずる措置に関すること並びに同条第３項及び第４項の医師又は歯科医師による健康診断の実施に関すること　※令６.４.１施行 ⑫厚生労働大臣、都道府県労働局長、労働基準監督署長、労働基準監督官又は労働衛生専門官から文書により命令、指示、勧告又は指導を受けた事項のうち、労働者の健康障害の防止に関すること	同　上

委員会 \ 事項	開催回数	委員会の構成
安全衛生委員会 （安衛法19条）	同　上	1．総括安全衛生管理者又は総括安全衛生管理者以外の者で当該事業場においてその事業の実施を統括管理するもの若しくはこれに準ずる者のうちから事業者が指名した者（1名のみ） 2．安全管理者及び衛生管理者のうちから事業者が指名した者 3．産業医のうちから事業者が指名した者 4．当該事業場の労働者で、安全に関し経験を有するもののうちから事業者が指名した者 5．当該事業場の労働者で、衛生に関し経験を有するもののうちから事業者が指名した者 6．事業者は、当該事業場の労働者で、作業環境測定を実施している作業環境測定士であるものを委員として指名することができる 　（ただし、1号の委員以外の委員の半数については、当該事業場の過半数を代表する労働組合がある場合はその労働組合、ない場合は労働者の過半数を代表する者の推薦に基づき指名しなければならない） ○開催に当たっては1号委員が委員会の議長を務める （注）　安全委員会及び衛生委員会を設けなければならないときは、それぞれの委員会の設置に代えて安全衛生委員会とすることができる。

委　員　会　の　付　議　事　項	議事の周知 記録の保存
1．労働者の危険を防止するための基本となるべき対策に関すること 2．労働者の健康障害を防止するため及び健康の保持増進を図るための基本となるべき対策に関すること 3．労働災害の原因及び再発防止対策で、安全又は衛生に係るものに関すること 4．前3号に掲げるもののほか、労働者の危険、健康障害の防止及び健康の保持増進に関する重要事項 安全委員会①〜⑤、衛生委員会①〜⑪の内容	委員会の都度遅滞なく、議事の概要を労働者に周知 委員会の開催の都度、次の事項を記録し3年間保存 ①委員会の意見及び当該意見を踏まえて講じた措置の内容 ②①のほか、委員会における議事で重要なもの （安衛則23条）

手続き等に関する措置

1 計画の届出義務一覧

計画の届出をすべき機械等	左のうち届出の必要のない機械等	提出期日	提 出 先	関係条文
下記の９〜28の機械等については、届出をしなければならない事業場が安衛法88条１項ただし書きの規定による認定を受けた事業場であるときは、届出は免除される。				
１．ボイラー（船舶安全法の適用を受ける船舶に用いられるもの、電気事業法の適用を受けるもの、移動式ボイラー及び小型ボイラーを除く）を設置し、若しくは移転し、又はこれらの主要構造部分を変更しようとするとき	な　し	工事開始の30日前まで	所轄労働基準監督署長	安衛法88条１項、ボイラー則10条、41条、56条、76条
２．第一種圧力容器（船舶安全法の適用を受ける船舶に用いられるもの、電気事業法、高圧ガス保安法、ガス事業法又は液化石油ガスの保安の確保及び取引の適正化に関する法律の適用を受けるもの、移動式ボイラー及び小型圧力容器を除く）を設置し、若しくは移転し、又はこれらの主要構造部分を変更しようとするとき				
３．つり上げ荷重３トン以上（スタッカー式クレーンにあっては１トン）のクレーンを設置し、若しくは移転し、又はこれらの主要構造部分を変更しようとするとき				安衛法88条１項、クレーン則５条、44条、85条
４．つり上げ荷重３トン以上の移動式クレーンを設置し、若しくは移転し、又はこれらの主要構造部分を変更しようとするとき				

計画の届出をすべき機械等	左のうち届出の必要のない機械等	提出期日	提出先	関係条文
5. つり上げ荷重２トン以上のデリックを設置し、若しくは移転し、又はこれらの主要構造部分を変更しようとするとき	な し	工事開始の30日前まで	所轄労働基準監督署長	安衛法88条１項、クレーン則９６条、129条、140条、163条、174条、197条
6. 積載荷重が１トン以上のエレベーターを設置し、若しくは移転し、又はこれらの主要構造部分を変更しようとするとき				
7. ガイドレール（昇降路を有するものにあっては昇降路）の高さが18メートル以上の建設用リフト（積載荷重が0.25トン未満のものを除く）を設置し、若しくは移転し、又はこれらの主要構造部分を変更しようとするとき				
8. ゴンドラを設置し、若しくは移転し、又はこれらの主要構造部分を変更しようとするとき				安衛法88条１項、ゴンドラ則１０条、28条
9. 有機溶剤等設備 有機則５条若しくは６条の有機溶剤の蒸気の発散源を密閉する設備、局所排気装置、プッシュプル型換気装置又は全体換気装置（移動式のものを除く）を設置し、若しくは移転し、又はこれらの主要構造部分を変更しようとするとき	６月未満の期間で廃止するもの	工事開始の30日前まで	所轄労働基準監督署長	安衛法88条１項、安衛則85条、86条

計画の届出をすべき機械等	左のうち届出の必要のない機械等	提出期日	提 出 先	関係条文
10.　鉛設備等 　　鉛則2条、5条から15条まで及び17条から20条までに規定する鉛等又は焼結鉱等の粉じんの発散源を密閉する設備、局所排気装置又はプッシュプル型換気装置を設置し、若しくは移転し、又はこれらの主要構造部分を変更しようとするとき	6月未満の期間で廃止するもの	工事開始の30日前まで	所轄労働基準監督署長	安衛法88条1項、安衛則85条、86条
11.　四アルキル鉛設備等 　　四アルキル鉛をガソリンに混入する業務（四アルキル鉛をストレージタンクに注入する業務を含む）に用いる機械又は装置を設置し、若しくは移転し、又はこれらの主要構造部分を変更しようとするとき				

計画の届出をすべき機械等	左のうち届出の必要のない機械等	提出期日	提 出 先	関係条文
12. 特定化学設備等（以下の設備を設置し、若しくは移転し、又はこれらの主要構造部分を変更しようとするとき） ① 特化則2条1項1号に掲げる第1類物質又は特化則4条1項の特定第2類物質等を製造する設備 ② 特定化学設備（特定第2類物質又は第3類物質を製造し、又は取り扱う設備で移動式以外のものをいう）及びその附属設備 ③ 特定第2類物質又は管理第2類物質のガス、蒸気又は粉じんが発散する屋内作業場に設ける発散抑制の設備 ④ 特化則10条1項の排ガス処理装置であって、アクロレインに係るもの ⑤ 特化則11条1項の排液処理装置 ⑥ 特化則38条の17第1項の1・3－ブタジエン等に係る発散抑制の設備（屋外に設置されるものを除く） ⑦ 特化則38条の18第1項の硫酸ジエチル等に係る発散抑制の設備（屋外に設置されるものを除く） ⑧ 特化則38条の19の1・3－プロパンスルトン等を製造し、又は取り扱う設備内とその附属設備	6月未満の期間で廃止するもの	工事開始の30日前まで	所轄労働基準監督署長	安衛法88条1項、安衛則85条、86条

計画の届出をすべき機械等	左のうち届出の必要のない機械等	提出期日	提 出 先	関係条文
13.　放射線装置等（以下の設備等を設置し、若しくは移転し、又はこれらの主要構造部分を変更しようとするとき） ①　電離則15条1項の放射線装置（放射性同位元素等規制に関する法律（昭和32年法律第167号）12条の5第2項に規定する表示付認証機器又は同条3項に規定する表示付特定認証機器を除く）	6月未満の期間で廃止するもの	工事開始の30日前まで	所轄労働基準監督署長	安衛法88条1項、安衛則85条、86条
14.　事務所換気装置 　事務所則5条の空気調和設備又は機械換気設備で中央管理方式のものを設置し、若しくは移転し、又はこれらの主要構造部分を変更しようとするとき				
15.　粉じん作業設備等（以下の設備を設置し、若しくは移転し、又はこれらの主要構造部分を変更しようとするとき） ①　粉じん則別表第2第6号及び8号に掲げる特定粉じん発生源を有する機械又は設備並びに同表第2第14号の型ばらし装置 ②　粉じん則4条又は27条1項ただし書の規定により設ける局所排気装置又はプッシュプル型換気装置				

計画の届出をすべき機械等	左のうち届出の必要のない機械等	提出期日	提出先	関係条文
16. 石綿等の粉じんが発散する屋内作業場に設ける発散抑制の設備を設置し、若しくは移転し、又はこれらの主要構造部分を変更しようとするとき	６月未満の期間で廃止するもの	工事開始の30日前まで	所轄労働基準監督署長	安衛法88条１項、安衛則85条、86条
17. 動力プレス（機械プレスで、クランク軸等の偏心機構を有するもの及び液圧プレスに限る）を設置し、若しくは移転し、又はこれらの主要構造部分を変更しようとするとき				
18. 金属その他の鉱物の溶解炉（容量が１トン以上のものに限る）を設置し、若しくは移転し、又はこれらの主要構造部分を変更しようとするとき				
19. 化学設備（配管を除く）（製造し、若しくは取り扱う危険物又は製造し、若しくは取り扱う引火点が65度以上の物の量が厚生労働大臣の定める基準に満たないものを除く）を設置し、若しくは移転し、又はこれらの主要構造部分を変更しようとするとき				

計画の届出をすべき機械等	左のうち届出の必要のない機械等	提出期日	提 出 先	関係条文
20．乾燥設備（①危険物等に係る設備で内容積が１立方メートル以上のもの、②危険物等以外のものに係る設備で熱源として燃料を使用するもの（その最大消費量が固体燃料にあっては毎時10キログラム以上、液体燃料にあっては毎時10リットル以上、気体燃料にあっては毎時１立方メートル以上のものに限る）、③熱源として電力を使用するもので定格消費電力が10キロワット以上の電力を熱源として使用するもの）を設置し、若しくは移転し、又はこれらの主要構造部分を変更しようとするとき	６月未満の期間で廃止するもの	工事開始の30日前まで	所轄労働基準監督署長	安衛法88条１項、安衛則85条、86条
21．アセチレン溶接装置（移動式は除く）を設置し、若しくは移転し、又はこれらの主要構造部分を変更しようとするとき				
22．ガス集合溶接設備（移動式は除く）を設置し、若しくは移転し、又はこれらの主要構造部分を変更しようとするとき				

計画の届出をすべき機械等	左のうち届出の必要のない機械等	提出期日	提出先	関係条文
23. 軌道装置を設置し、若しくは移転し、又はこれらの主要構造部分を変更しようとするとき	6月未満の期間で廃止するもの	工事開始の30日前まで	所轄労働基準監督署長	安衛法88条1項、安衛則85条、86条
24. 機械集材装置（原動機の定格出力が7.5キロワットを超えるものに限る）を設置し、若しくは移転し、又はこれらの主要構造部分を変更しようとするとき	組立てから解体までの期間が60日未満のもの			
25. 架設通路（高さ及び長さが10メートル以上のものに限る）を設置し、若しくは移転し、又はこれらの主要構造部分を変更しようとするとき				
26. 足場（つり足場、張出し足場以外の足場にあっては高さが10メートル以上の構造のものに限る）を設置し、若しくは移転し、又はこれらの主要構造部分を変更しようとするとき				
27. 運材索道（支間の斜距離の合計が350メートル以上のものに限る）を設置し、若しくは移転し、又はこれらの主要構造部分を変更しようとするとき				
28. 型枠支保工（支柱の高さが3.5メートル以上のものに限る）を設置し、若しくは移転し、又はこれらの主要構造部分を変更しようとするとき	な し			

計画の届出をすべき機械等	左のうち届出の必要のない機械等	提出期日	提 出 先	関係条文
29.　高さが300メートル以上の塔の建設の仕事	な　し	工事開始の30日前まで	厚生労働大臣	安衛法88条2項、安衛則89条、91条
30.　堤高（基礎地盤から堤頂までの高さをいう）が150メートル以上のダムの建設の仕事				
31.　最大支間500メートル（つり橋にあっては1000メートル）以上の橋梁の建設の仕事				
32.　長さが3000メートル以上のずい道等の建設の仕事				
33.　長さが1000メートル以上3000メートル未満のずい道等の建設の仕事で、深さが50メートル以上のたて坑（通路として使用されるものに限る）の掘削を伴うもの				
34.　ゲージ圧力が0.3メガパスカル以上の圧気工法による作業を行う仕事				
35.　高さ31メートルを超える建築物又は工作物（橋梁を除く）の建設、改造、解体又は破壊の仕事	な　し	当該仕事開始の14日前	所轄労働基準監督署長	安衛法88条3項、安衛則90条
36.　最大支間50メートル以上の橋梁の建設、改造、解体又は破壊の仕事				
37.　最大支間30メートル以上50メートル未満の橋梁の上部構造の建設、改造、解体、又は破壊の仕事（人口が集中している地域内における道路上若しくは道路に隣接した場所又は鉄道の軌道上若しくは軌道に隣接した場所において行われるものに限る）				

計画の届出をすべき機械等	左のうち届出の必要のない機械等	提出期日	提 出 先	関係条文
38. ずい道等の建設、改造、解体、又は破壊の仕事（ずい道等の内部に労働者が立ち入らないものを除く）	な　し	当該仕事開始の14日前	所轄労働基準監督署長	安衛法88条3項、安衛則90条
39. 掘削の高さ又は深さが10メートル以上である地山の掘削（ずい道等の掘削及び岩石の採取のための掘削を除く）の作業（掘削機械を用いる作業で、掘削面の下に労働者が立ち入らないものを除く）を行う仕事				
40. 圧気工法による作業を行う仕事				
41. 石綿等が吹き付けられているもの、又は張り付けられているものにおける石綿等の除去、封じ込め又は囲い込みの作業を行う仕事				
42. ダイオキシン類対策特別措置法施行令別表第1第5号に掲げる廃棄物焼却炉（火格子面積が2平方メートル以上又は焼却能力が1時間当たり200キログラム以上の物に限る）を有する廃棄物の焼却施設に設置された廃棄物焼却炉、集じん機等の設備の解体等の仕事				
43. 掘削の高さ又は深さが10メートル以上の土石の採取のための掘削の作業を行う仕事				
44. 坑内掘りによる土石の採取のための掘削の作業を行う仕事				

2 計画届の参画者資格一覧

	工事又は仕事の種類	参 画 者 の 資 格
型枠支保工	1．型枠支保工（支柱の高さが3.5メートル以上のものに限る）を設置し、若しくは移転し、又はこれらの主要構造部分を変更する工事	1．次のイ及びロのいずれにも該当する者 　イ　次のいずれかに該当する者 　　（1）型枠支保工に係る工事の設計監理又は施工管理の実務に3年以上従事した経験を有すること。 　　（2）建築士法4条2項の1級建築士試験に合格したこと。 　　（3）建設業法施行令27条の3に規定する1級土木施工管理技術検定又は1級建築施工管理技術検定に合格したこと。 　ロ　工事における安全衛生の実務に3年以上従事した経験を有すること又は厚生労働大臣の登録を受けた者が行う研修を修了したこと。 2．労働安全コンサルタント試験に合格した者で、その試験の区分が土木又は建築であるもの 3．その他厚生労働大臣が定める者
足場	2．足場（つり足場、張出し足場以外の足場にあっては、高さが10メートル以上の構造のものに限る）を設置し、若しくは移転し、又はこれらの主要構造部分を変更する工事（組立てから解体までの期間が60日未満のものを除く）	1．次のイ及びロのいずれにも該当する者 　イ　次のいずれかに該当する者 　　（1）足場に係る工事の設計監理又は施工管理の実務に3年以上従事した経験を有すること。 　　（2）建築士法4条2項の1級建築士試験に合格したこと。 　　（3）建設業法施行令27条の3に規定する1級土木施工管理技術検定又は1級建築施工管理技術検定に合格したこと。 　ロ　工事における安全衛生の実務に3年以上従事した経験を有すること又は厚生労働大臣の登録を受けた者が行う研修を修了したこと。 2．労働安全コンサルタント試験に合格した者で、その試験の区分が土木又は建築であるもの 3．その他厚生労働大臣が定める者
塔 建築物・工作物	3．高さが300メートル以上の塔の建設の仕事 4．高さが31メートルを超える建築物又は工作物（橋梁を除く）の建設、改造、解体又は破壊の仕事のうち建設の仕事（ダムの建設の仕事を除く）	1．次のイ及びロのいずれにも該当する者 　イ　次のいずれかに該当する者 　　（1）学校教育法による大学又は高等専門学校において、理科系統の正規の課程を修めて卒業し、その後10年以上建築工事の設計監理又は施工管理の実務に従事した経験を有すること。 　　（2）学校教育法による高等学校又は中等教育学校において理科系統の正規の学科を修めて卒業し、その後15年以上建築工事の設計監理又は施工管理の実務に従事した経験を有すること。 　　（3）建築士法4条2項の1級建築士試験に合格したこと。 　ロ　建設工事における安全衛生の実務に3年以上従事した経験を有すること又は厚生労働大臣の登録を受けた者が行う研修を修了したこと。 2．労働安全コンサルタント試験に合格した者で、その試験の区分が建築であるもの 3．その他厚生労働大臣が定める者

工事又は仕事の種類		参 画 者 の 資 格
ダム	5．堤高が150メートル以上のダムの建設の仕事	1．次のイからハまでのいずれにも該当する者 イ　次のいずれかに該当すること。 　（1）　学校教育法による大学又は高等専門学校において理科系統の正規の課程を修めて卒業し、その後10年以上土木工事の設計監理又は施工管理の実務に従事した経験を有すること。
ダム	6．高さが31メートルを超える建築物又は工作物（橋梁を除く）の建設、改造、解体又は破壊の仕事（ダムの建設の仕事に限る）	（2）　学校教育法による高等学校又は中等教育学校において理科系統の正規の学科を修めて卒業し、その後15年以上土木工事の設計監理又は施工管理の実務に従事した経験を有すること。 　（3）　技術士法4条1項に規定する第二次試験で建設部門に係るものに合格したこと。
橋梁	7．最大支間500メートル（つり橋にあっては、1000メートル）以上の橋梁の建設の仕事	（4）　建設業法施行令27条の3に規定する1級土木施工管理技術検定に合格したこと。 ロ　次に掲げる仕事の区分に応じ、それぞれに掲げる仕事の設計監理又は施工管理の実務に3年以上従事した経験を有すること。
橋梁	8．最大支間50メートル以上の橋梁の建設、改造、解体又は破壊の仕事	（注）　番号は左の欄の仕事の前につけている番号 　（1）　5、6の仕事　　　　　ダムの建設の仕事 　（2）　7、8、9の仕事　　　橋梁の建設の仕事 　（3）　10、11、12の仕事　　ずい道等の建設の仕事
橋梁	9．最大支間30メートル以上50メートル未満の橋梁の上部構造の建設等の仕事（人口が集中している地域内における道路上若しくは道路に隣接した場所又は鉄道の軌道上若しくは軌道に隣接した場所において行われるものに限る）	（4）　13、14の仕事　　　　圧気工法による作業を行う仕事 　（5）　15の仕事　　　　　　地山の掘削の作業を行う仕事 ハ　建設工事における安全衛生の実務に3年以上従事した経験を有すること又は厚生労働大臣の登録を受けた者が行う研修を修了したこと。 2．労働安全コンサルタント試験に合格した者で、その試験の区分が土木であるもの 3．その他厚生労働大臣が定める者
ずい道	10．長さが3000メートル以上のずい道等の建設の仕事	
ずい道	11．長さが1000メートル以上3000メートル未満のずい道等の建設の仕事で、深さが50メートル以上のたて抗（通路として使用されるものに限る）の掘削を伴うもの	
ずい道	12．ずい道等の建設の仕事（ずい道等の内部に労働者が立ち入らないものを除く）	
圧気工法	13．ゲージ圧力が0.3メガパスカル以上の圧気工法による作業を行う仕事	
圧気工法	14．圧気工法による作業を行う仕事	

工事又は仕事の種類	参　画　者　の　資　格
掘削	15.　掘削の高さ又は深さが10メートル以上である地山の掘削（ずい道等の掘削及び岩石の採取のための掘削を除く）の作業（掘削機械を用いる作業で、掘削面の下方に労働者が立ち入らないものを除く）を行う仕事	1．次のイからハまでのいずれにも該当する者 　イ　次のいずれかに該当すること。 　　（1）　学校教育法による大学又は高等専門学校において理科系統の正規の課程を修めて卒業し、その後10年以上土木工事の設計監理又は施工管理の実務に従事した経験を有すること。 　　（2）　学校教育法による高等学校又は中等教育学校において理科系統の正規の学科を修めて卒業し、その後15年以上土木工事の設計監理又は施工管理の実務に従事した経験を有すること。 　　（3）　技術士法4条1項に規定する第二次試験で建設部門に係るものに合格したこと。 　　（4）　建設業法施行令27条の3に規定する1級土木施工管理技術検定に合格したこと。 　ロ　次に掲げる仕事の区分に応じ、それぞれに掲げる仕事の設計監理又は施工管理の実務に3年以上従事した経験を有すること。 　　（注）　番号は左の欄の仕事の前につけている番号 　　（1）　5、6の仕事　　　　　　ダムの建設の仕事 　　（2）　7、8、9の仕事　　　　橋梁の建設の仕事 　　（3）　10、11、12の仕事　　　ずい道等の建設の仕事 　　（4）　13、14の仕事　　　　　圧気工法による作業を行う仕事 　　（5）　15の仕事　　　　　　　地山の掘削の作業を行う仕事 　ハ　建設工事における安全衛生の実務に3年以上従事した経験を有すること又は厚生労働大臣の登録を受けた者が行う研修を修了したこと。 2．労働安全コンサルタント試験に合格した者で、その試験の区分が土木であるもの 3．その他厚生労働大臣が定める者

3 報告・届出事項一覧

注）1．報告・届出事項一覧表の記載分は事業主提出分のみである。
　　2．安衛法88条に基づく計画の届出関係（設置届、変更届等）は除く。
　　3．下記の「機械等の設置又は休止報告」の「届出の必要な事由」欄の機械等の名称の前に＊印が付いている
　　　　場合は、報告・届出等をしなければならない事業場が安衛法88条１項ただし書き（同条２項において準用
　　　　する場合を含む）の規定による認定を受けた事業場であるときは、届出は免除される。

	届出の必要な事由	報告・届出等	提出期日	提出先	様　式	関係条文
一定の者を選任又は解任等を行ったときの報告	２以上の建設業の事業者が、１つの場所で行われる仕事を共同連帯して請け負った場合	共同企業体代表者届	当該届出に係る仕事開始の14日前	仕事を行う場所を管轄する労働基準監督署を経由して都道府県労働局長	様式第１号	安衛則１条
	共同企業体の代表者の変更を行った場合	共同企業体代表者変更届	遅滞なく		様式第１号	安衛則１条
	総括安全衛生管理者を選任した場合	総括安全衛生管理者・安全管理者・衛生管理者・産業医選任報告	選任すべき事由が発生した日から14日以内	事業場を管轄する労働基準監督署長	様式第３号	安衛則２条
	安全管理者を選任した場合					安衛則４条
	衛生管理者を選任した場合					安衛則７条
	産業医を選任した場合					安衛則13条
	産業医が辞任、又は解任した場合		遅滞なく	衛生委員会又は安全衛生委員会		
	ボイラーの製造許可を受けた後、製造及び検査のための設備又は工作責任者を変更した場合	検査設備等（工作責任者）変更報告	遅滞なく	所轄都道府県労働局長	様式任意	ボイラー則４条
	第一種圧力容器の製造許可を受けた後、製造及び検査のための設備又は工作責任者を変更した場合	検査設備等（工作責任者）変更報告	遅滞なく	所轄都道府県労働局長	様式任意	ボイラー則50条

	届出の必要な事由	報告・届出等	提出期日	提出先	様　式	関係条文
一定の者を選任又は解任等を行ったときの報告	クレーンの製造許可を受けた後、検査のための設備又は主任設計者若しくは工作責任者を変更した場合	検査設備等（主任設計者・工作責任者）変更報告	遅滞なく	所轄都道府県労働局長	様式任意	クレーン則4条
	デリックの製造許可を受けた後、検査のための設備又は主任設計者若しくは工作責任者を変更した場合	検査設備等（主任設計者・工作責任者）変更報告	遅滞なく	所轄都道府県労働局長	様式任意	クレーン則95条
	エレベーターの製造許可を受けた後、検査のための設備又は主任設計者若しくは工作責任者を変更した場合	検査設備等（主任設計者・工作責任者）変更報告	遅滞なく	所轄都道府県労働局長	様式任意	クレーン則139条
	建設用リフトの製造許可を受けた後、検査のための設備又は主任設計者若しくは工作責任者を変更した場合	検査設備等（主任設計者・工作責任者）変更報告	遅滞なく	所轄都道府県労働局長	様式任意	クレーン則173条
	ゴンドラの製造許可を受けた後、検査のための設備又は主任設計者若しくは工作責任者を変更した場合	検査設備等（主任設計者・工作責任者）変更報告	遅滞なく	所轄都道府県労働局長	様式任意	ゴンドラ則3条
事故等の報告	下記に該当する場合 1．事業場又は附属建設物内で次の事故が発生したとき イ　火災又は爆発の事故（ボイラーの破裂等を除く） ロ　遠心機械、研削といしその他高速回転体の破裂の事故	事故報告書	遅滞なく	事業場を管轄する労働基準監督署長	様式第22号	安衛則96条

	届出の必要な事由	報告・届出等	提出期日	提出先	様　式	関係条文
事故等の報告	ハ　機械集材装置、巻上げ機又は索道の鎖又は索の切断の事故 ニ　建設物、附属建設物又は機械集材装置、煙突、高架そう等の倒壊の事故 2．ボイラー（小型ボイラーを除く）の破裂、煙道ガスの爆発又はこれらに準ずる事故 3．小型ボイラー、第一種圧力容器及び第二種圧力容器の破裂の事故 4．クレーン（つり上げ荷重が0.5トン未満のものを除く）の次の事故が発生したとき イ　逸走、倒壊、落下又はジブの折損 ロ　ワイヤロープ又はつりチェーンの切断 5．移動式クレーン（つり上げ荷重が0.5トン未満のものを除く）の次の事故が発生したとき イ　転倒、倒壊又はジブの折損 ロ　ワイヤロープ又はつりチェーンの切断 6．デリック（つり上げ荷重が0.5トン未満のものを除く）の次の事故が	事故報告書	遅滞なく	事業場を管轄する労働基準監督署長	様式第22号	安衛則96条

	届出の必要な事由	報告・届出等	提出期日	提出先	様　式	関係条文
事故等の報告	発生したとき 　イ　倒壊又はブームの折損 　ロ　ワイヤロープの切断 7．エレベーター（積載荷重が0.25トン未満のもの、事業や事務所で設置されたもの、船舶に用いられるもの、一般公衆の用に供されるものを除く）の次の事故が発生したとき 　イ　昇降路等の倒壊又は搬器の墜落 　ロ　ワイヤロープの切断 8．建設用リフト（積載荷重が0.25トン未満のもの、積載荷重が0.25トン以上でガイドレールの高さ10メートル未満のものを除く）の次の事故が発生したとき 　イ　昇降路等の倒壊又は搬器の墜落 　ロ　ワイヤロープの切断 9．簡易リフト（積載荷重が0.25トン未満のものを除く）の次の事故が発生したとき 　イ　搬器の墜落 　ロ　ワイヤロープ又はつりチェーンの切断 10．ゴンドラの次の事故が発生したとき 　イ　逸走、転倒、	事故報告書	遅滞なく	事業場を管轄する労働基準監督署長	様式第22号	安衛則96条

届出の必要な事由		報告・届出等	提出期日	提出先	様 式	関係条文
事 故 等 の 報 告	落下又はアームの折損　ロ　ワイヤロープの切断	事故報告書	遅滞なく	事業場を管轄する労働基準監督署長	様式第22号	安衛則96条
	労働者が労働災害その他就業中又は事業場内若しくはその附属建設物内において負傷、窒息又は急性中毒により死亡し、又は4日以上休業したときに提出	労働者死傷病報告	遅滞なく	事業場を管轄する労働基準監督署長	様式第23号	安衛則97条
	前欄の場合で休業が4日未満の場合	労働者死傷病報告	1～3月の事故　4月末日　4～6月の事故　7月末日　7～9月の事故　10月末日　10～12月の事故　翌年1月末日	事業場を管轄する労働基準監督署長	様式第24号	安衛則97条
	電離則42条1項各号に規定する事故のうちいずれかの事故が発生した場合	電離放射線事故報告	すみやかに	事業場を管轄する労働基準監督署長	様式任意	電離則43条
	放射線漏れ事故、被ばく限度以上の被ばく、誤っての放射性物質の吸入・経口摂取、洗身等によっても放射線汚染を基準以下にできない及び傷創部放射線汚染の場合	放射線障害発生報告等	すみやかに	所轄労働基準監督署長	様式任意	電離則44条
機械等の設置又は休止報告	移動式ボイラーを設置しようとする場合	ボイラー設置報告書	あらかじめ	所轄労働基準監督署長	様式第12号	ボイラー則11条
	移動式ボイラーのボイラー検査証の再交付を受けた者	移動式ボイラーのボイラー検査証	遅滞なく	所轄労働基準監督署長	任意	ボイラー則15条3項

	届出の必要な事由	報告・届出等	提出期日	提出先	様　式	関係条文
機械等の設置又は休止報告	ボイラーを設置している者がボイラーの使用を休止しようとする場合で、その休止期間が検査証の有効期間を経過した後にわたる場合	ボイラー休止報告書	検査証の有効期間中	所轄労働基準監督署長	様式任意	ボイラー則45条
	第一種圧力容器を設置している者がボイラーの使用を休止しようとする場合で、その休止期間が検査証の有効期間を経過した後にわたる場合	第一種圧力容器休止報告書	検査証の有効期間中	所轄労働基準監督署長	様式任意	ボイラー則80条
	＊小型ボイラーを設置した場合	小型ボイラー設置報告書	遅滞なく	所轄労働基準監督署長	様式第26号	ボイラー則91条
	＊クレーン（つり上げ荷重が0.5トン以上3トン未満（スタッカー式クレーンにあっては0.5トン以上1トン未満））を設置しようとする場合	クレーン設置報告書	あらかじめ	所轄労働基準監督署長	様式第9号	クレーン則11条
	クレーン（つり上げ荷重が3トン以上（スタッカー式クレーンにあっては1トン以上））を設置している者がクレーンの使用を休止しようとする場合で、その休止期間が検査証の有効期間を経過した後にわたる場合	クレーン休止報告書	検査証の有効期間中	所轄労働基準監督署長	様式任意	クレーン則48条
	移動式クレーン（つり上げ荷重が3トン以上）を設置しようとする場合	移動式クレーン設置報告書	あらかじめ	所轄労働基準監督署長	様式第9号	クレーン則61条

届出の必要な事由	報告・届出等	提出期日	提出先	様　式	関係条文
移動式クレーン（つり上げ荷重が3トン以上）を設置している者が移動式クレーンの使用を休止しようとする場合で、その休止期間が検査証の有効期間を経過した後にわたる場合	移動式クレーン休止報告書	検査証の有効期間中	所轄労働基準監督署長	様式任意	クレーン則89条
*デリック（つり上げ荷重が0.5トン以上2トン未満）を設置しようとする場合	デリック設置報告書	あらかじめ	所轄労働基準監督署長	様式第25号	クレーン則101条
デリック（つり上げ荷重が2トン以上）を設置している者がデリックの使用を休止しようとする場合で、その休止期間が検査証の有効期間を経過した後にわたる場合	デリック休止報告書	検査証の有効期間中	所轄労働基準監督署長	様式任意	クレーン則133条
*エレベーター（積載荷重が0.25トン以上1トン未満）を設置しようとする場合（ただし、設置から廃止までの期間が60日未満のものは除く）	エレベーター設置報告書	あらかじめ	所轄労働基準監督署長	様式第29号	クレーン則145条
エレベーター（積載荷重が1トン以上）を設置している者がエレベーターの使用を休止しようとする場合で、その休止期間が検査証の有効期間を経過した後にわたる場合	エレベーター休止報告書	検査証の有効期間中	所轄労働基準監督署長	様式任意	クレーン則167条

機械等の設置又は休止報告

	届出の必要な事由	報告・届出等	提出期日	提出先	様　式	関係条文
機械等の設置又は休止報告	＊簡易リフト（積載荷重が0.25トン以上）を設置しようとする場合	簡易リフト設置報告書	あらかじめ	所轄労働基準監督署長	様式第29号	クレーン則202条
	ゴンドラを設置している者がゴンドラの使用を休止しようとする場合で、その休止期間が検査証の有効期間を経過した後にわたる場合	ゴンドラ休止報告書	検査証の有効期間中	所轄労働基準監督署長	様式任意	ゴンドラ則32条
健康診断結果報告	常時50人以上の労働者を使用する事業場で、定期に健康診断を実施した場合	定期健康診断結果報告書	遅滞なく	所轄労働基準監督署長	様式第6号	安衛則52条
	歯科医師による健康診断（定期のものに限る）	有害な業務に係る健康診断結果報告書	遅滞なく	所轄労働基準監督署長	様式第6号の2【改正】	安衛則52条2項、48条※令4.10.1施行
	心理的な負担の程度を把握するための検査等（常時50人以上の労働者を使用する事業場）	心理的な負担の程度を把握するための検査結果等報告書	1年以内ごとに1回	所轄労働基準監督署長	様式第6号の3【改正】	安衛則52条の21
	有機則29条2、3、5項の健康診断（定期のものに限る）を行った場合	有機溶剤等健康診断結果報告書	遅滞なく	所轄労働基準監督署長	様式第3号の2	有機則30条の3
	鉛則53条1、3項の健康診断（定期のものに限る）を行った場合	鉛健康診断結果報告書	遅滞なく	所轄労働基準監督署長	様式第3号	鉛則55条
	四アルキル則22条の健康診断（定期のものに限る）を行った場合	四アルキル鉛健康診断結果報告書	遅滞なく	所轄労働基準監督署長	様式第3号	四鉛則24条
	特化則39条1〜3項までの健康診断（定期のものに限る）を行った場合	特定化学物質健康診断結果報告書	遅滞なく	所轄労働基準監督署長	様式第3号	特化則41条

届出の必要な事由	報告・届出等	提出期日	提出先	様 式	関係条文
高圧則38条の健康診断（定期のものに限る）を行った場合	高気圧業務健康診断結果報告書	遅滞なく	所轄労働基準監督署長	様式第2号	高圧則40条
電離則56条1項の健康診断（定期のものに限る）を行った場合	電離放射線健康診断結果報告書	遅滞なく	所轄労働基準監督署長	様式第2号	電離則58条
電離則56条の2第1項の健康診断を行った場合	緊急時電離放射線健康診断結果報告書	遅滞なく	所轄労働基準監督署長	様式第2号の2	電離則58条
毎年12月31日現在におけるじん肺に関する健康管理の実施状況についての報告	じん肺健康管理実施状況報告	翌年2月末日	事業場の所在地を管轄する労働基準監督署長を経由して、所轄都道府県労働局長	様式第8号	じん肺法44条（じん肺則37条）
石綿則40条各項の健康診断（定期のものに限る）を行ったとき	石綿健康診断結果報告書	遅滞なく	所轄労働基準監督署長	様式第3号	石綿則43条
除染則20条の健康診断（定期のものに限る）を行った場合	除染等電離放射線健康診断結果報告書	遅滞なく	所轄労働基準監督署長	様式第3号	除染則24条
指定緊急作業等従事者等（指定緊急作業等に従事し、又は従事したことのある労働者）が指定緊急作業等又は放射線業務に従事する期間に受けた健康診断に係る健康診断の結果の記録を作成したとき	次に掲げる健康診断の結果の記録の写し（当該記録が、電磁的記録（電子的方式、磁気的方式その他人の知覚によっては認識することができない方式で作られる記録であって、電子計算機による情報処理の用に供されるものをいう）で作成されている場合にあっては、当該電磁的記録を電	遅滞なく	厚生労働大臣	（参考）安衛則様式第5号 電離則様式第1号の2 除染則様式第2号	電離則59条の2第1項

（健康診断結果報告 — 左端縦書き見出し）

届出の必要な事由		報告・届出等	提出期日	提出先	様　式	関係条文
健康診断結果報告		磁的記録媒体に複写したもの） 1.　安衛則51条に規定する健康診断個人票（安衛則44条1項及び45条1項の健康診断並びに安衛法66条4項の規定による指示を受けて行った健康診断の結果の記録に限る） 2.　電離則57条に規定する電離放射線健康診断個人票若しくは緊急時電離放射線健康診断個人票又は除染則21条に規定する除染等電離放射線健康診断個人票				
		一酸化炭素中毒症健康診断等結果報告書	遅滞なく	所轄労働基準監督署長	様式第5号	炭鉱災害法5条（同規則12条）
	炭鉱災害により一酸化炭素が発生した際、業務上の必要によりその発生に係る場所におり、又はその直後業務上の必要により当該場所に立ち入った労働者に対し、及びこれらの者のうち、療養補償を受けている労働者、あるいは療養補償を受けたことがあり、治った労働者を除き、事故後2年間（治った労働者は治ったと認められた日から2年間）の専門の医師による一酸化炭素中毒症に関する健康診断を行った場合					

届出の必要な事由	報告・届出等	提出期日	提出先	様　式	関係条文
	指定事業場又は都道府県労働局長が労働災害発生率等を考慮して指定した事業場　4月1日から翌年3月31日までに行った安全衛生教育の実施の状況	指定事業場等の安全衛生教育実施結果報告	4月30日（4月1日から翌年3月31日までの実施状況）	所轄労働基準監督署長	様式第4号の5	安衛則40条の3
	安衛法88条1項ただし書に基づき認定を受けた事業場	実施状況等報告書	1年以内ごとに1回	所轄労働基準監督署長	様式第20号の4	安衛則87条の7
そ の 他	労働者に健康障害を生ずるおそれのある物で厚生労働大臣が定める物（ばく露作業報告対象物）を製造し、又は取り扱う作業場において、労働者を当該物のガス、蒸気又は粉じんにばく露するおそれのある作業	有害物ばく露作業報告	届出の必要な事由が生じたとき	所轄労働基準監督署長	様式第21号の7	安衛則95条の6
	特定元方事業者の労働者,関係請負人の労働者の作業が同一の場所で行われる場合	特定元方事業開始報告書	作業開始後遅滞なく	所轄労働基準監督署長	様式任意	安衛則664条
	やむを得ない事由によりクレーンの定格荷重を超える荷重をかけて使用することとなる場合	クレーン特例報告書	あらかじめ	所轄労働基準監督署長	様式第10号	クレーン則23条
	既存の化学物質以外の化学物質を製造し、又は輸入しようとする事業者	新規化学物質製造（輸入）届	あらかじめ	厚生労働大臣	様式第4号の3	安衛則34条の4

	届出の必要な事由	報告・届出等	提出期日	提出先	様　式	関係条文
そ の 他	局所排気装置特例稼働許可（有機則18条の3第1項の許可）を受けた事業者が定期の作業環境測定及びその評価を行ったとき	局所排気装置特例稼働に伴う作業環境測定結果報告書	遅滞なく	所轄労働基準監督署長	様式第1号（平9.8.1基発第546号「有機溶剤中毒予防規則に基づく局所排気装置特例稼働許可等について」に掲載）	有機則18条の3第4項
	局所排気装置特例稼働許可申請書及びその添付書類に記載された事項に変更を生じたとき	局所排気装置特例稼働許可申請書等記載事項変更報告書	遅滞なく	所轄労働基準監督署長	様式第2号（平9.8.1基発第546号「有機溶剤中毒予防規則に基づく局所排気装置特例稼働許可等について」に掲載）	有機則18条の3第5項
	発散防止抑制措置特例実施許可申請書及びその添付書類に記載された事項に変更を生じたとき	変更事項を記載した文書	遅滞なく	所轄労働基準監督署長	様式なし	鉛則23条の3第4項
	発散防止抑制措置特例実施許可を受けた事業者が、許可に係る作業場について定期の作業環境測定結果の評価が第1管理区分でなかったとき及び第1管理区分を維持できないおそれがあるため、第1管理区分となるよう施設又は設備の設置又は整備、作業工程又は作業方法の改善その他作業環境を改善	許可に係る作業場の空気中における鉛濃度の測定結果に基づく評価結果	直ちに	所轄労働基準監督署長	様式なし	鉛則23条の3第6項

届出の必要な事由	報告・届出等	提出期日	提出先	様　式	関係条文
するための措置を講じたとき					
発散防止抑制措置特例実施許可申請書及びその添付書類に記載された事項に変更を生じたとき	変更事項を記載した文書	遅滞なく	所轄労働基準監督署長	様式なし	特化則6条の3第4項
発散防止抑制措置特例実施許可を受けた事業者が、許可に係る作業場について定期の作業環境測定結果の評価が第1管理区分でなかったとき及び第1管理区分を維持できないおそれがあるため、第1管理区分となるよう施設又は設備の設置又は整備、作業工程又は作業方法の改善その他作業環境を改善するための措置を講じたとき	許可に係る作業場の空気中における第2類物質の濃度の測定結果に基づく評価結果	直ちに	所轄労働基準監督署長	様式なし	特化則6条の3第6項
1・3-ブタジエン等を製造し、若しくは取り扱う設備から試料を採取し、又は当該設備の保守点検を行う作業に労働者を従事させる事業者が、事業を廃止しようとするとき	特別管理物質等関係記録等報告書	事業を廃止しようとするとき	所轄労働基準監督署長	様式第11号	特化則38条の17第1項4号
硫酸ジエチル等を触媒として取り扱う作業に労働者を従事させる事業者が、事業を廃止しようとするとき	特別管理物質等関係記録等報告書	事業を廃止しようとするとき	所轄労働基準監督署長	様式第11号	特化則38条の18第1項4号

（左端縦書き：その他）

	届出の必要な事由	報告・届出等	提出期日	提出先	様　式	関係条文
そ の 他	1・3－プロパンスルトン等を製造し、又は取り扱う事業者が事業を廃止するとき	特別管理物質等関係記録等報告書	事業を廃止しようとするとき	所轄労働基準監督署長	様式第11号	特化則38条の19第1項21号
	特別管理物質を製造し、又は取り扱う事業者が事業を廃止するとき	特別管理物質等関係記録等報告書	事業を廃止しようとするとき	所轄労働基準監督署長	様式第11号	特化則53条
	放射線業務従事者、緊急作業に従事する労働者及び管理区域に一時的に立ち入る労働者の管理区域内において受ける外部被ばくによる線量及び内部被ばくによる線量を測定又は計算を行ったとき	指定緊急作業等従事者等に係る線量等管理実施状況報告書（書面又は電磁的方法（電子的方法、磁気的方法その他人の知覚によっては認識することができない方法をいう）に係る記録媒体で提出）	次の各号に定める日までに提出 1．緊急作業に従事する労働者 　毎月末日（当該労働者が緊急作業に従事する間に限る） 2　放射線業務（緊急作業を除く）に従事する労働者 　3月ごとの月の末日（当該労働者が放射線業務（緊急作業を除く）に従事する間に限る）	厚生労働大臣	様式第3号	電離則59条の2第2項
	安衛法15条1項に規定する元方事業者が除染特別地域等内において土壌等の除染等の業務又は特定汚染土壌等取扱業務を行おうとするとき	土壌等の除染等の業務・特定汚染土壌等取扱業務に係る作業届	あらかじめ	所轄労働基準監督署長	様式第1号	除染則10条
	次の各号のいずれかに該当する除染等業務従事者がいる場合	その旨を報告	速やかに	所轄労働基準監督署長	なし	除染則11条2項

届出の必要な事由	報告・届出等	提出期日	提出先	様　式	関係条文
そ　の 1. 除染則3条1項に規定する限度を超えて実効線量を受けた者 2. 事故由来放射性物質を誤って吸入摂取し、又は経口摂取した者 3. 洗身等により汚染を40ベクレル毎平方センチメートル以下にすることができない者 4. 傷創部が汚染された者					
次の各号のいずれかに該当する特定線量下業務従事者がいる場合 1. 除染則25条の2第1項に規定する限度を超えて実効線量を受けた者 2. 事故由来放射性物質を誤って吸入摂取し、又は経口摂取した者 3. 洗身等により汚染を40ベクレル毎平方センチメートル以下にすることができない者 4. 傷創部が汚染された者	その旨を報告	速やかに	所轄労働基準監督署長	なし	除染則25条の7第2項
他 石綿等の使用の有無に関わらず、いずれかに当てはまる場合 1. 解体部分の床面積が80㎡以上の建築物の解体工事 2. 請負金額が100万円以上の建築物の改修工事 3. 請負金額が100万円以上の工作物の解体工事・改修工事 4. 船舶（総トン数20トン以上の船舶に限る。）の解体工事・改修工事★ ※反応槽、加熱炉、ボイラー、圧力容器等	事前調査結果等報告	あらかじめ	所轄労働基準監督署長	様式第1号（第4条の2関係） ※電子システムにより報告	石綿則4条の2

★…令和5年4月1日施行を示す（以下同様）

届出の必要な事由		報告・届出等	提出期日	提出先	様　式	関係条文
そ の 他	次に掲げる作業を行うとき 1．解体等対象建築物等に吹き付けられている石綿等（石綿等が使用されている仕上げ用塗り材を除く）の除去、封じ込め又は囲い込みの作業 2．解体等対象建築物等に張り付けられている石綿等が使用されている保温材、耐火被覆材等の除去、封じ込め又は囲い込みの作業（石綿等の粉じんを著しく発散するおそれがあるものに限る）	建築物解体等作業届	あらかじめ	所轄労働基準監督署長	様式第1号2★	石綿則5条
	石綿等を取り扱い、若しくは試験研究のため製造する事業者又は石綿分析用試料等を製造する事業者が事業を廃止しようとするとき	石綿関係記録等報告書及び次の記録及び石綿健康診断個人票又はこれらの写し 1　石綿則35条の作業の記録 2　石綿則36条2項の測定の記録 3　石綿則41条の石綿健康診断個人票	事業を廃止しようとするとき	所轄労働基準監督署長	様式第6号	石綿則49条
	製品を製造し、又は輸入した事業者は、当該製品が石綿をその重量の0.1％を超えて含有していることを知った場合	1　製品の名称及び型式 2　製造した者の氏名又は名称 3　製造し、又は輸入した製品の数量 4　譲渡し、又は提供した製品の数量及び譲渡先又は提供先 5　製品の使用に伴う健康障害の発生及び拡大を防止するために行う措置	遅滞なく	所轄労働基準監督署長	様式なし	石綿則50条

4 作業計画及び施工計画の必要な作業一覧

作業計画及び施工計画必要作業	作業計画の内容及び必要条件	関係労働者への周知	根拠条文
車両系荷役運搬機械等を用いる作業（不整地運搬車又は貨物自動車を用いて行う道路上の走行を除く） （注）　車両系荷役運搬機械等とは、①フォークリフト、②ショベルローダー、③フォークローダー、④ストラドルキャリヤー、⑤不整地運搬車、⑥構内運搬車、⑦貨物自動車をいう。	1．次の事項が示されている作業計画を立てること ①運行経路 ②作業の方法 2．次に適応する作業計画を立てること ①作業場所の広さ及び地形 ②機械の種類及び能力 ③荷の種類及び形状等	必　　　要	安衛則151条の3
車両系建設機械を用いる作業	1．次の事項が示されている作業計画を立てること ①機械の種類及び能力 ②運行経路 ③作業の方法 2．作業場所の地形及び地質の状態	必　　　要	安衛則155条
建設工事で、ジャッキ式つり上げ機械を用いて荷のつり上げ、つり下げを行う作業	次の事項が示されている作業計画をあらかじめ定め、計画により作業を行うこと 1．作業の方法及び順序 2．使用するジャッキ式つり上げ機械の崩壊及び倒壊を防止するための方法 3．作業に従事する労働者の墜落による危険を防止するための設備の設置方法 4．使用する機械等の種類及び能力	必　　　要	安衛則194条の5
高所作業車を用いる作業（道路上の走行の作業を除く）	次の事項が示されている作業計画を立てること 1．作業場所の状況、高所作業車の種類及び能力等 2．作業の方法 （停電復旧工事等の緊急時における作業については、あらかじめ定めた標準作業手順に基づき事前に訓練を行っている場合は標準作業手順で可）	必　　　要	安衛則194条の9
建築物等の鉄骨（高さが5メートル以上であるものに限る）の組立て、解体又は変更の作業	次の事項が示されている作業計画を立てること 1．作業の方法及び順序 2．部材の落下又は部材により構成されているものの倒壊を防止するための方法 3．作業に従事する労働者の墜落による危険を防止するための設備の設置方法	必　　　要	施行令6条15号の2 安衛則517条の2

作業計画及び施工計画必要作業	作業計画の内容及び必要条件	関係労働者への周知	根拠条文
鋼橋（高さが5メートル以上又は上部構造のうち橋梁の支間の距離が30メートル以上である部分に限る）の架設、解体又は変更の作業	次の事項が示されている作業計画を立てること 1．作業の方法及び順序 2．部材（部材により構成されているものを含む）の落下又は倒壊を防止するための方法 3．作業に従事する労働者の墜落による危険を防止するための設備の設置の方法 4．使用する機械等の種類及び能力	必　　　要	施行令6条15号の3 安衛則517条の6
コンクリート造の工作物（高さが5メートル以上のものに限る）の解体又は破壊の作業	次の事項が示されている作業計画を立てること 1．作業の方法及び順序 2．使用する機械等の種類及び能力 3．控えの設置、立入禁止区域の設定その他の外壁、柱、はり等の倒壊又は落下による労働者の危険を防止するための方法	必　　　要	施行令6条15号の5 安衛則517条の14
コンクリート橋（高さが5メートル以上又は上部構造のうち橋梁の支間の距離が30メートル以上である部分に限る）の架設又は変更の作業	次の事項が示されている作業計画を立てること 1．作業の方法及び順序 2．部材(部材により構成されているものを含む)の落下又は倒壊を防止するための方法 3．作業に従事する労働者の墜落による危険を防止するための設備の設置の方法 4．使用する機械等の種類及び能力	必　　　要	施行令6条16号 安衛則517条の20
採石作業	次の事項が示されている作業計画を立てること。 1．露天掘り又は坑内掘りの別及び露天掘りにあっては、階段採掘法、傾斜面掘削法又はグローリーホール法の別 2．掘削面の高さ及びこう配 3．掘削面の段の位置及び奥行き 4．坑内における落盤、肌落ち及び側壁の崩壊防止の方法 5．発破の方法 6．岩石の小割の方法 7．岩石の加工の場所 8．土砂又は岩石の積込み及び運搬の方法並びに運搬の経路 9．使用する掘削機械、小割機械、積込機械又は運搬機械の種類及び能力 10．表土又は湧水の処理の方法 採石作業計画が安衛則401条の点検等により知り得た地山の状態に適応しなくなったときは、遅滞なく、当該採石作業計画を変更すること。	運搬機械等及び小割機械の運行の経路並びに運搬機械等及び小割機械の土石の積卸し場所への出入の方法を関係労働者に周知	安衛則400条、402条、413条

左欄に縦書き：作業計画

作業計画及び施工計画必要作業	作業計画の内容及び必要条件	関係労働者への周知	根拠条文
除染等業務（特定汚染土壌等取扱業務にあっては、平均空間線量率が2.5マイクロシーベルト毎時以下の場所において行われるものを除く）を行おうとするとき	次の事項が示されている作業計画を立てること 1．除染等作業の場所及び除染等作業の方法 2．除染等業務従事者（特定汚染土壌等取扱業務に従事する労働者にあっては、平均空間線量率が2.5マイクロシーベルト毎時以下の場所において従事するものを除く）の被ばく線量の測定方法 3．除染等業務従事者の被ばくを低減するための措置 4．除染等作業に使用する機械、器具その他の設備の種類及び能力 5．労働災害が発生した場合の応急の措置	必　要	除染則8条
石綿等が使用されている解体等対象建築物等の解体又は改修（封じ込め又は囲い込みを含む）の作業を行うとき	次の事項が示されている作業計画を立てること 1．作業の方法及び順序 2．石綿等の粉じんの発散を防止し、又は抑制する方法 3．作業を行う労働者への石綿等の粉じんのばく露を防止する方法	必　要	施行令6条23号 石綿則4条
ロープ高所作業	次の事項が示されている作業計画を立てること。 1．作業の方法及び順序 2．作業に従事する労働者の人数 3．メインロープ及びライフラインを緊結するためのそれぞれの支持物の位置 4．使用するメインロープ等の種類及び強度 5．使用するメインロープ及びライフラインの長さ 6．切断のおそれのある箇所及び切断防止措置 7．メインロープ及びライフラインを支持物に緊結する作業に従事する労働者の墜落による危険を防止するための措置 8．物体の落下による労働者の危険を防止するための措置 9．労働災害が発生した場合の応急の措置	必　要	安衛則539条の5

（作業計画）

	作業計画及び施工計画必要作業	作業計画の内容及び必要条件	関係労働者への周知	根拠条文
施工計画	ずい道等の掘削の作業	次の事項が示されている施工計画を立てること 1．掘削の方法 2．ずい道支保工の施工、覆工の施工、湧水若しくは可燃性ガスの処理、換気又は照明を行う場合にあってはこれらの方法 3．メタン又は炭酸ガスの突出により酸素欠乏症にかかるおそれのあるときは、メタン又は炭酸ガスの有無及び状態の調査結果に基づき、メタン又は炭酸ガスの処理の方法、掘削の時期及び順序 施工計画が安衛則381条の観察、382条の点検、382条の2の測定等により知り得た地山の状態に適応しなくなったときは、遅滞なく、当該施工計画を変更すること。	特になし	安衛則380条 酸欠則18条
工程計画及び機械・設備等の配置計画	特定元方事業者の建設作業	次の事項が示されているものでなければならない 1．工程表等の当該仕事の工程に関する計画 2．当該作業場所における主要な機械、設備及び作業用の仮設の建設物の配置に関する計画	関係請負人に指導	安衛法30条1項5号 安衛則638条の3、638条の4

5 保存書類一覧

保存書類名	保存内容等	保存年限	関係条文
安全委員会、衛生委員会、安全衛生委員会の議事録	委員会の開催の都度 1．委員会の意見及び当該意見を踏まえて講じた措置の内容 2．1．のほか、委員会における議事で重要なもの	3年間	安衛則23条
爆発、火災等が生じたことに伴い労働者の救護に関する訓練の記録	1．実施年月日 2．訓練を受けた者の氏名 3．訓練の内容	3年間	安衛則24条の4
特別教育の記録	1．受講者 2．科目等	3年間	安衛則38条
健康診断個人票 （様式第5号）	次の健康診断の結果 1．雇入時健康診断 2．定期健康診断 3．特定業務従事者健康診断 4．海外派遣労働者の健康診断 5．給食従業員の検便による健康診断 6．歯科医師による健康診断 7．都道府県労働局長が指示した臨時の健康診断 8．労働者が事業者の指定した医師等が行う健康診断を受けることを希望しない場合で、他の医師等の行うこれらの規定による健康診断に相当する健康診断を受け、その結果を証明する書面を事業者に提出したもの 9．自発的健康診断	5年間	安衛則51条
面接指導の結果の記録	1．実施年月日 2．面接を受けた労働者の氏名 3．安衛法66条の8の面接指導を行った医師の氏名 4．面接を受けた労働者の疲労の蓄積の状況 5．上記の他、面接を受けた労働者の心身の状況 6．安衛法66条の8の面接指導の結果に基づき、当該面接指導の結果	5年間	安衛則52条の5、52条の6

保存書類名	保存内容等	保存年限	関係条文
	の記録 7．安衛法66条の8の面接指導が行われた後、遅滞なく聴取した医師の意見		
心理的な負担の程度を把握するための検査の結果の記録	当該検査の結果の記録	5年間	安衛則52条の13
心理的な負担の程度を把握するための検査の結果、心理的な負担の程度が高い者に対する面接指導の結果の記録	1．実施年月日 2．面接指導を受けた労働者の氏名 3．面接指導を行った医師の氏名 4．安衛法66条の10第5項の規定による医師の意見	5年間	安衛則52条の18
フォークリフトの自主検査記録	1．検査年月日 2．検査方法 3．検査箇所 4．検査の結果 5．検査を実施した者の氏名 6．検査の結果に基づいて補修等の措置を講じたときは、その内容	3年間	安衛則151条の23
ずい道等の建設作業等の避難等の訓練の記録	1．実施年月日 2．訓練を受けた者の氏名 3．訓練の内容	3年間	安衛則389条の11
事業者が足場について、悪天候、地震、足場の組立て・解体等の後に行う点検の記録	1．点検の結果 2．点検の結果に基づいて補修等の措置を講じた場合にあっては、その措置の内容	足場を使用する作業を行う仕事が終了するまでの間	安衛則567条
事業者が作業構台について、悪天候、地震、作業構台の組立て・解体等の後に行う点検の記録	1．点検の結果 2．点検の結果に基づいて補修等の措置を講じた場合にあっては、その措置の内容	作業構台を使用する作業を行う仕事が終了するまでの間	安衛則575条の8
注文者が足場について、悪天候、地震の後に行う点検の記録	1．点検の結果 2．点検の結果に基づいて補修等の措置を講じた場合にあっては、その措置の内容	足場を使用する作業を行う仕事が終了するまでの間	安衛則655条
注文者が作業構台について、悪天候、地震の後に行う点検の記録	1．点検の結果 2．点検の結果に基づいて補修等の措置を講じた場合にあっては、その措置の内容	作業構台を使用する作業を行う仕事が終了するまでの間	安衛則655条の2

保　存　書　類　名	保　存　内　容　等	保存年限	関係条文
土石流危険河川での訓練の記録	1．実施年月日 2．訓練を受けた者の氏名 3．訓練の内容	3年間	安衛則575条の16
騒音の測定の記録	1．測定日時 2．測定方法 3．測定箇所 4．測定条件 5．測定結果	3年間	安衛則590条
坑内の炭酸ガス濃度の測定の記録	6．測定を実施した者の氏名 7．測定結果に基づいて改善措置を講じたときは、当該措置の概要		安衛則592条
坑内の通気量の測定の記録			安衛則603条
暑熱、寒冷又は多湿の屋内作業場の気温、湿度等の測定の記録	1．測定日時 2．測定方法 3．測定箇所 4．測定条件 5．測定結果 6．測定を実施した者の氏名 7．測定結果に基づいて改善措置を講じたときは、当該措置の概要	3年間	安衛則607条
坑内の気温測定の記録			安衛則612条
クレーン過負荷制限の特例の記録	1．荷重試験結果 2．定格荷重をこえる荷重での使用結果	3年間	クレーン則23条
クレーン自主検査及び点検（作業開始前の点検を除く）の記録	1．月次、年次の定期自主検査記録 2．暴風・地震後の点検記録 3．補修の記録	3年間	クレーン則38条
移動式クレーン自主検査記録及び点検記録	1．月次、年次の定期自主検査記録 2．作業開始前の点検記録 3．補修の記録	3年間	クレーン則79条
デリック過負荷制限の特例の記録	1．荷重試験結果 2．定格荷重をこえる荷重での使用結果	3年間	クレーン則109条
デリック自主検査及び点検の記録	1．月次、年次の定期自主検査記録 2．暴風・地震後の点検記録 3．補修の記録	3年間	クレーン則123条
エレベーター自主検査及び点検の記録	1．月次、年次の定期自主検査記録 2．暴風・地震後の点検記録 3．補修の記録	3年間	クレーン則157条
建設用リフト自主検査及び点検の記録	1．月次の定期自主検査記録 2．暴風・地震後の点検記録 3．補修の記録	3年間	クレーン則195条

保　存　書　類　名	保　存　内　容　等	保存年限	関係条文
簡易リフト自主検査の記録及び点検の記録	1．月次、年次の定期自主検査記録 2．作業開始前の点検の記録 3．補修の記録	3年間	クレーン則211条
有機溶剤の局所排気装置、プッシュプル型換気装置の点検の記録	1．検査年月日 2．検査方法 3．検査箇所 4．検査の結果 5．検査を実施した者の氏名 6．検査の結果に基づいて補修等の措置を講じたときは、その内容	3年間	有機則21条
有機溶剤の作業環境測定の記録	1．測定日時 2．測定方法 3．測定箇所 4．測定条件 5．測定結果 6．測定を実施した者の氏名 7．測定結果に基づいて健康障害の予防措置を講じたときは、当該措置の概要	3年間	有機則28条
有機溶剤の作業環境測定結果の評価の記録	1．評価日時 2．評価箇所 3．評価結果 4．評価を実施した者の氏名	3年間	有機則28条の2
有機溶剤等健康診断個人票 （様式第3号）	次の有機溶剤等健康診断（労働者の希望する医師等による健康診断を含む）の結果 1．雇入れ又は当該業務への配置替えの際の健康診断 2．定期健康診断 3．上記1，2の健康診断で医師が必要と認める労働者に対する健康診断	5年間	有機則30条
鉛業務用の局所排気装置、プッシュプル型換気装置、除じん装置の点検の記録	1．検査年月日 2．検査方法 3．検査箇所 4．検査の結果 5．検査を実施した者の氏名 6．検査の結果に基づいて補修等の措置を講じたときはその内容	3年間	鉛則36条

保 存 書 類 名	保 存 内 容 等	保存年限	関係条文
鉛の作業環境測定の記録	1．測定日時 2．測定方法 3．測定箇所 4．測定条件 5．測定結果 6．測定を実施した者の氏名 7．測定結果に基づいて改善措置を講じたときは、当該措置の概要	3年間	鉛則52条
鉛の作業環境測定結果の評価の記録	1．評価日時 2．評価箇所 3．評価結果 4．評価を実施した者の氏名	3年間	鉛則52条の2
鉛健康診断個人票 （様式第2号）	次の鉛健康診断（労働者の希望する医師等による健康診断を含む）の結果 1．雇入れ又は当該業務への配置替えの際の健康診断 2．定期健康診断	5年間	鉛則54条
四アルキル鉛健康診断個人票 （様式第2号）	次の四アルキル鉛健康診断（労働者の希望する医師等による健康診断を含む）の結果 1．雇入れ又は当該業務への配置替えの際の健康診断 2．定期健康診断	5年間	四鉛則23条
特定化学物質用の局所排気装置、プッシュプル型換気装置、除じん装置、排ガス処理装置、廃液処理装置の点検の記録 特定化学設備又はその付属設備の点検の記録	1．点検年月日 2．点検方法 3．点検箇所 4．点検の結果 5．点検を実施した者の氏名 6．点検の結果に基づいて補修等の措置を講じたときは、その内容	3年間	特化則32条、34条の2
特定化学物質の作業環境測定の記録	1．測定日時 2．測定方法 3．測定箇所 4．測定条件 5．測定結果 6．測定を実施した者の氏名 7．測定結果に基づいて当該物質による労働者の健康障害の予防措置を講じたときは、当該措置の概要	3年間（ただし、特化則36条3項に掲げる物質は30年）	特化則36条

保 存 書 類 名	保 存 内 容 等	保存年限	関係条文
特定化学物質の作業環境測定結果の評価の記録	1．評価日時 2．評価箇所 3．評価結果 4．評価を実施した者の氏名	3年間（ただし、特化則36条の2第3項に掲げる物質は30年）	特化則36条の2
第三管理区分に区分された場所における特定化学物質の濃度の測定の記録	1．測定日時 2．測定方法 3．測定箇所 4．測定条件 5．測定結果 6．測定を実施した者の氏名 7．測定結果に応じた有効な呼吸用保護具を使用させたときは、当該呼吸用保護具の概要	3年間（ただし、特化則36条3項に掲げる物質は30年）	特化則36条の3の2第6項 ※令6.4.1施行
第三管理区分に区分された場所における特定化学物質の濃度測定の評価の記録	1．評価日時 2．評価箇所 3．評価結果 4．評価を実施した者の氏名	3年間（ただし、特化則36条の2第3項に掲げる物質は30年）	特化則36条の3の2第8項 ※令6.4.1施行
特別管理物質の製造、取扱作業の記録	1．労働者の氏名 2．従事した作業の概要及び当該作業に従事した期間 3．特別管理物質により著しく汚染される事態が生じたときは、その概要及び事業者が講じた応急の措置の概要	30年間	特化則38条の4
1・3－ブタジエン等を製造し、若しくは取り扱う設備から試料を採取し、又は当該設備の保守点検を行う作業場所において、常時作業に従事する労働者の記録	（1月を超えない期間ごとに次の事項を記録） 1．労働者の氏名 2．従事した作業の概要及び当該作業に従事した期間 3．1・3－ブタジエン等により著しく汚染される事態が生じたときは、その概要及び事業者が講じた応急の措置の概要	30年間	特化則38条の17
硫酸ジエチル等を触媒として取り扱う作業場所において、常時作業に従事する労働者の記録	（1月を超えない期間ごとに次の事項を記録） 1．労働者の氏名 2．従事した作業の概要及び当該作業に従事した期間	30年間	特化則38条の18

保存書類名	保存内容等	保存年限	関係条文
	3. 硫酸ジエチル等により著しく汚染される事態が生じたときは、その概要及び事業者が講じた応急の措置の概要		
1・3－プロパンスルトン等を製造し、又は取り扱う作業場において、常時作業に従事する労働者の記録	（1月を超えない期間ごとに次の事項を記録） 1. 労働者の氏名 2. 従事した作業の概要及び当該作業に従事した期間 3. 1・3－プロパンスルトン等により著しく汚染される事態が生じたときは、その概要及び事業者が講じた応急の措置の概要	30年間	特化則38条の19
金属アーク溶接等作業を継続して行う屋内作業場において、空気中の溶接ヒュームの濃度測定の記録	1. 測定日時 2. 測定方法 3. 測定箇所 4. 測定条件 5. 測定結果 6. 測定を実施した者の氏名 7. 測定結果に応じて改善措置を講じたときは、当該措置の概要 8. 測定結果に応じた有効な呼吸用保護具を使用させたときは、当該呼吸用保護具の概要	3年間（当該測定に係る金属アーク溶接等作業の方法を用いなくなつた日から起算）	特化則38条の21
特定化学物質健康診断個人票（様式第2号）	次の特定化学物質健康診断（労働者の希望する医師等による健康診断を含む）の結果 1. 雇入れ又は当該業務への配置替えの際の健康診断 2. 定期健康診断 3. 常時従事させたことのある労働者で現に使用しているものに対し実施が義務づけられている健康診断 4. 上記1.～3.の健康診断の結果、医師が必要と認める労働者に対する健康診断	5年間（特別管理物質は30年）	特化則40条
高圧室内業務の減圧状況等の記録	1. 減圧の状況 2. 高圧室内作業者の氏名 3. 減圧の日時	5年間	高圧則20条の2
高圧室内設備の点検・修理の記録	点検及び修理の際に講じた措置の概要	3年間	高圧則22条

保 存 書 類 名	保 存 内 容 等	保存年限	関係条文
潜水設備の点検・修理の記録	点検及び修理の際に講じた措置の概要	3年間	高圧則34条
高気圧業務健康診断個人票（様式第1号）	次の高気圧業務健康診断（労働者の希望する医師等による健康診断を含む）の結果 1．雇入れ又は当該業務への配置替えの際の健康診断 2．定期健康診断 3．上記1，2の健康診断の結果、医師が必要と認める労働者に対する健康診断	5年間	高圧則39条
再圧室の使用状況の記録	加圧及び減圧の状況	5年間	高圧則44条
再圧室の点検の記録	1．設置時 2．定期（1月をこえない期間ごと）	3年間	高圧則45条
線量の測定結果の記録	次の各号に掲げる放射線業務従事者の管理区域内において受ける外部被ばくによる線量及び内部被ばくによる線量の測定の記録 1．男性又は妊娠する可能性がないと診断された女性（2．又は3．に掲げるものを除く）の実効線量の3月ごと、1年ごと及び5年ごとの合計 2．男性又は妊娠する可能性がないと診断された女性（5年間において、実効線量が1年間につき20ミリシーベルトを超えたことのないものに限り、次号に掲げるものを除く）の実効線量の3月ごと及び1年ごとの合計 3．男性又は妊娠する可能性がないと診断された女性（緊急作業に従事するものに限る）の実効線量の1月ごと、1年ごと及び5年ごとの合計 4．女性（妊娠する可能性がないと診断されたものを除く）の実効線量の1月ごと、3月ごと及び1年ごとの合計（1月間に受ける実効線量が1.7ミリシーベルトを超えるおそれのないものにあっては、3月ごと及び1年ごとの合計）	30年間（ただし、5年保存の後、厚生労働大臣が指定する機関に引き渡すときは除く）	電離則9条

保存書類名	保存内容等	保存年限	関係条文
	5．人体の組織別の等価線量の3月ごと及び1年ごとの合計（眼の水晶体に受けた等価線量にあっては、3月ごと、1年ごと及び5年ごとの合計） 6．妊娠中の女性の内部被ばくによる実効線量及び腹部表面に受ける等価線量の1月ごと及び妊娠中の合計		
放射線漏れ等の事故時の測定の記録	1．被ばく者の実効線量 2．眼の水晶体及び皮膚の等価線量 3．事故の発生した日時及び場所 4．事故の原因及び状況 5．放射線による障害の発生状況 6．事業者が採った応急の措置	5年間	電離則45条
管理区域の線量当量率等の測定結果の記録	1．測定日時 2．測定方法 3．放射線測定器の種類、型式及び性能 4．測定箇所 5．測定条件 6．測定結果 7．測定を実施した者の氏名 8．測定結果に基づいて実施した措置の概要	5年間	電離則54条
放射性物質取扱作業場及び放射線業務（施行令別表第2）を行う作業場の放射性物質の濃度測定の記録	1．測定日時 2．測定方法 3．測定器の種類、型式及び性能 4．測定箇所 5．測定条件 6．測定結果 7．測定を実施した者の氏名 8．測定結果に基づいて実施した措置の概要	5年間	電離則55条
電離放射線健康診断個人票 （様式第1号の2）	1．放射線業務に常時従事する労働者に対する雇入れ時、当該業務への配置替えの際及び定期に行う健康診断 2．労働者が事業者の指定した医師等が行う健康診断を受けることを希望しない場合で、他の医師等の行うこれらの規定による健康診断	30年間 （5年間保存した後、厚生労働大臣が指定する機関に引き渡す時を除く）	電離則57条

保存書類名	保存内容等	保存年限	関係条文
	に相当する健康診断を受け、その結果を証明する書面を事業者に提出したもの		
緊急時電離放射線健康診断個人票（様式第1号の3）	1．緊急作業に係る業務に従事する放射線従事者に対し、当該業務への配置替えの際及び定期、他の業務に配置替え又は離職の際に行う健康診断 2．労働者が事業者の指定した医師等が行う健康診断を受けることを希望しない場合で、他の医師等の行うこれらの規定による健康診断に相当する健康診断を受け、その結果を証明する書面を事業者に提出したもの		
除染等業務従事者の線量の測定結果の記録	次の各号に掲げる除染等業務従事者の線量 1．男性又は妊娠する可能性がないと診断された女性の実効線量の3月ごと、1年ごと及び5年ごとの合計（5年間において、実効線量が1年間につき20ミリシーベルトを超えたことのない者にあっては、3月ごと及び1年ごとの合計） 2．女性（妊娠する可能性がないと診断されたものを除く）の実効線量の1月ごと、3月ごと及び1年ごとの合計（1月間に受ける実効線量が1.7ミリシーベルトを超えるおそれのないものにあっては、3月ごと及び1年ごとの合計） 3．妊娠中の女性の内部被ばくによる実効線量及び腹部表面に受ける等価線量の1月ごと及び妊娠中の合計	30年間（ただし、当該記録を5年間保存した後又は当該除染等業務従事者に係る記録を当該除染等業務従事者が離職した後、厚生労働大臣が指定する機関に引き渡すときは除く） ＊事業を廃止しようとするときは、当該記録を厚生労働大臣が指定する機関に引き渡すとともに、除染等業務従事者にも当該記録の写しを交付するものとされている	除染則6条
除染等電離放射線健康診断個人票（様式第2号）	1．除染等業務に常時従事する除染等業務従事者に対し、雇入れ時、当該業務への配置替えの際及び定期の健康診断結果に基づき作成したもの 2．労働者が事業者の指定した医師等が行なう健康診断を受けること	30年間（ただし、当該記録を5年間保存した後又は当該除染等業務従事者に係る記録を当該除染	除染則21条

保　存　書　類　名	保　存　内　容　等	保存年限	関係条文
	を希望しない場合で、他の医師等の行なうこれらの規定による健康診断に相当する健康診断を受け、その結果を証明する書面を事業者に提出したもの	等業務従事者が離職した後、厚生労働大臣が指定する機関に引き渡すときは除く）	
酸素欠乏危険場所の作業環境測定の記録	1．測定日時 2．測定方法 3．測定箇所 4．測定条件 5．測定結果 6．測定を実施した者の氏名 7．測定結果に基づいて酸素欠乏症等の防止措置を講じたときは、当該措置の概要	3年間	酸欠則3条
中央管理方式の空気調和設備を使用する事務室の作業環境測定の記録	1．測定日時 2．測定方法 3．測定箇所 4．測定条件 5．測定結果 6．測定を実施した者の氏名 7．測定結果に基づいて改善措置を講じたときは、当該措置の概要	3年間	事務所則7条
機械換気設備の点検の記録	異常の有無の点検の結果の記録	3年間	事務所則9条
坑内作業場（ずい道等の内部において、ずい道等の建設の作業を行うものに限る）における粉じん濃度の測定の記録	1．測定日時 2．測定方法 3．測定箇所 4．測定条件 5．測定結果 6．測定を実施した者の氏名 7．測定結果に基づいて改善措置を講じたときは、当該措置の概要 8．測定結果に応じた有効な呼吸用保護具を使用させたときは、当該呼吸用保護具の概要	7年間	粉じん則6条の4
局所排気装置、プッシュプル型換気装置及び除じん装置の点検の記録（分解による改造、修理）	1．点検年月日 2．点検方法 3．点検箇所 4．点検の結果 5．点検を実施した者の氏名 6．点検の結果に基づいて補修等の措置を講じたときは、その内容	3年間	粉じん則20条

保存書類名	保存内容等	保存年限	関係条文
粉じんの濃度の測定の記録	1．測定日時 2．測定方法 3．測定箇所 4．測定条件 5．測定結果 6．測定を実施した者の氏名 7．測定結果に基づいて改善措置を講じたときは、当該措置の概要	7年間	粉じん則26条
粉じんの作業環境測定結果の評価の記録	1．評価日時 2．評価箇所 3．評価結果 4．評価を実施した者の氏名	7年間	粉じん則26条の2
じん肺健康診断結果証明書（様式第3号）及びじん肺健康診断に係るエックス線写真	次の健康診断の結果 1．就業時健康診断 2．定期健康診断 3．定期外健康診断 4．離職時健康診断 5．事業者が指定した医師の行うじん肺健康診断を受けることを希望しない場合で、他の医師の行うじん肺健康診断を受け、当該エックス線写真及びじん肺健康診断の結果を証明する書面その他厚生労働省令で定める書面を使用者に提出したもの	7年間	じん肺法17条
石綿の事前調査結果の記録	1．事業者の名称・住所・電話番号、現場の住所、工事の名称・概要 2．事前調査の終了年月日 3．工事対象の建築物・工作物・船舶の着工日、構造 4．事前調査の実施部分、調査方法、調査結果（石綿の使用の有無とその判断根拠）、目視による確認が困難な材料の有無及び場所	3年間	石綿則3条
石綿等の取扱い若しくは試験研究のための製造又は石綿分析用試料等の製造に伴い石綿の粉じんを発散する場所における作業の記録	常時作業に従事する労働者について、1月を超えない期間ごとに次の事項を記録 1．労働者の氏名 2．石綿等を取り扱い、若しくは試験研究のため製造する作業又は石綿分析用試料等を製造する作業に従事した労働者にあっては、従事した作業の概要、当該作業に従事した期間、当該作業（石綿使用建築物等解体等作業に限る）に係る事前調査（分析調査を行った場合においては事前調査及び分析調査）の結果の概要並びに作業計画による記録の概要 3．石綿等の取扱い若しくは試験研究のための製造又は石綿分析用試料等の製造に伴い石綿等の粉じんを発散する場所における作業（前号の作業を除く。以下この号にお	当該労働者が当該事業場において常時当該作業に従事しないこととなった日から40年間	施行令6条23号 石綿則35条

保存書類名	保存内容等	保存年限	関係条文
	いて「周辺作業」という）に従事した労働者（以下この号において「周辺作業従事者」という）にあっては、当該場所において他の労働者が従事した石綿等を取り扱い、若しくは試験研究のため製造する作業又は石綿分析用試料等を製造する作業の概要、当該周辺作業従事者が周辺作業に従事した期間、当該場所において他の労働者が従事した石綿等を取り扱う作業（石綿使用建築物等解体等作業に限る）に係る事前調査及び分析調査の結果の概要、作業計画による記録の概要並びに保護具等の使用状況 4．石綿等の粉じんにより著しく汚染される事態が生じたときは、その概要及び事業者が講じた応急の措置の概要		
石綿の使用建築物等の解体等作業を作業計画に従って行わせる場合の写真等による作業の記録	次の写真等による作業の実施状況の記録 1．事前調査結果等の掲示、立入禁止表示、喫煙・飲食禁止の掲示、石綿作業場である旨等の掲示状況 2．隔離の状況、集じん・排気装置の設置状況、前室・洗身室・更衣室の設置状況 3．集じん・排気装置からの石綿等の粉じんの漏洩点検結果、負圧の点検結果、隔離解除前の除去完了確認の状況 4．作業計画に基づく作業の実施状況（湿潤化の状況、マスク等の使用状況も含む） ※同様の作業を行う場合も、作業を行う部屋や階が変わるごとに記録する必要 5．除去した石綿の運搬または貯蔵を行う際の容器など、必要な事項の表示状況、保管の状況 6．作業従事者および周辺作業従事者の氏名および作業従事期間（文章等による記録でも可）	3年間	石綿則35条の2
石綿の空気中における濃度の測定の記録	1．測定日時 2．測定方法 3．測定箇所 4．測定条件 5．測定結果 6．測定を実施した者の氏名 7．測定結果に基づいて当該石綿による労働者の健康障害の予防措置を講じたときは、当該措置の概要	40年間	石綿則36条
石綿の空気中における濃度の測定の結果の評価	1．評価日時 2．評価箇所 3．評価結果 4．評価を実施した者の氏名	40年間	石綿則37条
石綿健康診断個人票（様式第2号）	次の石綿健康診断（労働者の希望する医師等による健康診断を含む）の結果 1．雇入れ又は当該業務への配置替えの際の健康診断 2．定期健康診断	当該労働者が当該事業場において常時当該業	石綿則41条

保存書類名	保存内容等	保存年限	関係条文
	3．常時従事させたことのある労働者で現に使用しているものに対し実施が義務づけられている健康診断 4．上記1．〜3．の健康診断の結果、医師が必要と認める労働者に対する健康診断	務に従事しないこととなった日から40年間	
厚生労働大臣が定める石綿が重量の0.1％を超えて含有するおそれのある輸入製品が、重量の0.1％を超えて含有しないことを証明する書面	1　書面の発行年月日及び書面番号その他の当該書面を特定することができる情報 2　製品の名称及び型式 3　分析に係る試料を採取した製品のロットを特定するための情報 4　分析の日時 5　分析の方法 6　分析を実施した者の氏名又は名称 7　石綿の検出の有無及び検出された場合にあってはその含有率	輸入した日から起算して3年間	石綿則46条の2

6 調査・記録の必要な作業一覧

作 業 名	調 査 事 項	調査時期	必要な記録等	関係条文
車両系建設機械を用いる作業	当該作業に係る場所についての地形、地質の状態等	あらかじめ	調査結果	安衛則154条
地山の掘削の作業（地山の崩壊、埋設物等の損壊等により労働者に危険を及ぼすおそれのあるとき）	作業箇所及びその周辺の地山について次の事項（ボーリングその他適当な方法による調査） 1．形状、地質及び地層の状態 2．き裂、含水、湧水及び凍結の有無及び状態 3．埋設物等の有無及び状態 4．高温のガス及び蒸気の有無及び状態	あらかじめ	調査により知り得たところに適応する掘削の時期及び順序を定めること	安衛則355条
ずい道等の掘削の作業（作業開始前）	当該掘削に係る地山の形状、地質及び地層の状態（ボーリングその他適当な方法による調査）	あらかじめ	調査結果	安衛則379条
（作業開始後）	1．地質及び地層の状態 2．含水及び湧水の有無及び状態 3．可燃性ガスの有無及び状態 4．高温のガス及び蒸気の有無及び状態	毎日	調査結果	安衛則381条
ずい道等の建設の作業（可燃性ガスの発生するおそれのあるとき）	可燃性ガスが発生し、又は停滞するおそれがある場所について、可燃性ガスの濃度の測定	1．毎日作業を開始する前 2．中震以上の地震の後 3．可燃性ガスに関し異常を認めたとき	可燃性ガスの濃度測定の結果	安衛則382条の2
採石作業	当該採石作業に係る地山の形状、地質及び地層の状態	あらかじめ	調査結果	安衛則399条
コンクリート造の工作物の解体等の作業	当該工作物の形状、き裂の有無、周囲の状況等	あらかじめ	なし	安衛則517条の14

作　業　名	調　査　事　項	調査時期	必要な記録等	関係条文
ロープ高所作業	1．作業箇所及びその下方の状況 2．メインロープ及びライフラインを緊結するためのそれぞれの支持物の位置及び状態並びにそれらの周囲の状況 3．作業箇所及び前号の支持物に通ずる通路の状況 4．切断のおそれのある箇所の有無並びにその位置及び状態	あらかじめ	調査結果	安衛則539条の4
土石流危険河川における建設工事の作業	1．作業場所から上流の河川及びその周辺の状況	あらかじめ	調査結果	安衛則575条の9
	2．作業開始時にあっては作業開始前24時間の降雨量、作業開始後にあっては1時間ごとの降雨量		降雨量	安衛則575条の11
除染等業務（特定汚染土壌等取扱業務を除く）を行おうとする場合	除染等作業を行う場所について次に掲げる事項を調査 1．除染等作業の場所の状況 2．除染等作業の場所の平均空間線量率 3．除染等作業の対象となる汚染土壌等又は除去土壌若しくは汚染廃棄物に含まれる事故由来放射性物質のうち厚生労働大臣が定める方法によって求めるセシウム134及びセシウム137の放射能濃度の値	あらかじめ	調査結果	除染則7条1項
特定汚染土壌等取扱業務を行おうとする場合	特定汚染土壌等取扱作業を行う場所について次に掲げる事項を調査 1．除染等作業の場所の状況 2．除染等作業の場所の平均空間線量率 3．除染等作業の対象となる汚染土壌等又は除去土壌若しくは汚染廃棄物に含まれる事故由来放射性物質のうち厚生労働大臣が定める方法によって求めるセシウム134及びセシウム137の放射能濃度の値	業務の開始前及び開始後2週間ごと	調査結果	除染則7条2項

作 業 名	調 査 事 項	調査時期	必要な記録等	関係条文
特定線量下業務を行う場合	特定線量下作業を行う場所の平均空間線量率	業務の開始前及び開始後2週間ごと	調査結果	除染則25条の6
ずい道その他坑を掘削する作業（メタン又は炭酸ガスの突出により酸素欠乏症にかかるおそれのあるとき）	メタン又は炭酸ガスの有無及び状態	あらかじめ	なし	酸欠則18条
圧気工法による作業（下記の地層が存在する箇所又はこれに隣接する箇所 ①上層に不透水層がある砂れき層のうち含水若しくは湧水がなく、又は少ない部分 ②第一鉄塩類又は第一マンガン塩類を含有している地層）	酸素欠乏の空気が漏出するおそれのある井戸又は配管について、空気の漏出の有無、その程度及びその空気中の酸素の濃度	適時	特になし （調査結果に基づき、必要な措置は講じる）	酸欠則24条
解体等対象建築物等の解体又は改修（封じ込め又は囲い込みを含む）の作業	解体等対象建築物等について、石綿等の使用の有無 （設計図書等、目視により調査し、明らかとならなかったときは、分析による） ただし、当該解体等対象建築物等について石綿等が使用されているとみなして労働安全衛生法及びこれに基づく命令に規定する措置を講ずるときは、この限りでない。	あらかじめ	調査結果	施行令6条23号 石綿則3条

7　安全衛生教育訓練一覧

教育名	対　象　者	教育内容・時間	実施時期	関係条文
能力向上教育（努力義務）	安全管理者、衛生管理者、安全衛生推進者、衛生推進者、作業主任者、元方安全衛生管理者、店社安全衛生管理者、その他の安全衛生業務従事者	事業場における安全衛生の水準の向上を図るため、対象者が従事する業務に関する能力の向上を図るためのもの （内容及び時間は指針の別表に示されている）	1．初任時教育：初めて当該業務に従事することになった時に実施 2．定期教育：対象者が当該業務に従事することとなった後、一定期間ごとに実施 3．随時教育：機械設備等に大幅な変更があった時に実施	安衛法19条の2 労働災害の防止のための業務に従事する者に対する能力向上教育に関する指針
雇入れ時の教育	雇い入れた労働者	次の事項に関することのうち当該労働者が従事する業務に関する安全又は衛生のため必要な事項について、教育を行うこと。ただし、施行令2条3号に掲げる業種の事業場の労働者は、1から4までの事項の教育を省略できる。 1．機械等、原材料等の危険性又は有害性及びこれらの取扱い方法 2．安全装置、有害物抑制装置又は保護具の性能及びこれらの取扱い方法 3．作業手順 4．作業開始時の点検 5．当該業務に関して発生するおそれのある疾病の原因及び予防 6．整理、整頓及び清潔の保持 7．事故時等における応急措置及び退避 8．前各号に掲げるもののほか、当該業務に関する安全又は衛生のために必要な事項 ただし各号に掲げる事項の全部又は一部に関し十分な知識及び技能を有していると認められる労働者は、当該事項の教育を省略できる。	雇い入れ時遅滞なく	安衛法59条1項 安衛則35条
作業内容変更時の教育	作業内容が変更となる労働者	雇入れ時の教育内容を準用する。	作業内容の変更時遅滞なく	安衛法59条2項 安衛則35条

教育名	対 象 者	教育内容・時間	実施時期	関係条文
特別教育	安衛則36条1号から41号に定める危険又は有害な業務従事者	特別教育規程で定める学科教育を行う。業務によっては実技教育も行う。 学科教育は、規程に示す表の上欄に掲げる科目に応じ、それぞれ、同表の中欄に掲げる範囲について同表の下欄に掲げる時間以上行う。実技教育は、規程で定められた時間以上行う。 ただし、特別教育の科目の全部又は一部について十分な知識及び技能を有していると認められる労働者は、当該科目の特別教育を省略できる。 安衛則36条1号から41号に定める危険又は有害な業務に対する特別教育規程は次のとおり。 安全衛生特別教育規程：1-13号、27号、30-34-36号、39-41号 小型ボイラー取扱業務特別教育規程：14号 クレーン取扱い業務等特別教育規程：15-19号 ゴンドラ取扱い業務特別教育規程：20号 高気圧業務特別教育規程：20号の2〜24号の2 四アルキル鉛等業務特別教育規程：25号 酸素欠乏危険作業特別教育規程：26号 透過写真撮影業務特別教育規程：28号 核燃料物質等取扱業務特別教育規程：28号の2、28号の3 事故由来廃棄物等処分業務特別教育規程：28号の4 粉じん作業特別教育規程：29号 石綿使用建築物等解体等業務特別教育規程：37号 除染等業務特別教育及び特定線量下業務特別教育規程：38号	安衛則36条1号から41号に定める危険又は有害な業務につかせるとき	安衛法59条3項 安衛則36条、37条、38条、39条、592条の7 特別教育規程
職長等教育	新たに職務につくこととなった職長その他の作業中の労働者を直接指導又は監督する者（作業主任者を除く） ただし、施行令19条で定める業種に限る。	次の事項に関することについて、安全又は衛生のための教育を行うこと。 1．作業方法の決定及び労働者の配置 2．労働者に対する指導又は監督の方法 3．安衛法28条の2第1項又は57条の3第1項及び2項の危険性又は有害性等の調査及びその結果に基づき講ずる措置 4．異常時等における措置 5．その他現場監督者として行うべき労働災害防止活動 安衛則40条2項の表の上欄に掲げる事項について、同表の下欄に掲げる時間以上行うこと。 ただし、安衛則40条の表の上欄に掲げる事項の全部又は一部について十分な知識及び技能を有していると認められる者は、当該事項に関する教育を省略できる。	新たに職務につくこととなったとき	安衛法60条 施行令19条 安衛則40条

教育名	対　象　者	教　育　内　容・時　間	実施時期	関係条文
危険・有害物業務従事者教育（努力義務）	危険又は有害な業務に現に就いている者 1.　就業制限に係る業務に従事する者 2.　特別教育を必要とする業務に従事する者 3.　1又は2に準ずる危険有害な業務に従事する者	従事する業務に関する安全又は衛生のための教育 教育の内容及び時間は、教育の対象者及び種類ごとに示す指針の別表の危険有害業務従事者に対する安全衛生教育カリキュラムによるものとする。また、取り扱う機械設備等が新たなものに変わる場合等に実施する随時教育は、運転操作方法のほか点検整備等の実技に関する事項を加えたものとする。	1.　定期教育：対象者が当該業務に従事することになった後、一定期間ごとに実施 2.　随時教育：取り扱う機械設備等が新たなものに変わる場合等に実施	安衛法60条の2 危険又は有害な業務に現に就いている者に対する安全衛生教育に関する指針
爆発、火災等発生時の救護訓練	爆発、火災等の発生時に救護に関係する者	次の事項に関する訓練を行うこと。 1.　安衛則24条の3第1項の機械等の使用方法 2.　救急そ生の方法その他の救急処置 3.　前2号に掲げるもののほか、安全な救護の方法 訓練の対象となる仕事は、次のとおり。 1.　ずい道等の建設で、出入口からの距離が1000メートル以上の場所において作業を行う仕事及び深さが50メートル以上となるたて坑（通路として用いられるものに限る）の掘削を伴う仕事 2.　圧気工法による作業をゲージ圧力0.1メガパスカル以上で行う仕事	安衛則24条の3第2項各号の区分に応じ、当該各号に掲げる時までに1回、及びその後1年以内ごとに1回	安衛法25条の2 施行令9条の2 安衛則24条の4
ずい道等の建設作業等の避難等の訓練	関係労働者	切羽までの距離が100メートル（可燃性ガスが存在して爆発又は火災が生ずるおそれのあるずい道等以外のずい道等にあっては500メートル）以上となるずい道等に係るずい道等の建設の作業を行うときは、落盤、出水、ガス爆発、火災等が生じたときに備えるため、避難及び消火の訓練を行う。	当該ずい道等の切羽までの距離が100メートルに達するまでの期間内に1回、及びその後6月以内ごとに1回	安衛則389条の11
土石流危険河川で建設工事を行うときの避難の訓練	関係労働者	土石流が発生したときに備えるための避難の訓練	工事開始後遅滞なく1回、及びその後6月以内ごとに1回	安衛則575条の16

8

特別教育一覧

	特別教育を行うべき業務（冒頭の漢数字は安衛則36条の号数）	特別教育の細目
1	一　研削といしの取替え又は取替え時の試運転の業務	安全衛生特別教育規程1条、2条
2	二　動力により駆動されるプレス機械（以下「動力プレス」という）の金型、シヤーの刃部又はプレス機械若しくはシヤーの安全装置若しくは安全囲いの取付け、取外し又は調整の業務	安全衛生特別教育規程3条
3	三　アーク溶接機を用いて行う金属の溶接、溶断等の業務	安全衛生特別教育規程4条
4	四　高圧（直流にあっては750ボルトを、交流にあっては600ボルトを超え、7000ボルト以下である電圧をいう）若しくは特別高圧（7000ボルトを超える電圧をいう）の充電電路若しくは当該充電電路の支持物の敷設、点検、修理若しくは操作の業務、低圧（直流にあっては750ボルト以下、交流にあっては600ボルト以下である電圧をいう）の充電電路（対地電圧が50ボルト以下であるもの及び電信用のもの、電話用のもの等で感電による危害を生ずるおそれのないものを除く）の敷設若しくは修理の業務（次号に揚げる業務を除く）又は配電盤室、変電室等区画された場所に設置する低圧の電路（対地電圧が50ボルト以下であるもの及び電信用のもの、電話用のもの等で感電による危害の生ずるおそれのないものを除く）のうち充電部分が露出している開閉器の操作の業務	安全衛生特別教育規程5条、6条
5	四の二　対地電圧が50ボルトを超える低圧の蓄電池を内蔵する自動車の整備の業務	安全衛生特別教育規定6条の2
6	五　最大荷重1トン未満のフォークリフトの運転（道路交通法2条1項1号の道路（以下「道路」という）上を走行させる運転を除く）の業務	安全衛生特別教育規程7条
7	五の二　最大荷重1トン未満のショベルローダー又はフォークローダーの運転（道路上を走行させる運転を除く）の業務	安全衛生特別教育規程7条の2
8	五の三　最大積載量が1トン未満の不整地運搬車の運転（道路上を走行させる運転を除く）の業務	安全衛生特別教育規程7条の3
9	六　制限荷重5トン未満の揚貨装置の運転の業務	安全衛生特別教育規程8条
10	六の二　伐木等機械（伐木、造材又は原木若しくは薪炭材の集積を行うための機械であって、動力を用い、かつ、不特定の場所に自走できるものをいう）の運転（道路上を走行させる運転を除く）の業務	安全衛生特別教育規程8条の2

	特別教育を行うべき業務（冒頭の漢数字は安衛則36条の号数）	特別教育の細目
11	六の三　走行集材機械（車両の走行により集材を行うための機械であって、動力を用い、かつ、不特定の場所に自走できるものをいう）の運転（道路上を走行させる運転を除く）の業務	安全衛生特別教育規程8条の3
12	七　機械集材装置（集材機、架線、搬器、支柱及びこれらに附属する物により構成され、動力を用いて、原木又は薪炭材（以下「原木」という）を巻き上げ、かつ、空中において運搬する設備をいう）の運転の業務	安全衛生特別教育規程9条
13	七の二　簡易架線集材装置（集材機、架線、搬器、支柱及びこれらに附属する物により構成され、動力を用いて、原木等を巻き上げ、かつ、原木等の一部が地面に接した状態で運搬する設備をいう）の運転又は架線集材機械（動力を用いて原木等を巻き上げることにより当該原木等を運搬するための機械であって、動力を用い、かつ、不特定の場所に自走できるものをいう）の運転（道路上を走行させる運転を除く）の業務	安全衛生特別教育規程9条の2
14	八　チェーンソーを用いて行う立木の伐木、かかり木の処理又は造材の業務	安全衛生特別教育規程10条
15	九　機体重量が3トン未満の安衛法施行令別表第7第1号、2号、3号又は6号に掲げる機械で、動力を用い、かつ、不特定の場所に自走できるものの運転（道路上を走行させる運転を除く）の業務	安全衛生特別教育規程11条、11条の2、11条の3
16	九の二　施行令別表第7第3号に掲げる機械で、動力を用い、かつ、不特定の場所に自走できるもの以外のものの運転の業務	安全衛生特別教育規程11条の4
17	九の三　施行令別表第7第3号に掲げる機械で、動力を用い、かつ、不特定の場所に自走できるものの作業装置の操作（車体上の運転者席における操作を除く）の業務	安全衛生特別教育規程11条の5
18	十　施行令別表第7第4号に掲げる機械で、動力を用い、かつ、不特定の場所に自走できるものの運転（道路上を走行させる運転を除く）の業務	安全衛生特別教育規程12条
19	十の二　施行令別表第7第5号に掲げる機械の作業装置の操作の業務	安全衛生特別教育規程12条の2
20	十の三　ボーリングマシンの運転の業務	安全衛生特別教育規程12条の3
21	十の四　建設工事の作業を行う場合における、ジャッキ式つり上げ機械（複数の保持機構（ワイヤロープ等を締め付けること等によつて保持する機構をいう。以下同じ）を有し、当該保持機構を交互に開閉し、保持機構間を動力を用いて伸縮させることにより荷のつり上げ、つり下げ等の作業をワイヤロープ等を介して行う機械をいう。以下同じ）の調整又は運転の業務	安全衛生特別教育規程12条の4

	特別教育を行うべき業務（冒頭の漢数字は安衛則36条の号数）	特別教育の細目
22	十の五　作業床の高さ（施行令10条４号の作業床の高さをいう）が10メートル未満の高所作業車（施行令10条４号の高所作業車をいう。以下同じ）の運転（道路上を走行させる運転を除く）の業務	安全衛生特別教育規程13条
23	十一　動力により駆動される巻上げ機（電気ホイスト、エヤーホイスト及びこれら以外の巻上げ機でゴンドラに係るものを除く）の運転の業務	安全衛生特別教育規程14条
24	十三　施行令15条１項８号に掲げる機械等（巻上げ装置を除く）の運転の業務	安全衛生特別教育規程15条
25	十四　小型ボイラー（施行令１条４号の小型ボイラーをいう。以下同じ）の取扱いの業務	小型ボイラー取扱業務特別教育規程
26	十五　次に掲げるクレーン（移動式クレーン（施行令１条８号の移動式クレーンをいう）を除く）の運転の業務 イ　つり上げ荷重が５トン未満のクレーン ロ　つり上げ荷重が５トン以上の跨線テルハ	クレーン取扱い業務等特別教育規程１条
27	十六　つり上げ荷重が１トン未満の移動式クレーンの運転（道路上を走行させる運転を除く）の業務	クレーン取扱い業務等特別教育規程２条
28	十七　つり上げ荷重が５トン未満のデリックの運転の業務	クレーン取扱い業務等特別教育規程３条
29	十八　建設用リフトの運転の業務	クレーン取扱い業務等特別教育規程４条
30	十九　つり上げ荷重が１トン未満のクレーン、移動式クレーン又はデリックの玉掛けの業務	クレーン取扱い業務等特別教育規程５条
31	二十　ゴンドラの操作の業務	ゴンドラ取扱い業務特別教育規程
32	二十の二　作業室及び気閘室へ送気するための空気圧縮機を運転する業務	高気圧業務特別教育規程１条
33	二十一　高圧室内作業に係る作業室への送気の調節を行うためのバルブ又はコックを操作する業務	高気圧業務特別教育規程２条

	特別教育を行うべき業務（冒頭の漢数字は安衛則36条の号数）	特別教育の細目
34	二十二　気閘室への送気又は気閘室からの排気の調整を行うためのバルブ又はコックを操作する業務	高気圧業務特別教育規程3条
35	二十三　潜水作業者への送気の調節を行うためのバルブ又はコックを操作する業務	高気圧業務特別教育規程4条
36	二十四　再圧室を操作する業務	高気圧業務特別教育規程5条
37	二十四の二　高圧室内作業に係る業務	高気圧業務特別教育規程6条
38	二十五　施行令別表第5に掲げる四アルキル鉛等業務	四アルキル鉛等業務特別教育規程
39	二十六　施行令別表第6に掲げる酸素欠乏危険場所における作業に係る業務	酸素欠乏危険作業特別教育規程1条、2条
40	二十七　特殊化学設備の取扱い、整備及び修理の業務（施行令20条5号に規定する第一種圧力容器の整備の業務を除く）	安全衛生特別教育規程16条
41	二十八　エックス線装置又はガンマ線照射装置を用いて行う透過写真の撮影の業務	透過写真撮影業務特別教育規程
42	二十八の二　加工施設（核原料物質、核燃料物質及び原子炉の規制に関する法律13条2項2号に規定する加工施設をいう）、再処理施設（同法44条2項2号に規定する再処理施設をいう）又は使用施設等（同法52条2項10号に規定する使用施設等（核原料物質、核燃料物質及び原子炉の規制に関する法律施行令41条に規定する核燃料物質の使用施設等に限る）をいう）の管理区域（電離放射線障害防止規則3条1項に規定する管理区域をいう）内において核燃料物質（原子力基本法3条2号に規定する核燃料物質をいう）若しくは使用済燃料（核原料物質、核燃料物質及び原子炉の規制に関する法律2条10項に規定する使用済燃料をいう）又はこれらによって汚染された物（原子核分裂生成物を含む）を取り扱う業務	核燃料物質等取扱業務特別教育規程1条
43	二十八の三　原子炉施設（核原料物質、核燃料物質及び原子炉の規制に関する法律23条2項5号に規定する試験研究用等原子炉施設及び同法43条の3の5第2項5号に規定する発電用原子炉施設をいう）の管理区域内において、核燃料物質若しくは使用済燃料又はこれらによって汚染された物を取り扱う業務	核燃料物質等取扱業務特別教育規程2条

	特別教育を行うべき業務（冒頭の漢数字は安衛則36条の号数）	特別教育の細目
44	二十八の四　東日本大震災により生じた放射性物質により汚染された土壌等を除染するための業務等に係る電離放射線障害防止規則2条7項2号イ又はロに掲げる物その他の事故由来放射性物質（平成23年3月11日に発生した東北地方太平洋沖地震に伴う原子力発電所の事故により当該原子力発電所から放出された放射性物質をいう）により汚染された物であって、電離則2条2項に規定するものの処分の業務	事故由来廃棄物等処分業務特別教育規程
45	二十八の五　電離則7条の2第3項の特例緊急作業に係る作業	特例緊急作業特別教育規程
46	二十九　粉じん則2条1項3号の特定粉じん作業（設備による注水又は注油をしながら行う粉じん則3条各号に掲げる作業に該当するものを除く）に係る業務	粉じん作業特別教育規程
47	三十　ずい道等の掘削の作業又はこれに伴うずり、資材等の運搬、覆工のコンクリートの打設等の作業（当該ずい道等の内部において行われるものに限る）に係る業務	安全衛生特別教育規程17条
48	三十一　マニプレータ及び記憶装置（可変シーケンス制御装置及び固定シーケンス制御装置を含む）を有し、記憶装置の情報に基づきマニプレータの伸縮、屈伸、上下移動、左右移動若しくは旋回の動作又はこれらの複合動作を自動的に行うことができる機械（研究開発中のものその他厚生労働大臣が定めるものを除く。以下「産業用ロボット」という）の可動範囲（記憶装置の情報に基づきマニプレータその他の産業用ロボットの各部の動くことができる最大の範囲をいう）内において当該産業用ロボットについて行うマニプレータの動作の順序、位置若しくは速度の設定、変更若しくは確認（以下「教示等」という）（産業用ロボットの駆動源を遮断して行うものを除く）又は産業用ロボットの可動範囲内において当該産業用ロボットについて教示等を行う労働者と共同して当該産業用ロボットの可動範囲外において行う当該教示等に係る機器の操作の業務	安全衛生特別教育規程18条
49	三十二　産業用ロボットの可動範囲内において行う当該産業用ロボットの検査、修理若しくは調整（教示等に該当するものを除く）若しくはこれらの結果の確認（以下この号において「検査等」という）（産業用ロボットの運転中に行うものに限る）又は産業用ロボットの可動範囲内において当該産業用ロボットの検査等を行う労働者と共同して当該産業用ロボットの可動範囲外において行う当該検査等に係る機器の操作の業務	安全衛生特別教育規程19条
50	三十三　自動車（二輪自動車を除く）用タイヤの組立てに係る業務のうち、空気圧縮機を用いて当該タイヤに空気を充てんする業務	安全衛生特別教育規程20条

		特別教育を行うべき業務（冒頭の漢数字は安衛則36条の号数）	特別教育の細目
51	三十四	ダイオキシン類対策特別措置法施行令別表第1第5号に掲げる廃棄物焼却炉を有する廃棄物の焼却施設（90条5号の3を除き、以下「廃棄物の焼却施設」という）においてばいじん及び焼却灰その他の燃え殻を取り扱う業務（第三十六号に掲げる業務を除く）	安全衛生特別教育規程21条
52	三十五	廃棄物の焼却施設に設置された廃棄物焼却炉、集じん機等の設備の保守点検等の業務	安全衛生特別教育規程21条
53	三十六	廃棄物の焼却施設に設置された廃棄物焼却炉、集じん機等の設備の解体等の業務及びこれに伴うばいじん及び焼却灰その他の燃え殻を取り扱う業務	安全衛生特別教育規程21条
54	三十七	石綿障害予防規則4条1項各号に掲げる作業に係る業務	石綿使用建築物等解体等業務特別教育規程
55	三十八	除染則2条7項の除染等業務及び同条8項の特定線量下業務	除染等業務特別教育及び特定線量下業務特別教育規程
56	三十九	足場の組立て、解体又は変更に係る業務（地上又は堅固な床上における補助作業の業務を除く）	安全衛生特別教育規程22条
57	四十	高さが2メートル以上の箇所であって作業床を設けることが困難なところにおいて、昇降器具（労働者自らの操作により上昇し、又は下降するための器具であって、作業箇所の上方にある支持物にロープを緊結してつり下げ、当該ロープに労働者の身体を保持するための器具（身体保持器具）を取り付けたもの）を用いて、労働者が当該昇降器具により身体を保持しつつ行う作業（40度未満の斜面における作業を除く）に係る業務	安全衛生特別教育規程23条
58	四十一	高さが2メートル以上の箇所であって作業床を設けることが困難なところにおいて、墜落制止用器具（施行令13条3項28号の墜落制止用器具をいう。130条の5第1項において同じ）のうちフルハーネス型のものを用いて行う作業（前段に掲げる作業を除く）に係る業務	安全衛生特別教育規程24条

（注1）　安衛則36条1項12号は現在削除されており該当業務はない。

（注2）　安全衛生特別教育規程（昭和47年9月30日　労働省告示第92号）
　　　　小型ボイラー取扱業務特別教育規程（昭和47年9月30日　労働省告示第115号）
　　　　クレーン取扱い業務等特別教育規程（昭和47年9月30日　労働省告示第118号）
　　　　ゴンドラ取扱い業務特別教育規程（昭和47年9月30日　労働省告示第121号）
　　　　四アルキル鉛等業務特別教育規程（昭和47年9月30日　労働省告示第125号）
　　　　高気圧業務特別教育規程（昭和47年9月30日　労働省告示第129号）
　　　　酸素欠乏危険作業特別教育規程（昭和47年9月30日　労働省告示第132号）
　　　　透過写真撮影業務特別教育規程（昭和50年6月26日　労働省告示第50号）

粉じん作業特別教育規程（昭和54年7月23日　労働省告示第68号）
核燃料物質等取扱業務特別教育規程（平成12年1月20日　労働省告示第1号）
石綿使用建築物等解体等業務特別教育規程（平成17年3月31日　厚生労働省告示第132号）
除染等業務特別教育及び特定線量下業務特別教育規程（平成23年12月22日　厚生労働省告示第469号）
事故由来廃棄物等処分業務特別教育規程（平成25年4月12日　厚生労働省告示第140号）
特例緊急作業特別教育規程（平成27年8月31日　厚生労働省告示第361号）

第**3**章

現場作業における安全管理措置

1 作業指揮者の選任が必要な事項一覧

区　分	選任が必要な作業	作 業 指 揮 者 の 職 務 内 容	関係条文
車両系荷役運搬機械	車両系荷役運搬機械を用いる作業	車両系荷役運搬機械の作業計画に基づく作業指揮	安衛則151条の4
	車両系荷役運搬機械等の修理又はアタッチメントの装着若しくは取外しの作業	1．作業手順を決定し、作業を直接指揮すること 2．車両系荷役運搬機械等のフォーク、ショベル、アーム等が不意に降下することによる危険を防止するために使用する安全支柱、安全ブロック等の使用状況を監視すること	安衛則151条の15
不整地運搬車	1つの荷でその重量が100キログラム以上のものを不整地運搬車に積む作業又は卸す作業	1．作業手順及び作業手順ごとの作業方法を決定し、作業を直接指揮すること 2．器具及び工具を点検し、不良品を取り除くこと 3．当該作業箇所に関係労働者以外の労働者を立ち入らせないこと 4．ロープ解きの作業及びシート外しの作業は,荷台上の荷の落下の危険がないことを確認した後に作業着手を指示すること 5．昇降設備及び保護帽の使用状況を監視すること	安衛則151条の48
構内運搬車	1つの荷でその重量が100キログラム以上のものを構内運搬車に積む作業又は卸す作業	1．作業手順及び作業手順ごとの作業方法を決定し、作業を直接指揮すること 2．器具及び工具を点検し、不良品を取り除くこと 3．当該作業箇所に関係労働者以外の労働者を立ち入らせないこと 4．ロープ解きの作業及びシート外しの作業は,荷台上の荷の落下の危険がないことを確認した後に作業着手を指示すること	安衛則151条の62
貨物自動車	1つの荷でその重量が100キログラム以上のものを貨物自動車に積む作業又は卸す作業	1．作業手順及び作業手順ごとの作業方法を決定し、作業を直接指揮すること 2．器具及び工具を点検し、不良品を取り除くこと 3．当該作業箇所に関係労働者以外の労働者を立ち入らせないこと 4．ロープ解きの作業及びシート外しの作業は,荷台上の荷の落下の危険がないことを確認した後に作業着手を指示すること 5．昇降設備及び保護帽の使用状況を監視すること	安衛則151条の70

区　分	選任が必要な作業	作業指揮者の職務内容	関係条文
車両系建設機械	車両系建設機械の修理又はアタッチメントの装着及び取外しの作業	1．作業手順を決定し、作業を指揮すること 2．車両系建設機械のブーム、アーム等の不意の降下防止のための安全支柱、安全ブロック等の使用状況を監視すること	安衛則165条
コンクリートポンプ車	コンクリートポンプ車の輸送管等の組立て又は解体の作業	作業の方法、作業の手順等を定め、これを周知し、作業を直接指揮すること	安衛則171条の3
くい打機、くい抜機、又はボーリングマシン	くい打機、くい抜機、又はボーリングマシンの組立て、解体、変更又は移動の作業	作業の方法、作業の手順等を定め、これを労働者に周知し、作業を直接指揮すること	安衛則190条
高所作業車	高所作業車を用いる作業	高所作業車の作業計画に基づき作業を指揮すること	安衛則194条の10
	高所作業車の修理又は作業床の装着若しくは取外しの作業	1．作業手順を決定し、作業を直接指揮すること 2．高所作業車のブーム等の不意の降下防止のための安全支柱、安全ブロック等の使用状況を監視すること	安衛則194条の18
危険物	危険物を製造し、又は取り扱う作業（アセチレン溶接装置又はガス集合溶接装置を用いて行う金属の溶接、溶断又は加熱の業務及び乾燥設備による物の加熱乾燥の作業を除く）	1．危険物を製造し、又は取り扱う設備及び当該設備の附属設備について、随時点検し、異常を認めたときは、ただちに必要な措置をとること 2．危険物を製造し、又は取り扱う設備及び当該設備の附属設備がある場所における温度、湿度、遮光及び換気の状態等について、随時点検し、異常を認めたときは、直ちに、必要な措置をとること 3．危険物の取扱いの状況について、随時点検し、異常を認めたときは、直ちに、必要な措置をとること 4．1〜3によりとった措置について、記録しておくこと （ずい道等の内部での可燃性ガス及び酸素を用いて金属の溶接、溶断又は加熱の作業を行う場合の作業指揮者の職務内容追加事項） 5．作業に従事する労働者に対し、消火設備の設置場所及びその使用方法を周知させること 6．作業の状況を監視し、異常を認めたときは直ちに必要な措置をとること 7．作業終了後火花等による火災が生ずるおそれのないことを確認すること	安衛則257条、389条の3

区　　分	選任が必要な作業	作 業 指 揮 者 の 職 務 内 容	関係条文
化学設備等	化学設備又はその附属設備の改造、修理、清掃等を行う場合において、これらの設備を分解する作業又はこれらの設備の内部での作業	作業指揮（あらかじめ決定された作業の方法及び順序）	安衛則275条
発破	導火線発破の作業	1．点火前に、点火作業に従事する労働者以外の労働者に対して、退避を指示すること 2．点火作業に従事する労働者に対して、退避の場所及び経路を指示すること 3．1人の点火数が同時に5以上のときは、発破時計、捨て導火線等の退避時期を知らせる物を使用すること 4．点火の順序及び区分について指示すること 5．点火の合図をすること 6．点火作業に従事した労働者に対して、退避の合図をすること 7．不発の装薬又は残薬の有無について点検すること	安衛則319条
	電気発破の作業	1．発破の作業に従事する労働者に対し、退避の場所及び経路を指示すること 2．点火前に危険区域内から労働者が退避したことを確認すること 3．点火者を定めること 4．点火場所について指示すること	安衛則320条
液化酸素の製造設備	液化酸素を製造する設備の改造、修理、清掃等を行う場合で、その設備の内部での作業	作業指揮（あらかじめ決定された作業の方法及び順序）	安衛則328条の4
ロープ高所作業	高さ2メートル以上の箇所であって作業床を設けることが困難なところにおいて、昇降器具を用いて、労働者が当該昇降器具により身体を保持しつつ行う作業（40度未満の斜面における作業を除く）	1．作業計画にもとづき作業の指揮を行うこと 2．メインロープ、ライフライン、身体保持器具に関する措置を点検すること 3．要求性能墜落制止用器具及び保護帽の使用状況を監視すること	安衛則539条の6

区　分	選任が必要な作業	作業指揮者の職務内容	関係条文
電気	停電作業、高圧活線作業、高圧活線近接作業、特別高圧活線作業、特別高圧活線近接作業	1．労働者にあらかじめ作業の方法及び順序を周知させ、かつ、作業を直接指揮すること 2．特別高圧活線近接作業を接近限界距離を保って行う場合は、標識等の設置又は監視人の配置の状態を確認した後に作業の着手を指示すること 3．電路を開路して作業を行うときは、当該電路の停電の状態及び開路に用いた開閉器の施錠、通電禁止に関する所要事項の表示又は監視人の配置の状態並びに電路を開路した後における短絡接地器具の取付けの状態を確認した後に作業の着手を指示すること	安衛則350条
ガス導管	明り掘削により露出したガス導管の損壊による危険がある場合のその防護作業	作業を直接指揮	安衛則362条
貨車	1つの荷でその重量が100キログラム以上のものを貨車に積む作業（ロープ掛けの作業及びシート掛けの作業を含む）又は貨車から卸す作業（ロープ解きの作業及びシート外しの作業を含む）	1．作業の方法、順序を決定し、作業を指揮すること 2．器具及び工具を点検し、不良品を取り除くこと 3．当該作業箇所に関係労働者以外の労働者を立ち入らせないこと 4．ロープ解きの作業及びシート外しの作業は、荷台上の荷の落下の危険がないことを確認した後に、作業の着手を指示すること	安衛則420条
建築物、橋梁、足場等	建築物、橋梁、足場等の組立て、解体又は変更の作業（作業主任者の選任が必要な作業は除く）	作業を直接指揮	安衛則529条
廃棄物の焼却施設	廃棄物の焼却施設におけるばいじん及び焼却灰その他燃え殻の取扱いの業務	1．作業を指揮 2．下記事項が法定に適合した措置となっているか点検すること ①設備の内部に付着したダイオキシン類を含む付着物の除去 ②ダイオキシン類を含む物の発散源の湿潤化 ③保護具の装着状況	安衛則592条の6
	廃棄物の焼却施設に設置された廃棄物焼却炉、集じん機等の設備の保守点検等の業務		
	廃棄物の焼却施設に設置された廃棄物焼却炉、集じん機等の設備の解体等の業務及びこれに伴うばいじん焼却灰その他の燃え殻の取扱いの業務		

区　分	選任が必要な作業	作 業 指 揮 者 の 職 務 内 容	関係条文
ボイラー（安衛法施行令20条5号イからニまでに掲げるボイラー及び小型ボイラーを除く）	ボイラーの据付作業	1．作業の方法及び労働者の配置を決定し、作業を指揮すること 2．据付工事に使用する材料の欠陥の有無並びに機器及び工具の機能を点検し、不良品を取り除くこと 3．要求性能墜落制止用器具その他の命綱及び保護具の使用状況を監視すること	ボイラー則16条
クレーン	定格荷重をこえる荷重をかけての使用の作業	作業を直接指揮	クレーン則23条
	天井クレーン等の点検等の作業（ただし、点検する天井クレーン等の運転を禁止し、その旨天井クレーン等の操作部分に表示している場合は除く）	1．作業を指揮 2．天井クレーン等の点検等の作業に従事する労働者と当該天井クレーン等を運転する者との間の連絡及び合図	クレーン則30条の2
	クレーンの組立て、解体の作業	1．作業の方法及び労働者の配置を決定し、作業を指揮すること 2．材料の欠点の有無並びに器具及び工具の機能を点検し、不良品を取り除くこと 3．作業中、要求性能墜落制止用器具等及び保護帽の使用状況を監視すること	クレーン則33条
移動式クレーン	移動式クレーンのジブの組立て又は解体の作業		クレーン則75条の2
デリック	デリックの組立て又は解体の作業		クレーン則118条
エレベーター	屋外に設置するエレベーターの昇降路塔又はガイドレール支持塔の組立て又は解体の作業		クレーン則153条
建設用リフト	建設用リフトの組立て又は解体の作業		クレーン則191条

区　分	選任が必要な作業	作業指揮者の職務内容	関係条文
特定化学物質	特定化学物質を製造し、取り扱い、若しくは貯蔵する設備又は特定化学物質を発生させる物を入れたタンクで、当該特定化学物質が滞留するおそれのあるものの改造、修理、清掃等でこれらの設備を分解する作業又はこれらの内部に立ち入る作業	作業を指揮（特定化学物質による労働者の健康障害の予防に必要な知識を有する者のうちから選任）	特化則22条
	特定化学物質を製造し、取り扱い、若しくは貯蔵する設備等の設備（前項の設備は除く）の改造、修理、清掃等でこれらの設備を分解する作業又はこれらの内部に立ち入る作業		特化則22条の2
除染等業務	除染等作業	除染等業務の作業計画に基づき当該除染等作業の指揮を行わせるとともに、次の各号に掲げる事項を行わせること 1. 除染等作業の手順及び除染等業務従事者の配置を決定すること 2. 除染等作業に使用する機械等の機能を点検し、不良品を取り除くこと 3. 放射線測定器及び保護具の使用状況を監視すること 4. 除染等作業を行う箇所には、関係者以外の者を立ち入らせないこと	除染則9条
第二種酸素欠乏危険場所	し尿、腐泥、汚水、パルプ液その他腐敗し、若しくは分解しやすい物質を入れてあり、若しくは入れたことのあるポンプ若しくは配管等又はこれらに附属する設備の改造、修理、清掃等を行う場合において、これらの設備を分解する作業	作業を指揮（硫化水素中毒の予防について必要な知識を有する者のうちから選任）	酸欠則25条の2

2 誘導者の配置が必要な作業一覧

区　分	誘導者の配置が必要な作業	誘導者の職務内容	関係条文
車両系荷役運搬機械	路肩、傾斜地等で車両系荷役運搬機械等を用いて作業を行う場合で、車両系荷役運搬機械等の転倒又は転落により労働者に危険が生ずるおそれがあるとき	車両系荷役運搬機械等の誘導 （車両系荷役運搬機械の運転者は誘導に従う義務）	安衛則151条の6
	運転中の車両系荷役運搬機械等又はその荷に接触することにより労働者に危険が生ずるおそれのある箇所	原則は立入り禁止であるが、誘導者を配置した場合のみ立入禁止としなくてもよい（車両系荷役運搬機械の運転者は誘導に従う義務）	安衛則151条の7
車両系建設機械	路肩、傾斜地等で車両系建設機械を用いて作業を行う場合で、車両系建設機械の転倒又は転落により労働者に危険が生ずるおそれがあるとき	車両系建設機械の誘導 （車両系建設機械の運転者は誘導に従う義務）	安衛則157条
	運転中の車両系建設機械に接触することにより労働者に危険が生ずるおそれのある箇所	原則は立入り禁止であるが、誘導者を配置した場合のみ立入禁止としなくてもよい（車両系建設機械の運転者は誘導に従う義務）	安衛則158条
高所作業車	平坦で堅固な場所において高所作業車の作業床に労働者を乗せて走行させる場合	原則は搭乗禁止であるが、誘導者を配置し高所作業車を誘導させることにより搭乗禁止でなくなる（高所作業車の運転者は誘導に従う義務）	安衛則194条の20

区　分	誘導者の配置が必要な作業	誘導者の職務内容	関係条文
軌道装置	建設中のずい道等の内部において動力車による後押し運転をするとき（後押し運転をする区間を定め、当該区間への労働者の立入禁止措置を講じた場合は除く）	動力車の誘導 （誘導者と動力車の運転者が連絡でき、かつ、緊急時に警報できる装置を備えること。また、誘導者を車両にとう乗させるときは囲いを設けた車両または乗車台にとう乗させること）	安衛則224条、225条
運搬機械等	明り掘削の作業を行う場合において、運搬機械等が労働者の作業箇所に後進して接近するとき、又は転落するおそれのあるとき	運搬機械等の誘導 （運搬機械等の運転者は誘導に従う義務）	安衛則365条
	ずい道の建設の作業を行う場合において、運搬機械等が労働者の作業箇所に後進して接近するとき、又は転落するおそれのあるとき	運搬機械等の誘導 （運搬機械等の運転者は誘導に従う義務）	安衛則388条
運搬機械等及び小割機械	採石作業を行う場合において、運搬機械等及び小割機械が労働者の作業箇所に後進して接近するとき、又は転落するおそれのあるとき	運搬機械等及び小割機械の誘導 （運搬機械等及び小割機械の運転者は誘導に従う義務）	安衛則416条

3　労働者等への周知義務一覧

該 当 事 項	周 知 内 容	周知対象者	周知方法	関係条文
安衛法及びこれに基づく命令の要旨	安衛法及びこれに基づく命令の要旨	労働者	次のいずれかの方法 1．常時各作業場の見やすい場所に掲示し、又は備え付ける 2．書面を労働者に交付する 3．磁気テープ、磁気ディスクその他これらに準ずる物に記録し、かつ、各作業場に労働者が当該記録の内容を常時確認できる機器を設置する	安衛法101条1項 安衛則23条3項
名称等を通知すべき危険物及び有害物	安衛法57条の2第1項又は第2項の規定により通知された事項 1．名称 2．成分及びその含有量 3．物理的及び化学的性質 4．人体に及ぼす作用 5．貯蔵又は取扱い上の注意 6．流出その他の事故が発生した場合において講ずべき応急の措置 7．前各号に掲げるもののほか、次の事項 ①安衛法57条の2第1項の規定による通知を行う者の氏名（法人にあっては、その名称）、住所及び電話番号 ②危険性又は有害性の要約 ③安定性及び反応性 ④想定される用途及び当該用途における使用上の注意【改正】 ⑤適用される法令 ⑥その他参考となる事項	当該物を取り扱う労働者に周知	次のいずれかの方法 1．通知された事項に係る物を取り扱う各作業場の見やすい場所に常時掲示し、又は備え付ける 2．書面を、通知された事項に係る物を取り扱う労働者に交付する 3．磁気テープ、磁気ディスクその他これらに準ずる物に記録し、かつ、通知された事項に係る物を取り扱う各作業場に当該物を取り扱う労働者が当該記録の内容を常時確認できる機器を設置する	安衛法101条4項 施行令18条の2、別表第9 安衛則98条の2第3項、34条の2の4 ※令6.4.1施行

該 当 事 項	周 知 内 容	周知対象者	周知方法	関係条文
安全衛生推進者 衛生推進者	氏名	関係労働者	作業場の見やすい個所に掲示等	安衛法12条の2 安衛則12条の4
作業主任者	1．氏名 2．その者に行わせる事項	関係労働者	作業場の見やすい個所に掲示等	安衛法14条 安衛則18条
安全委員会 衛生委員会 安全衛生委員会	委員会における議事の概要 ※委員会の開催の都度、遅滞なく行う	労働者	次のいずれかの方法にする 1．常時各作業場の見やすい場所に掲示し、又は備えつけること 2．書面を労働者に交付すること 3．磁気テープ、磁気ディスクその他これらに準ずる物に記録し、かつ、各作業場に労働者が記録の内容を常時確認できる機器を設置すること	安衛法17条～19条 安衛則23条
車両系荷役運搬機械	1．車両系荷役運搬機械の運行経路 2．車両系荷役運搬機械の作業の方法	関係労働者		安衛則151条の3
車両系建設機械	1．車両系建設機械の運行経路 2．車両系建設機械の作業の方法	関係労働者		安衛則155条3項
くい打機、くい抜機又はボーリングマシンの組立て、解体、変更又は移動	1．作業の方法 2．作業の手順等	労働者		安衛則190条
建設工事で、ジャッキ式つり上げ機械を用いて荷のつり上げ、つり下げを行う作業	作業計画で定めた事項の内容	周知対象者		安衛則194条の5

該　当　事　項	周　知　内　容	周知対象者	周知方法	関係条文
高所作業車を用いる作業	高所作業車を用いての作業計画	関係労働者		安衛則194条の9
軌道装置の信号装置	信号装置の表示方法	関係労働者	あらかじめ周知	安衛則219条
軌道装置の運転の合図方法	運転に関する合図方法	関係労働者		安衛則220条
軌道装置の人車	とう乗定員数	関係労働者		安衛則223条
化学設備又は化学設備の附属設備の改造、修理、清掃等を行う場合で設備を分解あるいは設備の内部で作業を行う場合	1．作業の方法 2．作業の順序	関係労働者		安衛則275条
乾燥設備をはじめて使用するとき、又は乾燥方法若しくは乾燥物の種類を変えたとき	作業の方法 （注）周知は作業主任者の職務	労働者		安衛則298条
液化酸素の製造設備の内部における改造、修理、清掃等の作業	1．作業の方法 2．作業の順序	関係労働者		安衛則328条の4
電気工事（停電作業、高圧活線作業、高圧活線近接作業、特別高圧活線作業、特別高圧活線近接作業）	1．作業を行う期間 2．作業の内容 3．取り扱う電路 4．これに近接する電路の系統	作業に従事する労働者		安衛則350条
	1．作業の方法 2．作業の順序 （注）周知は作業指揮者の職務	労働者		安衛則350条
明り掘削作業	1．運搬機械、掘削機械及び積込機械の運行経路 2．運搬機械等の土石の積卸し場所への出入りの方法	関係労働者		安衛則364条

該 当 事 項		周 知 内 容	周知対象者	周知方法	関係条文
ずい道等の建設の作業		1．運搬機械等の運行経路 2．運搬機械等の土石の積卸し場所への出入りの方法	関係労働者		安衛則388条
ず い 道 等 の 建 設 の 作 業	可燃性ガスが存在して爆発又は火災の発生のおそれがあるとき	自動警報装置が作動した場合に、可燃性ガスによる爆発又は火災を防止するために講ずべき措置	関係労働者		安衛則389条の2
	当該ずい道等の内部で、可燃性ガス及び酸素を用いる金属の溶接、溶断又は加熱の作業	1．消火設備の設置場所 2．消火設備の使用方法 〔注〕周知は作業指揮者の職務	作業に従事する労働者		安衛則389条の3
	当該ずい道等の内部の火気若しくはアークを使用する場所又は配電盤、変圧器若しくはしゃ断器を設置する場所	1．消火設備の設置場所 2．消火設備の使用方法	関係労働者		安衛則389条の5
	坑内作業場（ずい道等の内部において、ずい道等の建設の作業を行うものに限る）における粉じん濃度の測定結果等	1．測定内容（日時、方法、箇所、条件、結果、実施者） 2．測定結果に基づく改善措置の概要 3．使用した呼吸用保護具の概要	関係労働者	見やすい場所に掲示、又は備え付け等	粉じん則6条の4
ずい道等の建設の作業		1．警報設備の設置場所 2．通話装置の設置場所	関係労働者		安衛則389条の9
ずい道等の建設の作業		1．携帯用照明器具その他避難に必要な器具の備付け場所及び使用方法 2．呼吸用保護具の備付け場所及び使用方法	関係労働者		安衛則389条の10
た て 坑 の 建 設 の 作 業	当該たて坑の内部で、可燃性ガス及び酸素を用いる金属の溶接、溶断又は加熱の作業を行う場合	1．消火設備の設置場所 2．消火設備の使用方法 〔注〕周知は作業指揮者の職務	作業に従事する労働者		安衛則389条の6
	当該たて坑の内部の火気若しくはアークを使用する場所又は配電盤、変圧器若しくはしゃ断器を設置する場所	1．消火設備の設置場所 2．消火設備の使用方法	関係労働者		安衛則389条の6

該　当　事　項	周　知　内　容	周知対象者	周知方法	関係条文
採石作業	1．運搬機械等及び小割機械の運行の経路 2．運搬機械等及び小割機械の土石の積卸し場所への出入の方法	関係労働者		安衛則413条
港湾荷役作業 （船倉の内部、ばく露甲板の上、岸壁にある荷）	1．急性中毒を起こすおそれのある物、腐食性液体その他の腐食性の物、火薬類又は危険物がある場合、これらの物の安全な取扱いの方法 2．これらの物が飛散し又は漏洩した場合の処置	作業に従事する労働者	作業を開始する前に周知	安衛則455条
伐木の作業	伐倒についての合図	作業に関係がある労働者		安衛則479条
建築物等の鉄骨の組立て等	1．作業の方法及び順序 2．部材の落下又は部材により構成されているものの倒壊を防止するための方法 3．作業に従事する労働者の墜落による危険を防止するための設備の設置の方法	関係労働者		安衛則517条の2
鋼橋架設等の作業	1．作業方法及び順序 2．部材の落下又は倒壊防止の方法 3．墜落防止の設備の設置方法 4．使用機械の種類及び能力	関係労働者		安衛則517条の6
コンクリート造の工作物の解体等の作業	1．作業の方法及び順序 2．控えの設置、立入禁止区域の設定その他の外壁、柱、はり等の倒壊又は落下による労働者の危険を防止するための方法	関係労働者		安衛則517条の14

該 当 事 項	周 知 内 容	周知対象者	周知方法	関係条文
コンクリート造の工作物の解体等の作業を行う場合において、外壁、柱等の引倒し等の作業	引倒し等の作業の一定の合図	関係労働者		安衛則517条の16
コンクリート橋架設等の作業	1．作業方法及び順序 2．部材の落下又は倒壊防止の方法 3．作業に従事する労働者の墜落による危険を防止するための設備の設置の方法 4．使用する機械等の種類及び能力	関係労働者		安衛則517条の20
足場	作業床の最大積載荷重	労働者		安衛則562条
足場の組立て等の作業	足場の組立て、解体又は変更の時期、範囲及び順序	作業に従事する労働者		安衛則564条
作業構台	作業構台の最大積載荷重	労働者		安衛則575条の4
作業構台の組立て等の作業	作業構台の組立て、解体又は変更の時期、範囲及び順序	作業に従事する労働者		安衛則575条の7
土石流危険河川における建設工事の作業	1．警報用の設備の設置場所 2．避難用の設備の設置場所及び使用方法	関係労働者		安衛則575条の14、575条の15
救急用具等	1．救急用具及び材料の備付け場所 2．使用方法	労働者		安衛則633条

	該 当 事 項	周 知 内 容	周知対象者	周知方法	関係条文
製造業の元方事業者　安衛法30条の2	クレーン等	運転についての統一的な合図	関係請負人		安衛則643条の3
	事故現場等の標識 1．有機溶剤関係 2．電離放射線関係 3．酸素欠乏関係	統一的に定められた事故現場等を表示する標識	関係請負人		安衛則643条の4
	有機溶剤等の容器	次に掲げる容器の統一的な集積箇所 1．有機溶剤等を入れてある容器 2．有機溶剤等が入れてあった空容器で蒸気の発散のおそれのある容器	関係請負人		安衛則643条の5
	作業が同一の場所で行われるときの次の場合 1．エックス線装置に電力が供給されている場合 2．放射性物質による照射が行われている場合 3．火災が発生した場合	統一的な警報	関係請負人		安衛則643条の6
特定元方事業者　安衛法15条1項	クレーン等	運転についての統一的な合図	関係請負人		安衛則639条
	事故現場の標識 1．有機溶剤関係 2．高気圧関係 3．電離放射線関係 4．酸素欠乏関係	統一的に定められた事故現場等を表示する標識	関係請負人		安衛則640条
	有機溶剤等の容器	次に掲げる容器の統一的な集積箇所 1．有機溶剤等を入れてある容器 2．有機溶剤等が入れてあった空容器で蒸気の発散のおそれのある容器（屋外に集積されるときのみ）	関係請負人		安衛則641条

	該 当 事 項	周 知 内 容	周知対象者	周知方法	関係条文
特定元方事業者　安衛法15条1項	作業が同一の場所で行われるときの次の場合 1．エックス線装置に電力が供給されている場合 2．放射性物質による照射が行われる場合 3．発破が行われる場合 4．火災が発生した場合 5．土砂の崩壊、出水若しくはなだれの発生及びそのおそれがある場合	統一的な警報	関係請負人		安衛則642条
	ずい道等の建設の作業	統一的に定められた避難等の訓練の実施時期及び実施方法	関係請負人		安衛則642条の2
	土石流危険河川での建設工事の作業	統一的に定められた避難等の訓練の実施時期及び実施方法	関係請負人		安衛則642条の2の2
	特定元方事業者の労働者及び関係請負人の労働者の作業が、右記の作業と同一の場所で行われるとき	次の作業の実施について通知 1．解体等対象建築物等に吹き付けられている石綿等（石綿等が使用されている仕上げ用塗り材を除く）の除去、封じ込め又は囲い込みの作業（石綿等の切断等の作業を伴うものを除き、囲い込みの作業に限る） 2．解体等対象建築物等に張り付けられている石綿等が使用されている保温材、耐火被覆材（耐火性能を有する被覆材をいう）等（以下「石綿含有保温材等」という）の除去、封じ込め又は囲い込みの作業（石綿等の粉じんを著しく発散するおそれがあるものに限る）（石綿含有保温材等の切断等の作業を伴うものを除き、除去又は囲い込みの作業に限る）	関係請負人	当該作業の開始の前	石綿則7条

該　当　事　項		周　知　内　容	周知対象者	周知方法	関係条文
発注者（努力義務）	以下の作業の発注者（努力義務）解体等対象建築物等の解体又は改修（封じ込め又は囲い込みを含む）の作業	解体等対象建築物等における石綿等の使用状況等	当該仕事の請負人		石綿則8条
移動式クレーンを用いる作業		1．移動式クレーンによる作業の方法 2．移動式クレーンの転倒を防止するための方法 3．移動式クレーンによる作業に係る労働者の配置及び指揮の系統	関係労働者	作業の開始前に周知	クレーン則66条の2
エレベーター（運転者が選任され、その者のみが運転する場合を除く）		1．エレベーターの運転の方法 2．エレベーターが故障した場合における処置	エレベーターを使用する労働者		クレーン則151条
定期の有機溶剤の作業環境測定結果の評価が第3管理区分に区分された場所が生じ、当該場所を第1管理区分又は第2管理区分となるよう措置を講じた場合		次の事項を周知 1．第3管理区分に区分された場所の定期の作業環境測定結果の評価の記録 2．第3管理区分に区分された場所の作業環境を改善するために講ずる措置 3．上記2の作業環境改善措置後の作業環境測定結果の評価の結果	労働者	次に掲げるいずれかの方法によること。 1．常時各作業場の見やすい場所に掲示し、又は備え付けること。 2．書面を労働者に交付すること。 3．磁気ディスク、光ディスクその他の記録媒体に記録し、かつ、各作業場に労働者が当該記録の内容を常時確認できる機器を設置すること。 ※令6.4.1施行	有機則28条の3
		4．有機則28条の3第1項の場所について、有効な呼吸用保護具を使用する必要がある旨★	同項の場所において作業に従事する者（労働者を除く）★		

該 当 事 項	周 知 内 容	周知対象者	周知方法	関係条文
定期の有機溶剤の作業環境測定結果の評価が第２管理区分に区分された場所が生じた場合	次の事項を周知 １．第２管理区分に区分された場所の定期の作業環境測定結果の評価の記録 ２．第２管理区分に区分された場所の作業環境を改善するために講ずる措置	労働者	次に掲げるいずれかの方法によること。 １．常時各作業場の見やすい場所に掲示し、又は備え付けること。 ２．書面を労働者に交付すること。 ３．磁気ディスク、光ディスクその他の記録媒体に記録し、かつ、各作業場に労働者が当該記録の内容を常時確認できる機器を設置すること。 ※令6.4.1施行	有機則28条の4
定期の鉛の作業環境測定結果の評価が第３管理区分に区分された場所が生じ、当該場所を第１管理区分又は第２管理区分となるよう措置を講じた場合	次の事項を周知 １．第３管理区分に区分された場所の定期の作業環境測定結果の評価の記録 ２．第３管理区分に区分された場所の作業環境を改善するために講ずる措置 ３．上記２の作業環境改善措置後の作業環境測定結果の評価の結果	労働者	次に掲げるいずれかの方法によること。 １．常時各作業場の見やすい場所に掲示し、又は備え付けること。 ２．書面を労働者に交付すること。 ３．磁気ディスク、光ディスクその他の記録媒体に記録し、かつ、各作業場に労働者が当該記録の内容を常時確認できる機器を設置すること。 ※令6.4.1施行	鉛則52条の3
	４．鉛則52条の３第１項の場所について、有効な呼吸用保護具を使用する必要がある旨★	同項の場所において作業に従事する者（労働者を除く）★		

該 当 事 項	周 知 内 容	周知対象者	周知方法	関係条文
定期の鉛の作業環境測定結果の評価が第2管理区分に区分された場所が生じた場合	次の事項を周知 1．第2管理区分に区分された場所の定期の作業環境測定結果の評価の記録 2．第2管理区分に区分された場所の作業環境を改善するために講ずる措置	労働者	次に掲げるいずれかの方法によること。 1．常時各作業場の見やすい場所に掲示し、又は備え付けること。 2．書面を労働者に交付すること。 3．磁気ディスク、光ディスクその他の記録媒体に記録し、かつ、各作業場に労働者が当該記録の内容を常時確認できる機器を設置すること。 ※令6.4.1施行	鉛則52条の4
定期の特定化学物質の作業環境測定結果の評価が第3管理区分に区分された場所が生じ、当該場所を第1管理区分又は第2管理区分となるよう措置を講じた場合	次の事項を周知 1．第3管理区分に区分された場所の定期の作業環境測定結果の評価の記録 2．第3管理区分に区分された場所の作業環境を改善するために講ずる措置 3．上記2の作業環境改善措置後の作業環境測定結果の評価の結果	労働者	次に掲げるいずれかの方法によること。 1．常時各作業場の見やすい場所に掲示し、又は備え付けること。 2．書面を労働者に交付すること。 3．磁気ディスク、光ディスクその他の記録媒体に記録し、かつ、各作業場に労働者が当該記録の内容を常時確認できる機器を設置すること。 ※令6.4.1施行	特化則36条の3
	4．特化則36条の3第1項の場所について、有効な呼吸用保護具を使用する必要がある旨★	同項の場所において作業に従事する者（労働者を除く）★		

該 当 事 項	周 知 内 容	周知対象者	周知方法	関係条文
定期の特定化学物質の作業環境測定結果の評価が第2管理区分に区分された場所が生じた場合	次の事項を周知 1．第2管理区分に区分された場所の定期の作業環境測定結果の評価の記録 2．第2管理区分に区分された場所の作業環境を改善するために講ずる措置	労働者	次に掲げるいずれかの方法によること。 1．常時各作業場の見やすい場所に掲示し、又は備え付けること。 2．書面を労働者に交付すること。 3．磁気ディスク、光ディスクその他の記録媒体に記録し、かつ、各作業場に労働者が当該記録の内容を常時確認できる機器を設置すること。 ※令6.4.1施行	特化則36条の4
特定化学物質を製造し、取り扱い、若しくは貯蔵する設備又は特定化学物質を発生させる物を入れたタンク等で、当該特定化学物質が滞留するおそれのあるものの改造、修理、清掃等でこれらの設備を分解する作業又はこれらの内部に立ち入る作業	1．作業の方法及び順序 2．測定その他の方法により、作業を行う設備の内部について、特定化学物質により労働者が健康障害を受けるおそれのないことの確認が行われていない場合、当該設備の内部に頭を入れてはならない旨	作業に従事する者	あらかじめ周知	特化則22条
	【作業の一部を請負人に請け負わせる場合】 特化則22条1項7号及び8号の措置を講ずる必要がある旨並びに同項10号の保護具を使用する必要がある旨★	請負人★		

該 当 事 項	周 知 内 容	周知対象者	周知方法	関係条文
特定化学物質を製造し、取り扱い、若しくは貯蔵する設備等の設備（前項の設備等を除く）の改造、修理、清掃等でこれらの設備を分解する作業又はこれらの内部に立ち入る作業	作業の方法及び順序	作業に従事する労働者	あらかじめ周知	特化則22条の2
	【作業の一部を請負人に請け負わせる場合で、設備の溶断、研磨等により特定化学物質を発生させるおそれがあるとき】 不浸透性の保護衣、保護手袋、保護長靴、呼吸用保護具等の必要な保護具を使用する必要がある旨★	請負人★		
気閘室における高圧室内作業者に対する減圧	減圧に要する時間	当該高圧室内業務従事者★	あらかじめ周知	高圧則20条
高圧室内業務	大気圧を超える気圧下における可燃物の燃焼の危険性	労働者		高圧則25条の2
	潜函、潜鐘、圧気シールド等の内部において溶接等の作業を行ってはならない旨★	高圧室内業務請負人等★		
ボンベからの給気を受けて行う潜水業務	潜水業務に使用するボンベの現に有する給気能力	潜水業務従事者	潜降直前に周知	高圧則29条
①エックス線装置又は荷電粒子を加速する装置に電力が供給されている場合 ②エックス線管若しくはケノトロンのガス抜き又はエックス線の発生を伴うこれらの検査を行う装置に電力が供給されている場合 ③放射性物質を装備している機器で照射している場合	当該作業が行われている旨	関係者	自動警報装置(ただし、放射線装置を放射線装置室以外の場所で使用するとき、又は管電圧150キロボルト以下のエックス線装置若しくは数量が400ギガベクレル未満の放射性物質を装備している機器を使用するときを除く)	電離則17条
電離則28条若しくは29条1項の規定による汚染の除去又は清掃の一部を請負人に請け負わせるとき★	除染又は清掃に用いた用具の汚染が別表第三に掲げる限度以下になるまで使用してはならない旨	請負人		電離則30条4項

該 当 事 項	周 知 内 容	周知対象者	周知方法	関係条文
加工施設等における作業規程	労働者の放射線による障害を防止するための次の事項 1．加工施設、再処理施設又は使用施設等に係る設備の操作 2．安全装置及び自動警報装置の調整 3．核燃料物質による偶発的な臨界を防止するための措置 4．作業の方法及び順序 5．外部放射線による線量当量率及び空気中の放射性物質の濃度の監視に関する措置 6．天井、床、壁、設備等の表面の汚染の状態の検査及び汚染の除去に関する措置 7．異常な事態が発生した場合における応急の措置 8．前各号に掲げるもののほか、労働者の放射線による障害を防止するため必要な措置	関係労働者（作業の一部を請負人に請け負わせる場合には、関係労働者及び請負人）★		電離則41条の11
原子炉施設における作業規程	労働者の放射線による障害を防止するための次の事項 1．作業の方法及び順序 2．外部放射線による線量当量率及び空気中の放射性物質の濃度の監視に関する措置 3．天井、床、壁、設備等の表面の汚染の状態の検査及び汚染の除去に関する措置 4．異常な事態が発生した場合における応急の措置 5．前各号に掲げるもののほか、労働者の放射線による障害を防止するため必要な措置	関係労働者（作業の一部を請負人に請け負わせる場合には、関係労働者及び請負人）★		電離則41条の12

該当事項	周知内容	周知対象者	周知方法	関係条文
除染等作業により受ける除染等業務従事者（特定汚染土壌等取扱業務に従事する労働者で、平均空間線量率が2.5マイクロシーベルト毎時以下の場所においてのみ特定汚染土壌等取扱業務に従事する者は除く）の外部被ばくによる線量を測定した場合	次の各号に掲げる除染等業務従事者の線量測定結果記録に基づく線量 1．男性又は妊娠する可能性がないと診断された女性の実効線量の3月ごと、1年ごと及び5年ごとの合計（5年間において、実効線量が1年間につき20ミリシーベルトを超えたことのない者にあっては、3月ごと及び1年ごとの合計） 2．女性（妊娠する可能性がないと診断されたものを除く）の実効線量の1月ごと、3月ごと及び1年ごとの合計（1月間に受ける実効線量が1.7ミリシーベルトを超えるおそれのないものにあっては、3月ごと及び1年ごとの合計） 3．妊娠中の女性の内部被ばくによる実効線量及び腹部表面に受ける等価線量の1月ごと及び妊娠中の合計	除染等業務従事者	遅滞なく周知	除染則6条
労働者を除染等作業に従事させる場合	あらかじめ除染等作業を行う場所を調査した結果に基づく次の事項 1．調査が終了した年月日 2．調査の方法 3．調査結果の概要	除染等作業に従事する労働者 ※当該除染等作業の一部を請負人に請け負わせたときは、当該労働者及び当該請負人★	あらかじめ書面による周知（平23.12.22基発1222第7号）	除染則7条3項
労働者を特定汚染土壌等取扱作業に従事させる場合	作業の開始前及び開始後2週間ごとに特定汚染土壌等取扱作業を行う場所を調査した結果に基づく次の事項 1．調査が終了した年月日	特定汚染土壌等取扱作業に従事する労働者 ※当該特定汚染土壌	作業の開始前及び開始後2週間ごとに、書面により周知すること（平23.12.22基	除染則7条4項

該　当　事　項	周　知　内　容	周知対象者	周知方法	関係条文
	2．調査の方法 3．調査結果の概要	等取扱作業の一部を請負人に請け負わせたときは、当該労働者及び当該請負人★	発1222第7号）	
特定線量下作業により特定線量下業務従事者の受ける外部被ばくによる線量を測定した場合	次の各号に掲げる特定線量下業務従事者の線量 1．男性又は妊娠する可能性がないと診断された女性の実効線量の3月ごと、1年ごと及び5年ごとの合計（5年間において、実効線量が1年間につき20ミリシーベルトを超えたことのない者にあっては、3月ごと及び1年ごとの合計） 2．女性（妊娠する可能性がないと診断されたものを除く）の実効線量の1月ごと、3月ごと及び1年ごとの合計（1月間に受ける実効線量が1.7ミリシーベルトを超えるおそれのないものにあっては、3月ごと及び1年ごとの合計） 3．妊娠中の女性の腹部表面に受ける等価線量の1月ごと及び妊娠中の合計	特定線量下業務従事者	遅滞なく周知	除染則25条の5
労働者を特定線量下作業に従事させる場合	作業の開始前及び開始後2週間ごとに特定汚染土壌等取扱作業を行う場所を調査した結果に基づく次の事項 1．調査が終了した年月日 2．調査の方法 3．調査結果の概要	特定線量下業務従事者 ※当該作業の一部を請負人に請け負わせたときは、当該労働者及び当該請負人★	作業の開始前及び開始後2週間ごとに、書面により周知すること（平23.12.22基発1222第7号）	除染則25条の6

該　当　事　項	周　知　内　容	周知対象者	周知方法	関係条文
外部放射線による線量当量率	放射線業務を行う作業場のうち管理区域における外部放射線による線量当量率の測定又は測定を行うことが著しく困難な場合の計算により線量当量率を算出した結果	管理区域に立ち入る者★	見やすい場所に掲示等	電離則54条
し尿、腐泥、汚水、パルプ液その他腐敗し、若しくは分解しやすい物質を入れてあり、若しくは入れたことのあるポンプ若しくは配管等又はこれらに附属する設備の改造、修理、清掃等を行う作業で、これらの設備を分解する作業	作業の方法及び順序	作業に従事する労働者	あらかじめ周知	酸欠則25条の2
石綿等による労働者の健康障害を防止するため定めた作業計画	作業計画の次の事項 1．作業の方法及び順序 2．石綿等の粉じんの発散を防止し、又は抑制する方法 3　作業を行う労働者への石綿等の粉じんのばく露を防止する方法	関係労働者		石綿則4条
石綿含有成形品の除去作業の一部を請負人に請け負わせる場合（ただし、切断等以外の方法により当該作業を実施することが技術上困難な場合を除く）★	切断等以外の方法により当該作業を実施する必要がある旨★	請負人★		石綿則6条の2★
負傷者の手当に必要な救急用具及び材料	救急用具及び材料の備付け場所及び使用方法	労働者		安衛則633条 事務所則23条

4 表示・掲示すべき事項一覧

	該　当　事　項	表　示　・　掲　示　内　容	表示・掲示場所	関係条文
一般機械	機械（刃部を除く）のそうじ、給油、検査又は修理の作業を行う場合の運転停止をしたとき	作業に従事する労働者以外の者が運転することを防止するための措置	起動装置に表示板を取り付ける	安衛則107条
一般機械	刃部のそうじ、検査、修理、取替え又は調整の作業を行う場合の運転停止をしたとき	作業に従事する労働者以外の者が運転することを防止するための措置	起動装置に表示板を取り付ける	安衛則108条
木工機械	自動送材車式帯のこ盤の送材車と歯との間	立入禁止	見やすい箇所	安衛則128条
産業用ロボット	教示等の作業中の起動装置	作業に従事している労働者以外の者が操作することを防止するための措置	起動スイッチ等	安衛則150条の3
産業用ロボット	可動範囲内において検査、修理、調整、掃除若しくは給油又はこれらの結果の確認作業を行うとき	作業に従事している労働者以外の者が操作することを防止するための措置	起動スイッチ等	安衛則150条の5
荷役運搬機械	フォークリフト	特定自主検査検査標章	フォークリフトの見やすい箇所	安衛則151条の24
荷役運搬機械	不整地運搬車	特定自主検査検査標章	不整地運搬車の見やすい箇所	安衛則151条の56
建設機械等	車両系建設機械	特定自主検査検査標章	車両系建設機械の見やすい箇所	安衛則169条の2
建設機械等	高所作業車	特定自主検査検査標章	高所作業車の見やすい箇所	安衛則194条の26
建設機械等	軌道装置（地山の荷重により変形した支保工等障害物があり、ずい道等の内部の側壁等との間に必要な距離がとれないとき）	ずい道の内部で側壁、天盤、障害物等に接触する危険を防止するため、車両とう乗者が容易に識別できる措置	容易に識別できる箇所	安衛則206条

該 当 事 項	表 示 ・ 掲 示 内 容	表示・掲示場所	関係条文
高熱の鉱さい	高熱の鉱さいを廃棄する場所	当該場所	安衛則252条
ガス溶接等の作業（通風又は換気が不十分な場所）	使用する者の名札（ガス等の供給の誤操作の防止のため）	使用中のガス等のホースのガス等の供給口のバルブ又はコック	安衛則262条
ガス溶接等の業務に使用するガス等の容器	使用前又は使用中、使用後の区別	当該容器	安衛則263条
化学設備のバルブ、コック又はこれらを操作するためのスイッチ、押しボタン等	1．開閉の方向 2．色分け、形状の区分等	当該バルブ等	安衛則271条
	送給原材料の種類、対象となる設備その他誤送給による爆発又は火災を防止するための必要な事項	見やすい位置	安衛則273条
特殊化学設備、その配管及び附属設備に使用する動力源	バルブ、コック、スイッチ等について誤操作を防止するための色分け、形状の区分等	当該バルブ等	安衛則273条の5
危険物等の爆発、火災等による労働災害発生の急迫した危険があるとき	当該作業場等に関係者以外の者の立入禁止	見やすい箇所	安衛則274条の2
化学設備及び附属設備の改造、修理、清掃等	バルブ、コック又は閉止板等に開放厳禁の旨	当該バルブ等	安衛則275条
火災又は爆発の危険のある場所	火気の使用禁止及び必要でない者の立入禁止	火災又は爆発の危険のある場所	安衛則288条

（爆　発　・　火　災）

該 当 事 項		表 示 ・ 掲 示 内 容	表示・掲示場所	関係条文
爆 発 ・ 火 災	アセチレン溶接装置	発生器の種類、型式、製作所名、毎時平均ガス発生算定量及び1回のカーバイド送給量	発生器室内の見やすい箇所	安衛則312条
	発生器室内	係員以外の立入禁止	発生器室	
	発生器から5メートル以内、又は発生器室から3メートル以内の場所	喫煙、火気の使用又は火花の発するおそれのある行為の禁止	当該場所	
	ガス集合溶接装置	使用するガスの名称及び最大ガス貯蔵量	ガス装置室の見やすい箇所	安衛則313条
	ガス装置室	係員以外の立入禁止	見やすい箇所	
	ガス集合装置から5メートル以内の場所	喫煙、火気の使用又は火花の発するおそれのある行為の禁止	見やすい箇所	
	バルブ、コック等	操作要領及び点検要領	ガス装置室の見やすい箇所	
	腐食性液体を圧送する作業で窒素又は炭酸ガスの圧力を動力として用いる場合(空気以外では窒素又は炭酸ガスしか使用できない)	窒素又は炭酸ガスが存在すること(労働者が圧送に用いた設備の内部に立ち入ることによる窒息の危険が生ずるおそれのない措置としての周知。ゆえに周知以外の方法をとる場合も可)		安衛則328条
	液化酸素を製造する設備の改造、修理、清掃等を行う場合で、その設備の内部での作業	作業箇所に酸素が漏洩しないように閉止したバルブ、コック又は閉止板を開放してはならない旨	作業箇所に酸素が漏洩しないように閉止したバルブ、コック又は閉止板等	安衛則328条の4

該　当　事　項	表　示　・　掲　示　内　容	表示・掲示場所	関係条文
電気 停電作業（作業中に施錠しない若しくは監視人を置かない場合）	通電禁止に関する所要事項	開路に用いた開閉器	安衛則339条
特別高圧活線近接作業	接近限界距離の標識	当該充電電路に対する接近限界距離を保つ見やすい箇所	安衛則345条
ずい道等の建設 ずい道等の建設の作業で可燃性ガスが存在するとき	火気又はマッチ、ライターその他発火のおそれのあるもののずい道等の内部持込み禁止	ずい道等の出入り口付近の見やすい場所	安衛則389条
ずい道等の建設の作業で可燃性ガスの濃度が爆発下限界の値の30パーセント以上であることを認めたとき	30パーセント未満であることを確認するまで関係者以外立入禁止	見やすい箇所	安衛則389条の8
坑内作業場（ずい道等の内部において、ずい道等の建設の作業を行うものに限る）における粉じん濃度の測定結果等	1．測定内容（日時、方法、箇所、条件、結果、実施者）2．測定結果に基づく改善措置の概要 3．使用した呼吸用保護具の概要	見やすい場所に掲示、又は備え付け等	粉じん則6条の4
採石作業 運搬機械等及び小割機械（運行経路の補修等その他経路を有効に保持するための作業を行うとき）	作業中である旨の掲示	運搬機械等及び小割機械の運行経路	安衛則413条
岩石の小割又は加工の作業（運搬機械等及び小割機械の運行経路上で行うとき）	作業中である旨の掲示	運行の経路	安衛則414条
通路 作業場に通ずる場所及び作業場内の通路で主要なもの	安全な通路であることを示す表示	当該通路	安衛則540条
常時使用しない避難用の出入口、通路又は避難用器具	避難用である旨の表示	当該避難用出入口等	安衛則549条
足場 鋼管（外径及び肉厚が同一又は近似している鋼管で、強度が異なるものを同一事業場で使用する場合）	色又は記号を付する等の方法により強度を識別できる措置	当該鋼管	安衛則573条
作業床	構造及び材料に応じた最大積載荷重	足場の見やすい場所	安衛則655条

該当事項		表示・掲示内容	表示・掲示場所	関係条文
作業構台	作業床	構造及び材料に応じた最大積載荷重	作業構台の見やすい場所	安衛則655条の2
有害な作業環境	強烈な騒音（等価騒音レベルが90デシベル以上）の屋内作業場	強烈な騒音を発する場所であること	見やすい箇所に標識によって明示する等★	安衛則583条の2
	強烈な騒音の屋内作業場で耳栓その他の保護具の使用を命じたとき	保護具を使用しなければならない旨	見やすい場所	安衛則595条
	請負人に耳栓その他の保護具を使用する必要がある旨を周知させたとき★	保護具を使用する必要がある旨★		
	多量の高熱物体を取り扱う場所又は著しく暑熱な場所	関係者以外の立入禁止	見やすい箇所	安衛則585条
	多量の低温物体を取り扱う場所又は著しく寒冷な場所			
	有害な光線又は超音波にさらされる場所			
	炭酸ガス濃度が1.5パーセントを超える場所、酸素濃度が18パーセントに満たない場所又は硫化水素濃度が100万分の10を超える場所			
	ガス、蒸気又は粉じんを発散する有害な場所			
	有害物を取り扱う場所			
	病原体による汚染のおそれの著しい場所			
	有害物若しくは病原体により汚染された物の集積場所	有害物若しくは病原体により汚染された物の集積場所である旨	見やすい箇所	安衛則586条

	該 当 事 項	表 示 ・ 掲 示 内 容	表示・掲示場所	関係条文
有害な作業環境	廃棄物の焼却（安衛則36条34号から36号までに掲げる業務）★	1．安衛則36条34号から36号までに掲げる業務に係る作業を行う作業場である旨 2．ダイオキシン類により生ずるおそれのある疾病の種類及びその症状 3．ダイオキシン類の取扱い上の注意事項 4．安衛則36条34号から36号までに掲げる業務に係る作業を行う場合においては適切な保護具を使用しなければならない旨及び使用する保護具	見やすい箇所	安衛則592条の8
貸与建築物	貸与建築物の避難用の出入口若しくは通路又はすべり台、避難用はしご等の避難器具で2以上の事業者が共用するもの	避難用である旨の表示（貸与者が表示）	当該出入口等	安衛則670条
貸与建築物	貸与建築物の内部にある事故現場 1．有機溶剤関係 2．電離放射線関係 3．酸素欠乏関係	事故現場である旨の統一標識	当該現場	安衛則678条
ボイラー	安全弁その他附属品（圧力計又は水高計の目盛り）	最高使用圧力	最高使用圧力を示す位置	ボイラー則28条
ボイラー	ボイラー室その他のボイラー設置場所	関係者以外の立入禁止	見やすい箇所	ボイラー則29条
ボイラー	ボイラー検査証並びにボイラー取扱作業主任者	ボイラー検査証及びボイラー取扱作業主任者の資格及び氏名	ボイラー室その他のボイラー設置場所の見やすい箇所	
第一種圧力容器	安全弁その他の附属品（圧力計の目盛り）	最高使用圧力	最高使用圧力を示す位置	ボイラー則65条
第一種圧力容器	第一種圧力容器取扱作業主任者	第一種圧力容器取扱作業主任者の氏名	設置場所の見やすい箇所	ボイラー則66条
第二種圧力容器	圧力計の目盛り	最高使用圧力	最高使用圧力を示す位置	ボイラー則87条

該 当 事 項	表示・掲示内容	表示・掲示場所	関係条文
ク 巻上げ用ワイヤーロープ（巻過防止装置を具備しないクレーン）	巻上げ用ワイヤロープの巻過ぎを防止するための標識	巻上げ用ワイヤロープ	クレーン則19条
レ クレーン作業（クレーン運転者及び玉掛けをする者）	定格荷重	常時知ることができるような場所	クレーン則24条の2
ー 天井クレーン等の点検等の作業	当該天井クレーン等の運転禁止	当該天井クレーン等の操作部分	クレーン則30条の2
ン 組立て又は解体の作業を行う区域	関係労働者以外の労働者の立入禁止	見やすい箇所	クレーン則33条
移動式クレーン 移動式クレーン作業（クレーン運転者及び玉掛けをする者）	定格荷重	常時知ることができるよう表示	クレーン則70条の2
ジブの組立て又は解体の作業を行う区域	関係労働者以外の労働者の立入禁止	見やすい箇所	クレーン則75条の2
デリック 巻上げ用ワイヤロープ（巻過防止装置を具備しないデリック）	巻上げ用ワイヤロープの巻過ぎを防止するための標識	巻上げ用ワイヤロープ	クレーン則106条
組立て又は解体の作業を行う区域	関係労働者以外の労働者の立入禁止	見やすい箇所	クレーン則118条
エレベーター 屋外に設置するエレベーターの昇降路塔又はガイドレールの支持塔の組立て又は解体の作業を行う区域	関係労働者以外の労働者の立入禁止	見やすい箇所	クレーン則153条
建設用リフト 巻上げ用ワイヤロープ	巻上げ用ワイヤロープの巻過ぎを防止するための標識	巻上げ用ワイヤロープ	クレーン則182条
組立て又は解体の作業を行う区域	関係労働者以外の労働者の立入禁止	見やすい箇所	クレーン則191条
ゴンドラ 作業箇所の下方	関係労働者以外の者の立入禁止	見やすい箇所	ゴンドラ則18条

該当事項		表示・掲示内容	表示・掲示場所	関係条文
有機溶剤	屋内作業場等での有機溶剤業務	「有機溶剤等使用の注意事項」 1．有機溶剤により生ずるおそれのある疾病の種類及びその症状★ 2．有機溶剤等の取扱い上の注意事項 3．有機溶剤による中毒が発生したときの応急処置 4．一定の場所にあっては、有効な呼吸用保護具を使用しなければならない旨及び使用すべき呼吸用保護具★	見やすい場所	有機則24条
	有機溶剤等の区分	有機溶剤等の区分の表示 　第一種有機溶剤等　赤及び色分け以外の方法による表示 　第二種有機溶剤　黄及び色分け以外の方法による表示 　第三種有機溶剤　青及び色分け以外の方法による表示	見やすい場所	有機則25条
鉛	屋内の作業場所での鉛業務	喫煙又は飲食の禁止	見やすい箇所に表示することその他の方法★	鉛則51条
	鉛業務に労働者を従事させるとき★	1．鉛業務を行う作業場である旨 2．鉛により生ずるおそれのある疾病の種類及びその症状 3．鉛等の取扱い上の注意事項 4．一定の場所にあっては、有効な保護具等を使用しなければならない旨及び使用すべき保護具等	見やすい箇所	鉛則51条の2
四アルキル鉛	ドラムかん等の容器	四アルキル鉛用の容器である旨	当該容器	四鉛則2条
	作業場所又はタンク、ドラムかん等がある場所	関係者以外の者の立入禁止★	見やすい箇所に表示することその他の方法★	四鉛則19条
	装置の故障その他労働者が四アルキル鉛中毒にかかるおそれがある場合	関係者以外の作業に従事する者の立入禁止（四アルキル鉛中毒にかかるおそれのないことを確認するまでの間）	見やすい箇所	四鉛則20条

該 当 事 項	表 示 ・ 掲 示 内 容	表示・掲示場所	関係条文
特定化学設備のバルブ、コック又はこれらを操作するためのスイッチ、押しボタン等	1．開閉の方向 2．色分け、形状の区分等 （色分けのみの措置では不可）	当該バルブ等	特化則15条
特定化学設備の送給原材料	送給原材料その他の物の種類、当該送給の対象となる設備その他誤送給による第三類物質等の漏洩を防止するための必要な事項	送給する者が見やすい位置★	特化則17条
管理特定化学設備、その配管及び附属設備に使用する予備動力源	バルブ、コック、スイッチ等について誤操作を防止するための色分け、形状の区分等（色分けのみの措置では不可）	当該バルブ等	特化則19条の3
特定化学物質を製造し、取り扱い、若しくは貯蔵する設備又は特定化学物質を発生させる物を入れたタンク等	作業を行う設備から特定化学物質等を確実に排出し、かつ、当該設備に接続しているすべての配管から作業箇所に特定化学物質が流入しないように閉止したバルブ、コック又は閉止板等を開放してはならない旨の表示	見やすい箇所	特化則22条
第三類物質等が漏洩し、作業に従事する者が健康障害を受けるおそれのある場合★	関係者以外の者の立入禁止（第三類物質等による健康障害を受けるおそれのないことを確認するまでの間）★	見やすい箇所に表示することその他の方法★	特化則23条
第一類物質又は第二類物質（クロロホルム等及びクロロホルム等以外のものであって別表第1条37号を除く）を製造し、又は取り扱う作業場（臭化メチル等を用いて燻蒸作業を行う作業場を除く）	1．関係者以外の者の立入禁止 2．作業場での喫煙又は飲食の禁止（臭化メチル等を用いて燻蒸作業を行う作業場も含む）	見やすい箇所に表示することその他の方法★	特化則24条特化則38条の2
特定化学設備を設置する作業場又は特定化学設備を設置する作業場以外の作業場で第三類物質等を合計100リットル以上取り扱う作業場	関係者以外の者の立入禁止	見やすい箇所に表示することその他の方法★	特化則24条
特定化学物質を運搬し、又は貯蔵する容器	1．特定化学物質の名称 2．特定化学物質の取扱い上の注意事項	容器又は包装の見やすい箇所	特化則25条

（左端縦書き：特定化学物質）

	該　当　事　項	表　示・掲　示　内　容	表示・掲示場所	関係条文
特定化学物質	特別管理物質を製造し、又は取り扱う作業場（クロム酸等を取り扱う作業場にあってはクロム酸等を鉱石から製造する事業場においてクロム酸等を取り扱う作業場に限る）	1．特別管理物質の名称 2．特別管理物質により生ずるおそれのある疾病の種類及びその症状★ 3．特別管理物質の取扱い上の注意事項 4．一定の場所にあっては、有効な保護具等を使用しなければならない旨及び使用すべき保護具等★	見やすい箇所★	特化則38条の3
	塩素化ビフエニル等を運搬、又は貯蔵のために使用した容器で塩素化ビフエニル等が付着している容器	塩素化ビフエニル等が付着している旨	容器の見やすい箇所	特化則38条の6
	エチルベンゼン塗装業務に労働者を従事させる場合	1．有機溶剤により生ずるおそれのある疾病の種類及びその症状★ 2．有機溶剤等の取扱い上の注意事項 3．有機溶剤による中毒が発生したときの応急処置 4．一定の場所にあっては、有効な呼吸用保護具を使用しなければならない旨及び使用すべき呼吸用保護具★	見やすい場所★	特化則38条の8 （準用　有機則24条）
		有機溶剤等の区分の表示 第一種有機溶剤等　赤及び色分け以外の方法による表示 第二種有機溶剤等　黄及び色分け以外の方法による表示 第三種有機溶剤等　青及び色分け以外の方法による表示	見やすい場所	特化則38条の8 （準用　有機則25条）
	臭化メチル等を用いて倉庫、コンテナー、船倉等の燻蒸中の場所	作業に従事する者の立入禁止★	見やすい箇所に表示することその他の方法★	特化則38条の14
	1・3－ブタジエン等を製造し、若しくは取り扱う設備から試料を採取し、又は当該設備の保守点検を行う作業場所	1．1・3－ブタジエン等を製造し、若しくは取り扱う設備から試料を採取し、又は当該設備の保守点検を行う作業場所である旨 2．1・3－ブタジエン等により生ずるおそれのある疾病の種類及びその症状★	見やすい箇所	特化則38条の17

該 当 事 項	表 示 ・ 掲 示 内 容	表示・掲示場所	関係条文
特定化学物質		3．1・3−ブタジエン等の取扱い上の注意事項 4．当該作業場所においては呼吸用保護具を使用する必要がある旨及び使用すべき呼吸用保護具★		
	硫酸ジエチル等を触媒として取り扱う作業場所	1．硫酸ジエチル等を触媒として取り扱う作業場所である旨 2．硫酸ジエチル等により生ずるおそれのある疾病の種類及びその症状★ 3．硫酸ジエチル等の取扱い上の注意事項 4．当該作業場所においては呼吸用保護具を使用しなければならない旨及び使用すべき呼吸用保護具★	見やすい箇所	特化則38条の18
	製造等禁止物質の容器及び保管場所	容器には製造等禁止物質の成分を、保管場所にはその旨	それぞれの見やすい箇所	特化則47条
	製造等禁止物質を製造する設備を設置する場所	製造等禁止物質の製造作業中、関係者以外の者の立入禁止	見やすい箇所	
高気圧作業	気閘室及び作業室	必要のある者以外の者の気閘室及び作業室への立入禁止	見やすい場所に掲示することその他の方法★	高圧則13条
	通話装置（高圧室内作業者及び空気圧縮機の運転を行う者と連絡員とが通話できる通話装置）	通話装置が故障した場合においても連絡できるよう定めた方法	見やすい場所	高圧則21条
	気閘室	火気又はマッチ、ライターその他発火のおそれのある物の潜函、潜鐘、圧気シールド等の内部への持ち込み禁止の旨	気閘室の外部の見やすい場所に掲示することその他の方法★	高圧則25条の2
	潜水業務を行う場合のさがり綱	水深を表示する木札又は布等	「潜水深度」、「潜水時間」の区分に応じた定められた浮上停止距離の位置（水深3メートルごとに最高水深24メートルまでを表示）	高圧則33条

	該　当　事　項	表　示　・　掲　示　内　容	表示・掲示場所	関係条文
高気圧作業	再圧室の設置場所及び操作場所	必要のある者以外の者の立入禁止	見やすい箇所に掲示することその他の方法★	高圧則43条
	再圧室	再圧室内部への危険物その他発火若しくは爆発のおそれのある物又は高温となって点火源となるおそれのある物の持込禁止	禁止する旨を再圧室の入口に掲示することその他の方法★	高圧則46条
電離放射線	管理区域 下記のいずれかに該当する区域 1．外部放射線による実効線量と空気中の放射性物質による実効線量との合計が3月間につき1.3ミリシーベルトを超えるおそれのある区域 2．放射性物質の表面密度が下記に掲げる限度の10分の1を超えるおそれのある区域 アルファ線を放出する放射性同位元素　　　4Bq／㎠ アルファ線を放出しない放射性同位元素　　40Bq／㎠	管理区域であることを標識で明示	標識で明示には、次のような方法がある。 ①区画物に標識を付す ②床上に白線、黄線、黄黒の縞模様等で明確に区画 ③①、②の方法によることが困難な場合は、要所要所にスタンド、旗等で区画	電離則3条
		①被ばく線量測定用具の装着に関する注意事項 ②放射性物質の取扱い上の注意事項 ③事故が発生した場合の応急の措置等 ④その他放射線による労働者の健康障害の防止に必要な事項	管理区域内の見やすい場所★	電離則3条
	荷電粒子を加速する装置（サイクロトロン、ベータトロンその他の荷電粒子を加速する装置）	次の事項を明記した標識 ①装置の種類 ②放射線の種類 ③最大エネルギー	装置若しくは機器又はそれらの付近の見やすい箇所	電離則14条

該 当 事 項	表 示 ・ 掲 示 内 容	表示・掲示場所	関係条文
放射性物質を装備している機器	次の事項を明記した標識 ①機器の種類 ②装備している放射性物質に含まれた放射性同位元素の種類及び数量（単位ベクレル） ③当該放射性物質を装備した年月日 ④所有者の氏名又は名称	装置若しくは機器又はそれらの付近の見やすい場所	電離則14条
放射線装置室（放射線装置を設置する専用の室）	放射線装置室であることを明記した標識	放射線装置室の入口	電離則15条
使用が許されている放射線装置の放射線装置室以外の場所（使用が許されている放射線装置は、エックス線装置（医療用のものについては、間接撮影に使用するものに限る）又は放射性物質を装備している機器で、前項の放射線装置室以外の場所とは、エックス線管焦点又は放射線源から5メートル以内の場所（1センチメートル線量当量率が0.5ミリシーベルト毎時以下の場所を除く）をいう）	作業に従事する者の立入禁止を明示した標識★	立ち入ることを禁止されている場所がわかる位置	電離則18条
放射性物質取扱作業室等（密封されていない放射性物質を取り扱う作業を行うときに必要とされている専用の作業室と当該作業に従事中の者の専用の廊下等）	放射性物質取扱作業室等であることを明記した標識	放射性物質取扱作業室等の入口	電離則22条
放射性物質取扱用具	他の用途に用いないように放射性物質取扱用具である旨（用途を明記しなくても特定のマークでも可）	鉗子、ピンセット等の放射性物質取扱用具	電離則27条
放射性物質がこぼれる等により汚染が生じたときの汚染のおそれがある区域	汚染のおそれがある区域を明示した標識	汚染のおそれがある区域を標識で明示	電離則28条

左端縦書き：電 離 放 射 線

該　当　事　項	表　示　・　掲　示　内　容	表示・掲示場所	関係条文
電　　離　　放　　射　　線 汚染除去用具	汚染除去又は清掃を行ったときは、その都度、汚染度を検査し、その用具が許されている限度を超えて汚染されている場合は、限度以下になるまで、使用禁止であること	汚染除去用具を保管する場所	電離則30条
放射性物質又は汚染物の貯蔵施設	放射性物質又は汚染物の貯蔵施設である旨を明記した標識	貯蔵施設の外側の見やすい場所	電離則33条
放射性物質取扱作業室からの排気又は排液の浄化施設（ただし放射性物質により汚染されていない場合は除く）	放射性物質取扱作業室からの排気又は排液の浄化施設である旨を明記した標識	浄化施設の外側の見やすい場所	電離則34条
放射性物質又は汚染物の焼却炉	放射性物質又は汚染物の焼却炉である旨を明記した標識	焼却炉の外側の見やすい場所	電離則35条
放射性物質又は汚染物の保管廃棄施設	放射性物質又は汚染物の保管廃棄施設である旨を明記した標識	保管廃棄施設の外側の見やすい場所	電離則36条
放射性物質を保管し、若しくは貯蔵し、又は放射性物質若しくは汚染物を運搬し、保管廃棄し、廃棄のために一時ためておくときの容器	放射性物質又は汚染物を入れるものである旨 1．放射性物質の種類及び気体、液体、固体の区別 2．放射性物質に含まれる放射性同位元素の種類及び数量	容器	電離則37条
放射性物質を吸入摂取、経口摂取するおそれのある作業場（放射性物質取扱作業室、核原料物質の掘採現場、原子炉の定期検査時における放射性物質により汚染されている作業場等）	作業場での喫煙、飲食の禁止	作業場の見やすい箇所	電離則41条の2
事故発生時	事故発生により実効線量当量が15ミリシーベルトを超えるおそれのある区域を明示した標識	事故発生の区域がわかる位置	電離則42条
外部放射線による線量当量率	放射線業務を行う作業場のうち管理区域における外部放射線による線量当量率の測定又は測定を行うことが著しく困難な場合の計算により算出した線量当量率	見やすい場所	電離則54条

	該 当 事 項	表 示 ・ 掲 示 内 容	表示・掲示場所	関係条文
除染	廃棄物収集等業務で、除去土壌又は汚染廃棄物を保管するときの容器	除去土壌又は汚染廃棄物を入れるものである旨	容器 ＊他人が識別しやすい程度の大きさとするほか、文字の色も他人が識別しやすい色とすること（平23.12.22基発1222第7号）	除染則13条3項
	除去土壌又は汚染廃棄物を保管するとき	除去土壌又は汚染廃棄物を保管していること	保管場所に標識により明示	除染則13条4項
	事故由来放射性物質を吸入摂取し、又は経口摂取するおそれのある作業場	作業場での喫煙、飲食の禁止	書面の交付、掲示（平23.12.22基発1222第7号）	除染則18条
酸欠等	酸素欠乏危険場所	酸素欠乏危険作業に従事する者以外の者の酸素欠乏危険場所への立入禁止★	見やすい箇所	酸欠則9条
	酸素欠乏等のおそれが生じた場所	特に指名した者以外の者の立入禁止	見やすい箇所に表示することその他の方法★	酸欠則14条
	通風が不十分な場所に備える、炭酸ガスを使用する消火器又は消火設備	消火設備をみだりに作動させることの禁止	見やすい箇所に表示することその他の方法★	酸欠則19条
	ボイラー、タンク、反応塔、船倉等の内部の不活性気体を送給する配管のバルブ若しくはコック又は閉止板	閉止した配管のバルブ若しくはコック又は施錠した閉止板の開放の禁止	見やすい箇所に表示することその他の方法★	酸欠則22条
	不活性気体を送給する配管のバルブ若しくはコック又はこれらを操作するためのスイッチ、押しボタン等	①配管内の不活性気体の名称 ②開閉の方向（矢印、文字等で「開」及び「閉」の方向を表示）	配管のバルブ若しくはコック又はこれらを操作するためのスイッチ、押しボタン等	酸欠則22条
	硫化水素が滞留しているおそれのある設備の改造、修理、又は清掃等を行う場合で、当該設備を分解する作業	あらかじめ排出した硫化水素が、配管から当該設備に流入しないよう確実に閉止し、施錠したバルブ、コック等の開放の禁止	見やすい箇所	酸欠則25条の2

	該　当　事　項	表　示・掲　示　内　容	表示・掲示場所	関係条文
粉じん	粉じん作業に労働者を従事させるとき★	1．粉じん作業を行う作業場である旨 2．粉じんにより生ずるおそれのある疾病の種類及びその症状 3．粉じん等の取扱い上の注意事項 4．一定の場合にあっては、有効な呼吸用保護具を使用しなければならない旨及び使用すべき呼吸用保護具　★	見やすい箇所★	粉じん則23条の2★
石綿	解体等対象建築物等の解体又は改修（封じ込め又は囲い込みを含む）の作業	1．調査終了日 2．事前調査を行った部分（分析調査を行った場合にあたっては、分析のための試料を採取した場合を含む）、及びその部分（場所を含む）における材料ごとの石綿等の使用の有無（石綿等が使用されているものとみなした場合は、その旨を含む）、及び石綿等が使用されていないと判断した材料にあっては、その判断の根拠の概要	見やすい箇所★ 調査結果の写しを工場現場に備付	施行令6条23号 石綿則3条
	次に掲げる作業を行うとき 1．解体等対象建築物等に吹き付けられている石綿等（石綿等が使用されている仕上げ用塗り材を除く）の除去、封じ込め又は囲い込みの作業（石綿等の切断等の作業を伴うものを除き、囲い込みの作業に限る） 2．解体等対象建築物等に張り付けられている石綿等が使用されている保温材、耐火被覆材等の除去、封じ込め又は囲い込みの作業（石綿等の粉じんを著しく発散するおそれがあるものに限る）（石綿含有保温材等の切断等の作業を伴うものを除き、除去又は囲い込みの作業に限る）	作業に従事する労働者以外の者（労働者に呼吸用保護具及び作業衣（保護衣）を使用させる等の措置が講じられた者を除く）の立入禁止	見やすい箇所	石綿則7条

	該 当 事 項	表 示 ・ 掲 示 内 容	表示・掲示場所	関係条文
石　綿	石綿等を運搬し、又は貯蔵するときの容器、又は包装	1．石綿等が入っていること 2．石綿等の取扱い上の注意事項	運搬・貯蔵用容器又は包装の見やすい箇所	石綿則32条
	石綿等を取り扱い（試験研究のため使用する場合を含む）、若しくは試験研究のため製造する作業場又は石綿分析用試料等を製造する作業場	作業に従事する者以外の者が立ち入ることを禁止★	見やすい箇所に表示することその他の方法★	石綿則15条、48条7号
		喫煙又は飲食の禁止	作業場の見やすい箇所	石綿則33条
		1．石綿等を取り扱い、若しくは試験研究のため製造する作業場又は石綿分析用試料等を製造する作業場である旨 2．石綿により生ずるおそれのある疾病の種類及びその症状★ 3．石綿等の取扱い上の注意事項 4．当該作業場においては保護具等を使用しなければならない旨及び使用すべき保護具等★	作業に従事する労働者が見やすい箇所	石綿則34条
	石綿等を入れる容器	容器に石綿が入っている旨の表示	見やすい箇所	石綿則48条4号
	石綿等の保管	保管場所の表示	見やすい箇所	石綿則48条5号
そ　の　他	安全衛生推進者 衛生推進者	氏名	作業場の見やすい箇所	安衛法12条の2 安衛則12条の4
	作業主任者	1．氏名 2．その者に行わせる事項	作業場の見やすい箇所	安衛法14条 安衛則18条
	電気工事を行う場合の危険な箇所	電路を開路して作業を行うときは、通電禁止に関する所要事項の表示		安衛則350条
	事故現場等があるとき	事故現場等を表示する標識を統一的に定め、それを掲示	事故現場等	安衛則640条、643条の4、678条

5 合図の必要な作業一覧

機械又は作業	該 当 項 目	合図方法	合 図 す る 者	関係条文
一般機械	機械の運転を開始する場合の運転開始の合図	一定の合図	合図する者として指名された者	安衛則104条
車両系荷役運搬機械等	誘導者を置くときの誘導の合図	一定の合図	誘導者	安衛則151条の8
車両系建設機械	誘導者を置くときの誘導の合図	一定の合図	誘導者	安衛則159条
	用途外使用の特例により荷のつり上げが認められた場合の作業	一定の合図	合図を行う者として指名された者	安衛則164条
コンクリートポンプ車	作業装置の操作を行う者とホースの先端部を保持する者との連絡	電話、電鈴等の装置又は一定の合図	装置を使用する者又は合図を行う者として指名された者	安衛則171条の2
くい打機、くい抜機、ボーリングマシン	くい打機、くい抜機、ボーリングマシンの運転	一定の合図	合図を行う者として定められた者	安衛則189条
高所作業車	作業床以外の箇所で作業床を操作するときの操作者と作業床上の労働者の連絡	一定の合図	合図を行う者として指名された者	安衛則194条の12
	平坦で堅固な場所において作業床上に労働者を乗せて走行する場合で誘導者を置くとき、誘導の合図	一定の合図	誘導者	安衛則194条の20
軌道装置	軌道装置の運転	運転に関する合図方法	合図方法に基づき運転者が運転（合図方法は関係労働者にも周知）	安衛則220条
発破	導火線発破の点火及び退避の合図	点火、退避の合図	作業指揮者	安衛則319条
	電気発破の点火の合図	点火の合図	作業指揮者	安衛則320条
コンクリート破砕器	コンクリート破砕器の点火の合図	点火の合図	コンクリート破砕器作業主任者	安衛則321条の4

区　分	該　当　項　目	合図方法	合　図　す　る　者	関係条文
揚貨装置	揚貨装置の運転	一定の合図	合図する者として指名された者（揚貨装置ごとに指名）	安衛則467条
伐木	伐倒	一定の合図	伐倒の作業に従事する労働者	安衛則479条
コンクリート造の工作物の解体等	コンクリート造の工作物の外壁、柱等の引倒し等	一定の合図	当該引倒し等の作業に従事する労働者	安衛則517条の16
クレーン	クレーンの運転	統一的な合図	合図を行う者として指名された者	クレーン則25条（安衛則639条）
天井クレーン、橋形クレーン	天井クレーン、橋形クレーン又は当該クレーン等に近接する建物、機械、設備等の点検、補修、塗装等の作業を行う場合で、作業指揮者を定めた場合	点検等の作業者とクレーンを運転する者の間の連絡及び合図の方法	点検等の作業を指揮する者	クレーン則30条の2
移動式クレーン	移動式クレーンの運転	統一的な合図	合図を行う者として指名された者	クレーン則71条（安衛則639条）
デリック	デリックの運転	統一的な合図	合図を行う者として指名された者	クレーン則111条（安衛則639条）
建設用リフト	建設用リフトの運転	統一的な合図	合図を行う者として指名された者	クレーン則185条（安衛則639条）
簡易リフト	簡易リフトの運転	統一的な合図	簡易リフトを用いる作業に従事する労働者	クレーン則206条（安衛則639条）
ゴンドラ	ゴンドラの操作	統一的な合図	合図を行う者として指名された者	ゴンドラ則16条

6　立入禁止が必要な場所一覧

立　入　禁　止　場　所		立入禁止対象者	関係条文
木材加工	自動送材車式帯のこ盤の送材車と歯との間	全労働者	安衛則128条
荷役作業	運転中の車両系荷役運搬機械等又はその荷に接触することにより、労働者に危険が生ずるおそれのある箇所（ただし、誘導者を配置し、その者に当該車両系建設機械等を誘導させる場合は除く）	運転者以外の全労働者	安衛則151条の7
	車両系荷役機械等のフォーク、ショベル、アーム等又はこれらにより支持されている荷の下	全労働者	安衛則151条の9
	一つの荷でその重量が100キログラム以上のものを構内運搬車、貨物自動車又は貨車に積む作業又はこれらのものから降ろす作業（シートの掛け・外し、ロープの掛け・解き作業を含む）を行う箇所	関係労働者以外の労働者	安衛則151条の62、70及び420条
	はい付け又ははい崩し作業が行われている箇所で、はいの崩壊又は荷の落下による危険のおそれのあるところ	関係労働者以外の労働者	安衛則433条
	港湾荷役作業において、ハッチボードの開閉又はハッチビームの取付け若しくは取外しの作業が行われている場所の下方	全労働者	安衛則453条
	港湾荷役作業において、揚貨装置のブームの起伏の作業が行われている場合で当該ブームが倒れることによる危険のおそれのあるところ	全労働者	安衛則453条
	港湾荷役作業において、揚貨装置等を用いて、巻出索又は引込索により荷を引いている場合で、当該索の内角側で、当該索又はみぞ車が脱落することにより危険のおそれのある箇所	全労働者	安衛則461条
建設作業	運転中の車両系建設機械に接触することにより、労働者に危険が生ずるおそれのある箇所（ただし、誘導者を配置し、その者に当該車両系建設機械等を誘導させる場合は除く）	運転者以外の全労働者	安衛則158条
	車両系建設機械で、用途外使用の特例により荷のつり上げを認められた作業で、つり上げた荷との接触又はつり上げた荷の落下により労働者に危険が生ずるおそれのある箇所	全労働者	安衛則164条
	コンクリートポンプ車を用いて作業を行う場合で、コンクリート等の吹出しにより労働者に危険が生ずるおそれのある箇所	全労働者	安衛則171条の2
	解体用機械を用いて作業を行う場合において、物体の飛来等により労働者に危険が生ずるおそれのある箇所	運転者以外の労働者	安衛則171条の6

立 入 禁 止 場 所	立入禁止対象者	関係条文
運転中のくい打機、くい抜機若しくはボーリングマシンの巻上げ用ワイヤロープの屈曲部の内側	全労働者	安衛則187条
建設工事でジャッキ式つり上げ機械を用いて荷のつり上げ、つり下げ作業を行う区域内	関係労働者以外の労働者	安衛則194条の6
建設中のずい道等の内部に設けた軌道装置の運行中の車両の進行方向上	全労働者	安衛則205条
型わく支保工の組立て又は解体の作業を行う区域	関係労働者以外の労働者	安衛則245条
明り掘削の作業を行う場所（地山の崩壊又は土石の落下により労働者に危険を及ぼすおそれのある場所で、他の危険防止の措置を講じないとき）	全労働者	安衛則361条
土止め支保工の切りばり又は腹おこしの取付け又は取外しの作業を行う箇所	関係労働者以外の労働者	安衛則372条
ずい道等の建設作業で、浮石落しが行われている箇所又は当該箇所の下方で、浮石が落下することにより危険のおそれのある箇所	関係労働者以外の労働者	安衛則386条
ずい道等の建設作業で、ずい道支保工の補強作業又は補修作業が行われている箇所で、落盤、肌落ちによる危険のおそれのある箇所		
ずい道等の建設の作業を行う場合で、内部における可燃性ガスの濃度が爆発下限界の値の30パーセント以上であることを認めたとき、通風、換気等により30パーセント未満であることを確認するまでの間の当該ずい道等の内部	関係労働者以外の労働者	安衛則389条の8
建築物等の鉄骨（高さが5メートル以上）の組立て、解体又は変更の作業を行う区域内	関係労働者以外の労働者	安衛則517条の3
鋼橋（高さが5メートル以上又は上部構造の橋梁の支間の距離が30メートル以上である部分に係るもの）の架設、解体、変更の作業を行う区域内	関係労働者以外の労働者	安衛則517条の7
軒の高さが5メートル以上の木造建築物の構造部材の組立て又は屋根下地、外壁下地の取付けの作業を行う区域内	関係労働者以外の労働者	安衛則517条の11
コンクリート橋（高さが5メートル以上又は上部構造の橋梁の支間の距離が30メートル以上である部分に係るもの）の架設又は変更の作業を行う区域内	関係労働者以外の労働者	安衛則517条の21
墜落による危険のおそれのある箇所	関係労働者以外の労働者	安衛則530条

※ 左端の縦書き見出し：建設作業

立　入　禁　止　場　所		立入禁止対象者	関係条文
建設作業	作業のため物体が落下することにより、労働者に危険を及ぼすおそれのある区域	全労働者	安衛則537条
	つり足場、張出し足場又は高さが2メートル以上の構造の足場の組立て、解体又は変更の作業を行う区域内	関係労働者以外の労働者	安衛則564条
	作業構台の組立て、解体又は変更の作業を行う区域内	関係労働者以外の労働者	安衛則575条の7
爆発・火災	化学設備から危険物等が大量に流出した場合等、爆発・火災等による労働災害発生の急迫した危険のある場合で、そのおそれがないことを確認するまでの間の当該作業場	関係者以外の労働者	安衛則274条の2
	火災又は爆発の危険がある場所のうち特に危険な場所	必要でない者	安衛則288条
	アセチレン溶接装置の発生器室	係員以外の者	安衛則312条
	ガス集合溶接装置のガス装置室	係員以外の者	安衛則313条
電気	配電盤室、変電室等区画された場所で、電気取扱者（安衛則36条4号の業務に就いている者）以外の者の立入を禁止したところ	電気取扱者以外の者	安衛則329条
採石作業	岩石の採取のための掘削作業が行われている箇所の下方で土石の落下による危険のおそれのあるところ	全労働者	安衛則411条
	採石作業において、運転中の運搬機械等及び小割機械に接触することによる危険のおそれのある箇所	全労働者	安衛則415条
伐木作業等	造林、伐木等の作業を行っている場所の下方で、伐倒木等が転落又は滑べることによる危険のおそれのあるところ	全労働者	安衛則481条1項
	伐倒しようとする立木を中心として、当該立木の高さの2倍に相当する距離を半径とする円形の内側	他の労働者	同2項
	かかり木の処理の作業を行う場合、かかり木が激突することにより労働者に危険が生ずるおそれのあるところ	当該作業従事者以外の労働者	同3項
温度	多量の高熱物体を取り扱う場所又は著しく暑熱な場所	関係者以外の者	安衛則585条
	多量の低温物体を取り扱う場所又は著しく寒冷な場所		
光・音	有害な光線又は超音波にさらされる場所	関係者以外の者	安衛則585条

立　入　禁　止　場　所		立入禁止対象者	関係条文
有害物	炭酸ガス濃度が1.5パーセントを超える場所、酸素濃度が18パーセントに満たない場所又は硫化水素濃度が100万分の10を超える場所	関係者以外の者	安衛則585条
	ガス、蒸気又は粉じんを発散する有害な場所		
	有害物を取り扱う場所		
	病原体による汚染のおそれの著しい場所		
炉	加熱された炉の修理に際しては、適当に冷却していない当該場所	当該炉の修理に係る作業に従事する者★	安衛則609条
機械	ボイラー室その他のボイラー設置場所	関係者以外の者	ボイラー則29条
ク　レ　ー　ン　等	ケーブルクレーンの巻上げ用ワイヤロープ若しくは横行用ワイヤロープの内角側で、シーブ若しくはその取付具が飛来することによる危険のおそれのある箇所	全労働者	クレーン則28条
	クレーンに係る作業で次のいずれかに該当する場合のつり荷（⑥にあってはつり具を含む）の下の区域 ①ハッカーを用いて玉掛けをした荷がつり上げられている場合 ②つりクランプ1個を用いて玉掛けをした荷がつり上げられている場合 ③ワイヤロープ、つりチェーン、繊維ロープ又は繊維ベルトを用いて1点づりにより玉掛けをする場合（当該荷に設けられた穴又はアイボルトにワイヤロープ等を通して玉掛けをしている場合を除く） ④複数の荷を一度につり上げる場合で、当該複数の荷が結束され、箱に入れられる等により固定されていないとき ⑤マグネット、バキューム等磁力又は陰圧により吸着させるつり具又は玉掛け用具を用いて玉掛けをした荷がつり上げられている場合 ⑥動力下降以外の方法により荷又はつり具を下降させる場合	全労働者	クレーン則29条
	クレーンの組立て又は解体の作業を行う区域	関係労働者以外の労働者	クレーン則33条
	移動式クレーンの上部旋回体と接触することにより労働者に危険が生ずるおそれのある箇所	全労働者	クレーン則74条

立　入　禁　止　場　所		立入禁止対象者	関係条文
ク レ ー ン 等	移動式クレーンに係る作業で次のいずれかに該当する場合のつり荷（⑥にあってはつり具を含む）の下の区域 ①ハッカーを用いて玉掛けをした荷がつり上げられているとき ②つりクランプ１個を用いて玉掛けをした荷がつり上げられているとき ③ワイヤロープ等を用いて１箇所に玉掛けをした荷がつり上げられているとき（当該荷に設けられた穴又はアイボルトにワイヤロープ等を通して玉掛けをしている場合を除く） ④複数の荷が一度につり上げられている場合であって、当該複数の荷が結束され、箱に入れられる等により固定されていないとき ⑤磁力又は陰圧により吸着させるつり具又は玉掛け用具を用いて玉掛けをした荷がつり上げられているとき ⑥動力下降以外の方法により荷又はつり具を下降させるとき	全労働者	クレーン則74条の2
	移動式クレーンのジブの組立て又は解体の作業を行う区域	関係労働者以外の労働者	クレーン則75条の2
デ リ ッ ク	デリックの巻上げ用ワイヤロープ若しくは起伏用ワイヤロープの内角側で、ワイヤロープ又はシーブ等が飛来することによる危険のある箇所	全労働者	クレーン則114条
	デリックに係る作業で次のいずれかに該当する場合のつり荷（⑥にあってはつり具を含む）の下の区域 ①ハッカーを用いて玉掛けをした荷がつり上げられているとき ②つりクランプ１個を用いて玉掛けをした荷がつり上げられているとき ③ワイヤロープ等を用いて１箇所に玉掛けをした荷がつり上げられているとき（当該荷に設けられた穴又はアイボルトにワイヤロープ等を通して玉掛けをしている場合を除く） ④複数の荷が一度につり上げられている場合であって、当該複数の荷が結束され、箱に入れられる等により固定されていないとき ⑤磁力又は陰圧により吸着させるつり具又は玉掛け用具を用いて玉掛けをした荷がつり上げられているとき ⑥動力下降以外の方法により荷又はつり具を下降させるとき	全労働者	クレーン則115条
	デリックの組立て又は解体の作業を行う区域	関係労働者以外の労働者	クレーン則118条

立 入 禁 止 場 所	立入禁止対象者	関係条文
エレベーター　屋外に設置するエレベーターの昇降路塔又はガイドレール支持塔の組立て又は解体の作業を行う区域	関係労働者以外の労働者	クレーン則153条
建設用リフト　建設用リフトの搬器の昇降による危険のおそれのある箇所	全労働者	クレーン則187条
建設用リフトの巻上げ用ワイヤロープの内角側で、ワイヤロープ又はシーブ等が飛来することによる危険のおそれのある箇所	全労働者	クレーン則187条
建設用リフトの組立て又は解体の作業を行う区域	関係労働者以外の労働者	クレーン則191条
ゴンドラ　ゴンドラを使用して作業を行っている箇所の下方	関係労働者以外の者	ゴンドラ則18条
有機溶剤　タンク等の内部で有機溶剤の換気装置が故障する事故、あるいは有機溶剤等による汚染のため作業を中止した場合、有機溶剤等による汚染が除去されるまでの当該事故現場	作業に従事する者★	有機則27条
有機溶剤等の屋内貯蔵場所	当該屋内で作業に従事する者のうち貯蔵に関係する者以外の者★	有機則35条
四アルキル鉛　四アルキル鉛等業務を行う作業場所又は四アルキル鉛を入れたタンク、ドラム缶等がある場所	関係者以外の者★	四鉛則19条
四アルキル鉛等の製造装置若しくは換気装置の故障、四アルキル鉛等が漏れ、又はこぼれた場合、あるいは作業場所等が四アルキル鉛又はその蒸気により著しく汚染される事態が生じた場合、労働者が四アルキル鉛中毒にかかるおそれのないことを確認するまでの当該作業場所	関係者以外の作業に従事する者★	四鉛則20条
特定化学物質　第三類物質等が漏えいし、作業に従事する者を作業場等から退避させた場合、第三類物質等により健康障害を受けるおそれのないことを確認するまでの当該作業場所★	関係者以外の者	特化則23条
第一類物質又は第二類物質（クロロホルム等及びクロロホルム等以外のものであって別表第1条37号に掲げる物を除く）を製造し、又は取扱う作業場（臭化メチル等を用いて燻蒸作業を行う作業場を除く）	関係者以外の者	特化則24条
特定化学設備を設置する作業場又は特定化学設備を設置する作業場以外の作業場で第三類物質等を合計100リットル以上取扱うもの		
特定化学物質の屋内貯蔵場所	特別有機溶剤を貯蔵している屋内で作業に従事する者のうち貯蔵に関係する者以外の者★	特化則25条

立　入　禁　止　場　所	立入禁止対象者	関係条文
臭化メチル等を用いて倉庫、コンテナー、船倉等の燻蒸中の場所（燻蒸の効果を確認する場合で、監視人を置き、労働者に空気呼吸器等を着用させ、当該確認を行う者（労働者を除く）が送気マスク、空気呼吸機等の使用していることを確認したときは、当該労働者及び確認を行う者を立ち入らせることができる。）★	作業に従事する者★	特化則38条の14
臭化メチル等を用いて行う倉庫燻蒸作業で、倉庫の一部を燻蒸するときの当該倉庫の内部	倉庫内で作業に従事する者のうち、燻蒸に関係する者以外の者★	
臭化メチル等を用いて行うサイロ燻蒸作業で、燻蒸したサイロで労働者が臭化メチル等により汚染されるおそれのないことが確認されるまでの間の当該場所	作業に従事する者★	
臭化メチル等を用いて行う倉庫燻蒸作業で、燻蒸した場所に扉等を開放した後初めて作業に従事する者を立ち入らせる場合又は一部を燻蒸中の倉庫内に燻蒸が行われていない場所に作業に従事する者を立ち入らせる場合において、規定による測定を行った結果、シアン化水素、臭化メチルの空気中の濃度が法定の値を超えるときの当該場所★	作業に従事する者★	
臭化メチル等を用いて行う本船燻蒸作業で、燻蒸した船倉に又は当該燻蒸した船倉に隣接する居住室等にビニルシート等を外した後初めて作業に従事する者を立ち入らせる場合又は燻蒸中の船倉に隣接する居住室等に作業に従事する者を立ち入らせる場合において、規定による測定を行った結果、シアン化水素、臭化メチルの空気中の濃度が法定の値を超えるときの当該場所★	作業に従事する者★	
製造等禁止物質を製造する設備を設置する場所	関係者以外の者	特化則47条
気こう室及び作業室	必要のある者以外の者	高圧則13条
送気設備の故障、出水その他の事故があった場合、高圧室内作業者に危険又は健康障害が生ずるおそれのないことを確認するまでの間の潜函、潜鐘、圧気シールド等の内部	特に指名した者以外の者	高圧則23条
作業室内を排気して潜函を沈下させるとき、高圧室内作業者に危険又は健康障害が生ずるおそれのないことを確認するまでの間の潜函の内部	特に指名した者以外の者	高圧則24条
作業室内で発破を行ったとき、作業室内の空気が発破前の状態に復するまでの間の当該作業室	高圧室内業務従事者★	高圧則25条
再圧室を設置した場所及び当該再圧室を操作する場所	必要のある者以外の者	高圧則43条

（特定化学物質）（高気圧）

立 入 禁 止 場 所		立入禁止対象者	関係条文
電離放射線	管理区域	必要のある者以外の者	電離則3条
	放射線装置室	必要のある者以外の者	電離則15条
	電離則15条1項ただし書きの規定による工業用エックス線装置又は放射性物質を装備している機器を放射線装置室以外の場所で使用するときで、そのエックス線管の焦点又は放射線源及び被照射体から5メートル以内の場所（外部放射線による実効線量が1週間につき1ミリシーベルト以下の場所を除く）	作業に従事する者（ただし放射性物質を装備している機器の線源容器内に放射線源が確実に収納され、かつ、シャッターを有する線源容器内にあっては当該シャッターが閉鎖されている場合の、線源容器から放射線源を取り出すための準備作業、線源容器の点検作業その他必要な作業を行う場合は除く）★	電離則18条
	撮影に使用する医療用のエックス線装置を放射線装置室以外の場所で使用するときで、そのエックス線管の焦点又は放射線源及び被照射体から2メートル以内の場所（外部放射線による実効線量が1週間につき1ミリシーベルト以下の場所を除く）	作業に従事する者（ただし放射性物質を装備している機器の線源容器内に放射線源が確実に収納され、かつ、シャッターを有する線源容器内にあっては当該シャッターが閉鎖されている場合の、線源容器から放射線源を取り出すための準備作業、線源容器の点検作業その他必要な作業を行う場合は除く）★	電離則18条2項
	放射性物質取扱作業室	必要のある者以外の者	電離則22条
	貯蔵施設	必要のある者以外の者	電離則33条
	保管廃棄施設	必要のある者以外の者	電離則36条
	事故発生により実効線量当量が15ミリシーベルトを超えるおそれのある区域	作業に従事する者（ただし、緊急作業に従事する者は除く）★	電離則42条

立　　入　　禁　　止　　場　　所		立入禁止対象者	関係条文
除染等作業	除染等作業を行う箇所	関係者以外の者	除染則9条（注）除染等作業指揮者の職務として規定
	除去土壌又は汚染廃棄物を保管する場所	関係者以外の者	除染則13条4項
酸素欠乏危険場所	酸素欠乏危険場所又はこれに隣接する場所	酸素欠乏危険作業に従事する者以外の者　★	酸欠則9条
	酸素欠乏危険作業で、酸素欠乏等のおそれが生じ退避させた場合で、酸素欠乏等のおそれがないことを確認するまでの間の当該場所★	特に指名したもの以外の者	酸欠則14条
	酸素欠乏危険場所として指定されている地層が存在する箇所又はこれに隣接する箇所で圧気工法による作業を行うときで、酸欠空気が漏出している場所	全労働者	酸欠則24条
石綿除去作業	次に掲げる作業の作業場所 1．解体等対象建築物等に吹き付けられている石綿等（石綿等が使用されている仕上げ用塗り材を除く）の除去、封じ込め又は囲い込みの作業（石綿等の切断等の作業を伴うものを除き、囲い込みの作業に限る） 2．解体等対象建築物等に張り付けられている石綿等が使用されている保温材、耐火被覆材等の除去、封じ込め又は囲い込みの作業（石綿等の粉じんを著しく発散するおそれがあるものに限る）（石綿含有保温材等の切断等の作業を伴うものを除き、除去又は囲い込みの作業に限る）	作業に従事する労働者以外の者（労働者に呼吸用保護具及び作業衣（保護衣）を使用させる等の措置が講じられた者を除く）	石綿則7条
石綿製造等作業	石綿等を取り扱い（試験研究のため使用する場合を含む）、若しくは試験研究のため製造する作業場又は石綿分析用試料等を製造する作業場	作業に従事する者以外の者★	石綿則15条

悪天候時及び地震後の作業規制一覧

天候	作業の措置・規制等		関係条文
強風 （10分間の平均風速が毎秒10メートル以上の風） 大雨 （1回の降雨量が50ミリメートル以上の降雨） 大雪 （1回の降雪量が25センチメートル以上の降雪）	事後の点検等	明り掘削における作業箇所及び周辺の地山の点検（大雨の場合）	安衛則358条
		土止め支保工の点検（大雨等の場合）	安衛則373条
		足場の各部分の状態の点検	安衛則567条、655条
		作業構台の点検	安衛則575条の8、655条の2
		ジブクレーンのジブの位置の固定等（強風の場合）	クレーン則31条の3
		移動式クレーンのジブの位置の固定等（強風の場合）	クレーン則74条の4
		ゴンドラの取付け部の状態、制御装置の機能、ワイヤロープ	ゴンドラ則22条
		採石作業の作業箇所及び地山の状態の変化の点検（大雨の場合）	安衛則401条
	作業の中止等	解体用機械を用いて工作物（5メートル以上のコンクリート造の工作物を除く）の解体若しくは破壊又はコンクリート、岩石等の破砕の作業の中止	安衛則171条の6
		建設工事でジャッキ式つり上げ機械を用いて荷のつり上げ、つり下げ作業の実施について危険が予想されるとき	安衛則194条の6
		型わく支保工の組立て又は解体の作業の禁止	安衛則245条
		造林等の作業の禁止	安衛則483条
		鉄骨の組立て、解体又は変更の作業の中止	安衛則517条の3
		鋼橋の架設、解体、変更の作業の中止	安衛則517条の7
		木造建築物の構造部材の組立て又はこれに伴う屋根下地若しくは外壁下地の取付けの作業の中止	安衛則517条の11
		コンクリート造の工作物の解体又は破壊の作業の中止	安衛則517条の15
		コンクリート橋の架設又は変更の作業の中止	安衛則517条の21
		高さ2メートル以上の箇所での作業の禁止	安衛則522条

天　候		作　業　の　措　置　・　規　制　等	関係条文
強　風 （10分間の平均風速が毎秒10メートル以上の風） 大　雨 （1回の降雨量が50ミリメートル以上の降雨） 大　雪 （1回の降雪量が25センチメートル以上の降雪）	作業の中止等	つり足場、張出し足場又は高さが5メートル以上の構造の足場の組立て、解体又は変更の作業の中止	安衛則564条
		作業構台の組立て、解体又は変更の作業の中止	安衛則575条の7
		クレーン作業の中止（強風の場合）	クレーン則31条の2
		クレーンの組立て又は解体の作業の禁止	クレーン則33条
		移動式クレーン作業の中止（強風の場合）	クレーン則74条の3
		移動式クレーンのジブの組立て又は解体の作業の禁止	クレーン則75条の2
		デリックに係る作業の中止（強風の場合）	クレーン則116条の2
		デリックの組立て又は解体の作業の禁止	クレーン則118条
		屋外に設置するエレベーターの昇降路塔又はガイドレールの支持塔の組立て又は解体の作業の禁止	クレーン則153条
		建設用リフトの組立て又は解体の作業の禁止	クレーン則191条
		ゴンドラを使用する作業の禁止	ゴンドラ則19条
暴　風 （瞬間風速が毎秒30メートルを超える風）	事後の点検等	屋外に設置されているクレーンの各部分の異常の有無の点検	クレーン則37条
		屋外に設置されているデリックの各部分の異常の有無の点検	クレーン則122条
		屋外に設置されているエレベーターの各部分の異常の有無の点検	クレーン則156条
		建設用リフト（地下に設置されているものを除く）の各部分の異常の有無の点検	クレーン則194条
	防止措置	屋外に設置されている走行クレーンの逸走防止の装置	クレーン則31条
		屋外に設置されているデリックの破損防止の措置	クレーン則116条
		屋外に設置されているエレベーターの倒壊防止の措置（瞬間風速毎秒35メートルを超える場合）	クレーン則152条
		建設用リフト（地下に設置されているものを除く）の倒壊防止の措置（瞬間風速毎秒35メートルを超える場合）	クレーン則189条

天　　候		作　業　の　措　置　・　規　制　等	関係条文
中震以上の地震 （震度４以上の地震）	事後の点検等	明り掘削作業の作業箇所及び周辺の地山の状態の変化の点検	安衛則358条
		土止め支保工の点検	安衛則373条
		ずい道等の建設の作業における内部の地山の点検	安衛則382条
		ずい道等の建設の作業における可燃性ガスの濃度測定	安衛則382条の２
		ずい道支保工の点検	安衛則396条
		採石作業の地山の点検	安衛則401条
		足場の各部分の状態等の点検	安衛則567条、655条
		作業構台の点検	安衛則575条の８、655条の２
		クレーンの各部分の異常の有無の点検	クレーン則37条
		デリックの各部分の異常の有無の点検	クレーン則122条
		エレベーターの各部分の構造及び機能の点検	クレーン則156条
		建設用リフトの各部分の異常の有無の点検	クレーン則194条

8　組立図の必要な作業一覧

組立図の必要な作業	組　立　図　の　条　件	関係条文
型枠支保工の組立て	支柱、はり、つなぎ、筋かい等の部材の配置、接合の方法及び寸法が示されているものでなければならないこと 1．支柱、はり又ははりの支持物（支柱等）が組み合わされた構造のものでないときは、設計荷重（型枠支保工が支える物の重量に相当する荷重に、型枠１平方メートルにつき150キログラム以上の荷重を加えた荷重）により当該支柱等に生ずる応力の値が当該支柱等の材料の許容応力の値を超えないこと 2．支柱等が組み合わされた構造のものであるときは、設計荷重が当該支柱を製造した者の指定する最大使用荷重を超えないこと 3．鋼管枠を支柱として用いるものであるときは、当該型枠支保工の上端に、設計荷重の100分の2.5（鋼管枠以外のものを支柱として用いる場合は設計荷重の100分の5）に相当する水平方向の荷重が作用しても安全な構造のものとすること	安衛則240条
土止め支保工の組立て	矢板、くい、背板、腹おこし、切りばり等の部材の配置、寸法及び材質並びに取付けの時期及び順序が示されているものでなければならないこと	安衛則370条
作業構台の組立て	支柱、作業床、はり、大引き等の部材の配置及び寸法が示されているものでなければならないこと	安衛則575条の5
クレーンの組立て	次の事項が図示されていれば足りる 1．クレーンの外観及び主要寸法 2．クレーン則別表の下欄に掲げる構造部分の概要（全体の形状及び寸法、構成部材の種類、材質、寸法及び継手の方式並びに控えの形状及び寸法がわかる程度） 3．つり上げ装置、走行装置、旋回装置等の概要（ドラムの形状及び寸法、シーブの形状及び寸法、動力伝導装置の主要寸法等がわかる程度） 4．安全装置及びブレーキの型式並びに配置 5．原動機の配置 6．つり具の形状及び寸法 7．運転室又は運転台の位置	クレーン則3条、5条
移動式クレーンの組立て	次の事項が図示されていれば足りる 1．移動式クレーンの外観及び主要寸法 2．クレーン則別表の下欄に掲げる構造部分の概要（全体の形状及び寸法、構成部材の種類、材質、寸法及び継手の方式がわかる程度） 3．～6．上記「クレーンの組立て」に同じ 7．運転する位置 8．台車又は台船の外観及び主要寸法	クレーン則53条、57条

組立図の必要な作業	組　立　図　の　条　件	関係条文
デリックの組立て	次の事項が図示されていれば足りる 1．デリックの外観及び主要寸法 2．クレーン則別表の下欄に掲げる構造部分の概要（全体の形状及び寸法、構成部材の種類、材質、寸法及び継手の方式並びに控えの形状及び寸法がわかる程度） 3．つり上げ装置、ブームの起状装置及び旋回装置の概要（ドラムの形状及び寸法並びにウインチの主要寸法がわかる程度） 4．～7．クレーンの組立てに同じ	クレーン則94条、96条
エレベーターの組立て	次の事項が図示されていれば足りる 1．昇降路、支持はり及び搬器の概要（材質、主要寸法及びガイドレールの取付けの方法がわかる程度） 2．昇降装置の概要シーブ又はドラムの形状及び寸法がわかる程度） 3．安全装置及びブレーキの型式並びに配置 4．原動機の位置 5．屋外に設置するエレベーターにあっては、構造部分の概要（全体の形状及び寸法、構成部材の種類、材質、寸法及び継手の方式並びに控えの形状及び寸法がわかる程度）	クレーン則138条、140条
建設用リフトの組立て	次の事項が図示されていれば足りる 1．建設用リフトの外観及び主要寸法 2．構造部分の概要（全体の形状及び寸法,構成部材の種類,材質、寸法及び継手の方式並びに控えの形状及び寸法がわかる程度） 3．ウインチの概要（ドラムの形状及び寸法がわかる程度） 4．安全装置及びブレーキの型式並びに配置 5．原動機の位置	クレーン則172条、174条
ゴンドラの組立て	次に掲げる事項が図示されることが必要であること 1．ゴンドラの外観及び主要寸法 2．構造部分の概要 3．昇降装置、走行装置等の概要 4．安全装置及びブレーキの型式及び配置 5．作業床の形状及び主要寸法	ゴンドラ則2条、4条、10条
ずい道支保工の組立て（標準図）	ずい道支保工の部材の配置、寸法、材質が示されているものでなければならないこと（一般的には次に掲げるような事項が記載されている必要がある） 1．主材を構成する一組の部材の配置、寸法及び材質 2．建込み間隔 3．皿板、底板等の寸法及び材質並びにそれらを利用する箇所 4．矢板、矢木等の標準的な配置、寸法及び材質 5．やらずを設ける箇所 6．主材を構成する部材相互の接続部の構造 7．鋼アーチ支保工にあっては、主材に作用させるくさびの位置並びに主材相互を連結するつなぎボルト及びつなぎばり、筋かい等の配置、寸法及び材質 8．木製支柱式支保工にあっては,けたの標準的な配置,寸法及び材質	安衛則392条

9 監視人の配置が必要な作業一覧

区　分	監 視 人 の 配 置 が 必 要 な 作 業	監 視 人 の 職 務 内 容	関係条文
ずい道等の内部に軌道装置を設けたときの作業	建設中のずい道等の内部に軌道装置を設けたとき、当該車両と側壁又は障害物との間隔を0.6メートル以上とすることが困難な場合での作業（明確に識別できる回避所を適当な間隔で設けられた場合、信号装置が設置された場合は除く）	運行中の車両の進行方向上に労働者を立ち入らせないための監視	安衛則205条
特殊化学設備の運転	特殊化学設備（製造し、又は取り扱う危険物等の量が厚生労働大臣が定める基準に満たないものは除く）の運転作業（その内部における異常な事態を早期に把握するため必要な自動警報装置を設けることが困難な場合に限る）	当該特殊化学設備の運転中に、その内部における異常な事態を早期に把握するための監視	安衛則273条の3
化学設備等	化学設備又はその附属設備の改造、修理、清掃等を行う場合において、これらの設備を分解する作業、又はこれらの設備の内部での作業 （作業箇所に危険物等が漏えいし、又は高温の水蒸気等が逸出しないように、バルブ若しくはコックを二重に閉止し、又はバルブ若しくはコックを閉止するとともに閉止板等を施す場合。但し、バルブ、コック又は閉止板等に施錠し、これらを開放してはならない旨を表示する場合は除く）	閉止したバルブ、コック等を開放しないように監視	安衛則275条
停電作業等	電路を開路して、当該電路又はその支持物の敷設、点検、修理、塗装等の電気工事の作業。 当該電路に近接する電路若しくはその支持物の敷設、点検、修理、塗装等の電気工事の作業又は当該電路に近接する工作物の建設、解体、点検、修理、塗装等の作業。 （開路に用いた開閉器に、作業中、施錠し、若しくは通電禁止に関する所要事項を表示した場合は除く）	（開路が保持されるよう監視）	安衛則339条
特別高圧活線近接作業	電路又はその支持物（特別高圧の充電電路の支持がいしを除く）の点検、修理、塗装、清掃等の電気工事の作業を行う場合において、当該作業に従事する労働者が特別高圧の充電電路に接近することにより感電の危険が生ずるおそれのあるとき（当該充電電路に対する接近限界距離を保つ見やすい箇所に標識等を設ける場合は除く）	労働者が充電電路に対する接近限界距離を保って作業していることを監視	安衛則345条

区　分	監 視 人 の 配 置 が 必 要 な 作 業	監 視 人 の 職 務 内 容	関係条文
充電電路に近接する場所での工作物の建設等	架空電線又は電気機械器具の充電電路に近接する場所で、工作物の建設、解体、点検、修理、塗装等の作業若しくはこれらに附帯する作業又はくい打機、くい抜機、移動式クレーン等を使用する作業（当該充電電路を移設すること、感電の危険を防止するための囲いを設けること及び当該充電電路に絶縁用防護具を装着することの措置を講ずることができない場合に限る）	労働者が作業中又は通行の際に、当該充電電路に身体等が接触し、又は接近することにより感電の危険が生ずることがないように作業を監視	安衛則349条
採石作業における運搬機械等の運行	採石作業での運搬機械等及び小割機械の運行の経路について補修その他経路を有効に保持するための作業（作業中である旨の掲示をした場合は除く）	（労働者の危険を防止するための監視）	安衛則413条
	採石作業での運搬機械等及び小割機械の運行の経路上での岩石の小割又は加工の作業（この作業は本来禁止。やむを得ない場合で、作業中である旨の掲示をする等運搬機械等及び小割機械に接触することによる労働者の危険を防止するための措置を講じた上で、監視人をおくこと）	（労働者の危険を防止するための監視）	安衛則414条
高所からの物体の投下	３メートル以上の高所から物体を投下する作業（適当な投下設備を設ける等労働者の危険を防止するための措置を講じること）	（労働者の危険を防止するための監視）	安衛則536条
通路と交わる軌道	通路と交わる軌道で車両を使用する作業（警鈴を鳴らす等適当な措置を講じた場合は除く）	（労働者の危険を防止するための監視）	安衛則550条
軌道内等の作業	軌道上又は軌道に接近した場所で作業（労働者と当該軌道を運行する車両とが接触する危険を防止するため、監視装置を設置した場合は除く）	（労働者の危険を防止するための監視）	安衛則554条
土石流危険河川での建設工事	土石流危険河川での建設工事の作業（降雨があったことにより土石流が発生するおそれのあるときに限る。ただし、速やかに作業を中止し、労働者を安全な場所に退避させた場合は除く）	土石流の発生を早期に把握するための監視	安衛則575条の12
並置クレーンの修理等の作業	同一のランウエイに並置されている走行クレーンの修理、調整、点検等の作業、又はランウエイの上その他走行クレーンが労働者に接触することにより労働者に危険が生じるおそれのある箇所においての作業	走行クレーンと走行クレーンが衝突し、又は走行クレーンが労働者に接触することによる労働者の危険を防止するための監視	クレーン則30条

区　分	監視人の配置が必要な作業	監視人の職務内容	関係条文
管理特定化学設備	管理特定化学設備（製造し、又は取り扱う第3類物質等の量が合計100リットル以上のものに限る）に異常化学反応等の発生を早期に把握するために必要な自動警報装置を設けることが困難な場合	当該管理特定化学設備の運転中、異常化学反応等の発生を早期に把握するための監視	特化則19条
特定化学物質設備等の改造等の作業	特定化学物質を製造し、取り扱い、若しくは貯蔵する設備又は特定化学物質を発生させる物を入れたタンク等で、当該特定化学物質が滞留するおそれのあるものの改造、修理、清掃等で、これらの設備を分解する作業又はこれらの設備の内部に立ち入る作業 （作業を行う設備から特定化学物質を確実に排出し、かつ、当該設備に接続しているすべての配管から作業箇所に特定化学物質が流入しないようバルブ、コック等を二重に閉止し、又はバルブ、コック等を閉止するとともに閉止板等を施した場合。閉止したバルブ、コック等又は施した閉止板等には、施錠をし、これらを開放してはならない旨を見やすい箇所に表示した場合は除く）	閉止したバルブ、コック等を開放しないように監視	特化則22条
倉庫、コンテナー、船倉等での燻蒸作業	倉庫、コンテナー、船倉等の燻蒸中の場所に作業に従事する者を立ち入らせる作業（燻蒸の効果を確認する場合に限ること。立ち入りの際は、労働者に送気マスク、空気呼吸器又は隔離式防毒マスクを使用させ、当該確認を行う者（労働者を除く）に送気マスク、空気呼吸器若しくは隔離式防毒マスクを使用していることを確認すること）★	（作業に従事する者の危険を防止するための監視）★	特化則38条の14
酸素欠乏危険作業	酸素欠乏危険作業（施行令別表第6に掲げる酸素欠乏危険場所における作業） （作業の一部を請負人に請け負わせるときは、当該請負人に対して配慮義務あり）★	常時作業の状況を監視し、異常があったときに直ちにその旨を酸素欠乏危険作業主任者及びその他の関係者に通報する等の異常を早期に把握するための監視	酸欠則13条
第2種酸素欠乏危険場所（設備の改造等の作業）	し尿、腐泥、汚水、パルプ液その他腐敗し、若しくは分解しやすい物質を入れてあり、若しくは入れたことのあるポンプ若しくは配管等又はこれらに附属する設備の改造、修理、清掃等を行う場合で、これらの設備を分解する作業 （作業を行う設備から硫化水素を確実に排出し、かつ、当該設備に接続しているすべての配管から当該設備に硫化水素が流入しないようバルブ、コック等を確実に閉止した場合。閉止したバルブ、コック等には、施錠をし、これらを開放してはならない旨を見やすい箇所に表示する場合は除く）	閉止したバルブ、コック等を開放しないように監視 （作業の一部を請負人に請け負わせるときは、当該請負人に対して配慮義務あり）★	酸欠則25条の2

第**4**章

機械・設備に関する安全措置

1 特定機械等に関する規制一覧

特定機械等 （施行令12条）	製造			
検査事項等	製造許可 （製造のための許可：許可型式の製造の場合は不要）	製造検査 （製造したその機械の検査）	構造検査 （製造したその機械の検査）	溶接検査 （溶接による機械を製造しようとする場合の検査）
ボイラー（小型ボイラー並びに船舶用、電気事業法の適用を受けるものを除く）	○		○	○
第一種圧力容器（小型圧力容器、船舶用、電気事業法、高圧ガス保安法、ＬＰＧ法の適用を受けるものを除く）	○		○	○
クレーン（つり上げ荷重３トン以上（スタッカー式にあっては１トン以上））	○			
移動式クレーン （つり上げ荷重３トン以上）	○	○		
デリック （つり上げ荷重２トン以上）	○			
エレベーター（積載荷重が１トン以上）	○			
建設用リフト（ガイドレールの高さが18メートル以上で積載荷重0.25トン以上）	○			
ゴンドラ	○	○		

（注1）年次点検、月次点検、作業開始前点検
（注2）年次点検、月次点検、屋外に設置の場合は暴風、地震後に点検
（注3）月次点検、作業開始前点検、暴風、地震後に点検（地下に設置している場合は除く）
（注4）月次点検、作業開始前点検、強風、大雨、大雪等悪天候後に点検

設	置		管		理	
使用検査（輸入、長期未設置、廃止の機械使用の場合の検査）	落成検査（設置した機械の検査）	性能検査（検査証の更新を受けようとする場合の検査）	変更検査（設置した機械を変更しようとする場合の検査）	使用再開検査（休止していた機械再使用の場合の検査）	定期自主検査（一定期間毎の自主検査）	検査証（有効期間）
○	○ （移動式は不要）	○	○	○	○ （月次点検）	○ （1年）
○	○	○	○	○	○ （月次点検）	○ （1年）
	○	○	○	○	○ （注1）	○ （2年以内）
○		○	○	○	○ （注1）	○ （2年以内）
	○	○	○	○	○ （注1）	○ （2年以内）
	○	○	○	○	○ （注2）	○ （1年）
	○		○		○ （注3）	○ （設置から廃止）
○		○	○	○	○ （注4）	○ （1年）

2 特定機械等の規制一覧

特定機械等		申　請　者	提　出　先	申請書（様式）	申請書添付書類	検査証等の有無
ボイラー（小型ボイラー等を除く）	製造	製造許可（ボイラー則3条）	ボイラーを製造しようとする者（ただし、すでに許可を受けているボイラーと型式が同一であるボイラーを除く）	所轄都道府県労働局長	ボイラー製造許可申請書（様式第1号）	1．ボイラーの構造を示す図面 2．次の事項を記載した書面 （1）強度計算 （2）ボイラーの製造及び検査のための設備の種類、能力及び数 （3）工作責任者の経歴の概要 （4）工作者の資格及び数 （5）溶接によって製造するときは、溶接施行法試験結果	
		変更報告（ボイラー則4条）	製造許可を受けた者でボイラーの製造及び検査のための設備又は工作責任者を変更した場合	所轄都道府県労働局長	特になし	特になし	
		構造検査（ボイラー則5条）	ボイラーを製造した者（ただし、特定廃熱ボイラーで製造時等検査代行機関の検査を受けた場合を除く）	所轄都道府県労働局長（組立式ボイラーは当該ボイラーの設置地の所轄都道府県労働局長）又は登録製造時等検査機関	ボイラー構造検査申請書（様式第2号）	ボイラー明細書（様式第3号）	ボイラーに刻印及びボイラー明細書に構造検査済の印を押し、交付
		溶接検査（ボイラー則7条）	溶接によるボイラーを溶接しようとする者（た	所轄都道府県労働局長又は登録製	ボイラー溶接検査申請書（様式第	ボイラー溶接明細書（様式第8号）	ボイラーに刻印及びボイラ

特定機械等			申　請　者	提　出　先	申請書（様式）	申請書添付書類	検査証等の有無
ボイラー（小型ボイラー等を除く）	製造		だし、過熱器及び節炭器若しくは圧縮応力以外の応力を生じない部分のみが溶接によるボイラー又は貫流ボイラー（気水分離器を有するものを除く）又は特定廃熱ボイラーで製造時等検査代行機関の検査を受けた場合を除く）	造時等検査機関	7号）		一溶接明細書に構造検査済の印を押し、交付
	設置	設置届（ボイラー則10条）	ボイラー（移動式を除く）を設置しようとする事業者（ただし、安衛法88条1項ただし書（同条2項において準用する場合を含む）の規定による認定を受けた事業場の事業者は除く）	所轄労働基準監督署長	ボイラー設置届（様式第11号）	1．ボイラー明細書（様式第3号） 2．次の事項を記載した書面 （1）ボイラー室及びその周囲の状況 （2）ボイラー及びその配管の配置状況 （3）ボイラーの据付基礎並びに燃焼室及び煙道の構造 （4）燃焼が正常に行われていることを監視するための措置	
		設置報告（ボイラー則11条）	移動式ボイラーを設置しようとする者	所轄労働基準監督署長	ボイラー設置報告書（様式第12号）	1．ボイラー明細書（様式第3号） 2．ボイラー検査証（様式第6号）	

特定機械等			申　請　者	提　出　先	申請書（様式）	申請書添付書類	検査証等の有無
ボイラー（小型ボイラー等を除く）	設置	使用検査（ボイラー則12条）	1．ボイラーを輸入した者（ただし、外国製造者が使用検査を受けた場合を除く） 2．構造検査又は使用検査を受けた後1年以上（設置しない期間の保管状況が良好であると都道府県労働局長が認めたボイラーについては2年以上）設置されなかったボイラーを設置しようとする者 3．使用を廃止したボイラーを再び設置し、又は使用しようとする者	所轄都道府県労働局長又は登録製造時等検査機関	ボイラー使用検査申請書（様式第13号）	ボイラー明細書（様式第3号） （注）ボイラーを輸入し、又は外国において製造した者が使用検査を受けようとするときは、ボイラー構造規格に適合していることを厚生労働大臣が指定する者（外国に住所を有するものに限る）が明らかにする書面を添付することができる。	ボイラーに刻印及びボイラー溶接明細書に使用検査済の印を押し、交付 移動式ボイラーにはボイラー検査証（様式第6号）を交付
	管理	落成検査（ボイラー則14条）	ボイラーを設置した者（ただし、所轄労働基準監督署長が当該検査の必要がないと認めたボイラーを除く）	所轄労働基準監督署長	ボイラー落成検査申請書（様式第15号）	添付する書類はないが次の事項について検査を受ける (1) ボイラー室 (2) ボイラー及びその配管の配置状況 (3) ボイラーの据付基礎並びに燃焼室及び煙道の構造	ボイラー検査証（様式第6号）を交付（検査不要の認定ボイラーに対しても交付）
		性能検査（運転時に性能検査	ボイラー検査証の有効期間の更新を受けようと	所轄労働基準監督署長又は登録性	ボイラー性能検査申請書（様式第		ボイラー検査証の有効期間

特定機械等			申　請　者	提　出　先	申請書（様式）	申請書添付書類	検査証等の有無
ボイラー（小型ボイラー等を除く）	管理	を行おうとする者は、事前に下記の「運転時検査」の手続きを行っておくこと）（ボイラー則38条）	する者	能検査機関	19号）		を更新（期間は性能検査の結果により1年未満又は1年を超え2年以内）
		運転時検査	性能検査のうちボイラーの運転を停止しない状態で性能検査を受けようとする者	所轄労働基準監督署長	運転時検査認定申請書（「運転時検査認定要領」様式第1号）	1．下記の項目について説明した書類 （1）認定申請者の要件 （2）安全管理体制 （3）運転管理体制 （4）保全管理体制 （5）自動制御装置等 2．事前審査結果（あらかじめ運転時検査の認定の申請を行おうとする事業場ごとに性能検査代行機関に対し事前審査を申請し、当該性能検査代行機関により通知された審査結果）	
		変更届（ボイラー則41条）	ボイラーについて次の各号のいずれかに掲げる部分又は設備を変更しようとする事業者（ただし、安衛法88条1項ただし書き（同条2項において準用する場	所轄労働基準監督署長	ボイラー変更届（様式第20号）	1．ボイラー検査証 2．変更の内容を示した書面	

特定機械等			申　請　者	提　出　先	申請書 (様式)	申請書添付書類	検査証等の有無
ボイラー（小型ボイラー等を除く）	管理		合を含む）の規定による認定を受けた事業場の事業者は除く） (1) 胴、ドーム、炉筒、火室、鏡板、天井板、管板、管寄せ又はステー (2) 附属設備 (3) 燃焼装置 (4) 据付基礎				
		変更検査（ボイラー則42条）	ボイラーについて次の各号のいずれかに掲げる部分又は設備に変更を加えた者（ただし、所轄労働基準監督署長が当該検査の必要がないと認めたボイラーは除く） (1) 胴、ドーム、炉筒、火室、鏡板、天井板、管板、管寄せ又はステー (2) 附属設備 (3) 燃焼装置 (4) 据付基礎	所轄労働基準監督署長	ボイラー変更検査申請書（様式第21号）	特になし	合格した場合、ボイラー検査証にボイラー検査期日、変更部分、検査結果について裏書
		事業者の変更（ボイラー則44条）	ボイラー（移動式を含む）の事業者に変更があった場合、変更後の事業者	所轄労働基準監督署長	ボイラー検査証書替申請書（様式第16号）（変更後10日以内に提出）	ボイラー検査証	

	特定機械等	申　請　者	提　出　先	申請書（様式）	申請書添付書類	検査証等の有無
ボイラー（小型ボイラー等を除く）	管　休止報告（ボイラー則45条）	ボイラーの使用を休止し、その期間が検査証の有効期間を経過することとなるボイラー設置者	所轄労働基準監督署長	特になし	特になし	
	理　使用再開検査（ボイラー則46条）	使用を休止したボイラーを再び使用しようとする者	所轄労働基準監督署長	ボイラー使用再開検査申請書（様式第22号）		合格した場合、ボイラー検査証にボイラー検査期日、検査結果について裏書
第一種圧力容器（小型圧力容器、プロパンのガスボンベ等を除く）	製　製造許可（ボイラー則49条）	第一種圧力容器に製造しようとする者（ただし、すでに許可を受けている第一種圧力容器と型式が同一である第一種圧力容器を除く）	所轄都道府県労働局長	第一種圧力容器製造許可申請書（様式第1号）	1．第一種圧力容器の構造を示す図面 2．次の事項を記載した書面 （1）強度計算 （2）第一種圧力容器の製造及び検査のための設備の種類、能力及び数 （3）工作責任者の経歴の概要 （4）工作者の資格及び数 （5）溶接によって製造するときは、溶接施行法試験結果	
	造　変更報告（ボイラー則50条）	製造許可を受けた者で第一種圧力容器の製造及び検査のための設備又は工作責任者を変更した場合	所轄都道府県労働局長	特になし	特になし	

特定機械等		申　請　者	提　出　先	申請書（様式）	申請書添付書類	検査証等の有無
第一種圧力容器（小型圧力容器、プロパンのガスボンベ等を除く）	製造 構造検査（ボイラー則51条）	第一種圧力容器を製造した者	所轄都道府県労働局長（設置地で組み立てる場合は設置地の所轄都道府県労働局長）又は登録製造時等検査機関	第一種圧力容器構造検査申請書（様式第2号）	第一種圧力容器明細書（様式第23号）	第一種圧力容器に刻印及び第一種圧力容器明細書に構造検査済の印を押し、交付
	溶接検査（ボイラー則53条）	溶接による第一種圧力容器を溶接しようとする者（ただし、圧縮応力以外の応力を生じない部分のみが溶接による場合を除く）	所轄都道府県労働局長又は登録製造時等検査機関	第一種圧力容器溶接検査申請書（様式第7号）	第一種圧力容器明細書（様式第8号）	第一種圧力容器に刻印及び第一種圧力容器明細書に溶接検査済の印を押し、交付
	設置 設置届（ボイラー則56条）	第一種圧力容器を設置しようとする事業者（ただし、安衛法88条1項ただし書き（同条2項において準用する場合を含む）の規定による認定を受けた事業場の事業者は除く）	所轄労働基準監督署長	第一種圧力容器設置届（様式第24号）	1．第一種圧力容器明細書（様式第23号） 2．第一種圧力容器の設置場所の周囲の状況及び配管の状況を記載した書面	
	使用検査（ボイラー則57条）	1．第一種圧力容器を輸入した者（ただし、外国製造者が使用検査を受けた場合を除く） 2．構造検査又は使用検査を受けた後1年以上（設置し	所轄都道府県労働局長又は登録製造時等検査機関	第一種圧力容器使用検査申請書（様式第13号）	第一種圧力容器明細書（様式第23号）（注）第一種圧力容器を輸入し、又は外国において製造した者は、第一種圧力容器の構造が厚生労働大臣の定める基準に適合することを厚生	第一種圧力容器に刻印及び第一種圧力容器溶接明細書に使用検査済の印を押し、交付

特定機械等			申 請 者	提 出 先	申請書（様式）	申請書添付書類	検査証等の有無
第一種圧力容器（小型圧力容器、プロパンのガスボンベ等を除く）	管 理		ない期間の保管状況が良好であると都道府県労働局長が認めた第一種圧力容器については2年以上）設置されなかった第一種圧力容器を設置しようとする者 3．使用を廃止した第一種圧力容器を再び設置し、又は使用しようとする者			労働大臣が指定する者（外国に住所を有する者に限る）が明らかにする書面を添付することができる	
	設 置	落成検査（ボイラー則59条）	第一種圧力容器を設置した者（ただし、所轄労働基準監督署長が当該検査の必要がないと認めた第一種圧力容器を除く）	所轄労働基準監督署長	第一種圧力容器落成検査申請書（様式第15号）	添付する書類はないが第一種圧力容器及びその配管の状況について検査を受ける	
	管 理	性能検査（運転時に性能検査を行おうとする者は、事前に下記の「運転時検査」の手続きを行っておくこと）（ボイラー則73条）	第一種圧力容器検査証の有効期間の更新を受けようとする者	所轄労働基準監督署長又は登録性能検査機関	第一種圧力容器性能検査申請書（様式第19号） （注）労働基準監督署長が行う性能検査を受ける場合	特になし	ボイラー検査証の有効期限を更新（期間は性能検査の結果により1年未満又は1年を超え2年以内）

特定機械等			申　請　者	提　出　先	申請書（様式）	申請書添付書類	検査証等の有無
第一種圧力容器（小型圧力容器、プロパンのガスボンベ等を除く）	管	運転時検査	性能検査のうちボイラーの運転を停止しない状態で性能検査を受けようとする者	所轄労働基準監督署長	運転時検査認定申請書（「運転時検査認定要領」様式第1号）	1．下記の項目について説明した書類 （1）認定申請者の要件 （2）安全管理体制 （3）運転管理体制 （4）保全管理体制 （5）自動制御装置等 2．事前検査結果（あらかじめ運転時検査の認定の申請を行おうとする事業場ごとに性能検査代行機関に対し事前審査を申請し、当該性能検査代行機関により通知された審査結果）	
	理	変更届（ボイラー則76条）	第一種圧力容器の胴、鏡板、底板、管板、ふた板又はステーを変更しようとする事業者（ただし、安衛法88条1項ただし書き（同条2項において準用する場合を含む）の規定による認定を受けた事業場の事業者は除く）	所轄労働基準監督署長	第一種圧力容器変更届（様式第20号）	1．第一種圧力容器検査証 2．第一種圧力容器の変更の内容を示す書面	
		変更検査（ボイラー則77条）	第一種圧力容器の胴、鏡板、底板、管板、ふた板又はステーに変更を加えた者（ただし、所轄	所轄労働基準監督署長	第一種圧力容器変更検査申請書（様式第21号）	特になし	合格した場合、第一種圧力容器検査証に検査期日、変

特定機械等		申　請　者	提　出　先	申請書（様式）	申請書添付書類	検査証等の有無
第一種圧力容器（小型圧力容器、プロパンのガスボンベ等を除く）	管理		労働基準監督署長が当該検査の必要がないと認めた第一種圧力容器は除く）				更部分、検査結果について裏書
		事業者の変更（ボイラー則79条）	第一種圧力容器の事業者に変更があった場合、変更後の事業者	所轄労働基準監督署長	第一種圧力容器検査証書替申請書（様式第16号）（変更後10日以内に提出）	第一種圧力容器検査証	
		使用再開検査（ボイラー則81条）	使用を休止した第一種圧力容器を再び使用しようとする者	所轄労働基準監督署長	第一種圧力容器使用再開検査申請書（様式第22号）	特になし	合格した場合、第一種圧力容器検査証に検査期日、検査結果について裏書
クレーン（つり上げ荷重が三トン以上（スタッカー式クレーンについては一トン以上））	製造	製造許可（クレーン則3条）	クレーンを製造しようとする者（ただし、すでに許可を受けているクレーンと型式が同一であるクレーンの製造を除く）	所轄都道府県労働局長	クレーン製造許可申請書（様式第1号）	1．クレーン組立図 2．次の事項を記載した書面 （1）強度計算の基準 （2）製造の過程において行う検査のための設備の概要 （3）主任設計者及び工作責任者の氏名及び経歴の概要	
		変更報告（クレーン則4条）	製造許可を受けた者でクレーンの製造及び検査のための設備又は主任設計者若しくは工作責任者を変更した場合	所轄都道府県労働局長	特になし	特になし	

特定機械等		申　請　者	提　出　先	申請書(様式)	申請書添付書類	検査証等の有無
クレーン（つり上げ荷重が三トン以上（スタッカー式クレーンについては一トン以上））	設置 （設置届（クレーン則5条）	クレーンを設置しようとする事業者（ただし、安衛法88条1項ただし書き（同条2項において準用する場合を含む）の規定による認定を受けた事業場の事業者は除く）	所轄労働基準監督署長	クレーン設置届（様式第2号）	1．クレーン明細書（様式第3号） 2．クレーンの組立図 3．クレーン則別表の種類に応じたそれぞれの構造部分の強度計算書 4．次の事項を記載した書面 　(1)　据え付ける箇所の周囲の状況 　(2)　基礎の概要 　(3)　走行クレーンにあっては、走行する範囲	
	落成検査（クレーン則6条）	クレーンを設置した者（ただし、所轄労働基準監督署長が当該検査の必要がないと認めたクレーンを除く）	所轄労働基準監督署長	クレーン落成検査申請書（様式第4号）	添付する書類はないが次の事項について検査を受ける。 　(1)　クレーン各部分の構造及び機能の点検 　(2)　荷重試験 　(3)　安定度試験（ただし、転倒するおそれのないクレーンは除く） ＊落成検査を行う前1年以内に仮荷重試験が行われた場合は落成検査の一部省略	クレーン検査証（様式第7号）を交付（検査不要の認定クレーンに対しても交付）
	管理 性能検査（クレーン則40条）	クレーン検査証の有効期間の更新を受けようとする者	所轄労働基準監督署長又は登録性能検査機関	クレーン性能検査申請書（様式第11号） （注）労働基準監督署	特になし	クレーン検査証の有効期間を更新（期間は性能検査

特定機械等		申請者	提出先	申請書（様式）	申請書添付書類	検査証等の有無
クレーン（つり上げ荷重が三トン以上（スタッカー式クレーンについては一トン以上））	管				長が行う性能検査を受ける場合		の結果により2年未満又は2年を超え3年以内）（クレーン則第43条）
	理	変更届（クレーン則44条）	クレーンについて次の各号のいずれかに掲げる部分を変更しようとする事業者（ただし、安衛法88条1項ただし書き（同条2項において準用する場合を含む）の規定による認定を受けた事業場の事業者は除く）1. クレーンガーダ、ジブ、脚、塔その他の構造部分 2. 原動機 3. ブレーキ 4. つり上げ機構 5. ワイヤロープ又はつりチェーン 6. フック、グラブバケット等のつり具	所轄労働基準監督署長	クレーン変更届（様式第12号）	1. クレーン検査証 2. 変更しようとする部分（ワイヤロープ又はつりチェーンを除く）の図面	
		変更検査（クレーン則45条）	クレーンガーダ、ジブ、脚、塔その他の構造部分に変更を加えた者（ただし、所轄労働基準監督署長が当	所轄労働基準監督署長	クレーン変更検査申請書（様式第13号）	特になし	合格した場合はクレーン検査証に検査期日、変更部分及び検査

特定機械等		申　請　者	提　出　先	申請書（様式）	申請書添付書類	検査証等の有無
クレーン（つり上げ荷重が三トン以上（スタッカー式クレーンについては一トン以上））	管 理		該検査の必要がないと認めた場合を除く）				結果について裏書
		休止報告（クレーン則48条）	クレーンを設置している者（ただし、安衛法88条1項ただし書き（同条2項において準用する場合を含む）の規定による認定を受けた事業場の事業者は除く）がクレーンを休止しようとする場合で、クレーンの検査証の有効期間を経過する場合	所轄労働基準監督署長	特になし	特になし	
		使用再開検査（クレーン則49条）	使用を休止したクレーンを再び使用しようとする者	所轄労働基準監督署長	クレーン使用再開検査申請書（様式第14号）	特になし	合格した場合はクレーン検査証に検査期日及び検査結果について裏書

特定機械等		申　請　者	提　出　先	申請書（様式）	申請書添付書類	検査証等の有無
移動式クレーン（つり上げ荷重が三トン以上）	製	製造許可（クレーン則53条）	移動式クレーンを製造しようとする者（ただし、すでに許可を受けている移動式クレーンと型式が同一であるクレーンの製造は除く）	所轄都道府県労働局長	移動式クレーン製造許可申請書（様式第1号）	1．移動式クレーンの組立図 2．次の事項を記載した書面 　(1)　強度計算の基準 　(2)　製造の過程において行う検査のための設備の概要 　(3)　主任設計者及び工作責任者の氏名及び経歴の概要	
		変更報告（クレーン則54条）	製造許可を受けた者で移動式クレーンの製造の過程において行う検査のための設備又は主任設計者若しくは工作責任者を変更した場合	所轄都道府県労働局長	特になし	特になし	
	造	製造検査（クレーン則55条）	移動式クレーンを製造した者	所轄都道府県労働局長	移動式クレーン製造検査申請書（様式第15号）	1．移動式クレーン明細書（様式第16号） 2．移動式クレーンの組立図 3．クレーン則別表の種類に応じたそれぞれの構造部分の強度計算書 （注）上記2．3．は既に製造検査に合格している移動式クレーンと寸法及びつり上げ荷重が同一である場合は省略できる。	合格した場合、移動式クレーンに刻印及び移動式クレーン明細書に製造検査済の印を押し、交付

特定機械等		申　請　者	提　出　先	申請書（様式）	申請書添付書類	検査証等の有無
移動式クレーン（つり上げ荷重が三トン以上）	設置	使用検査（クレーン則57条）	1．移動式クレーンを輸入した者 2．製造検査又はこの使用検査を受けた後設置しないで2年以上（設置しない期間の保管状況が良好であると都道府県労働局長が認めた移動式クレーンについては3年以上）経過した移動式クレーンを設置しようとする者 3．使用を廃止した移動式クレーンを再び設置し、又は使用しようとする者	所轄都道府県労働局長	移動式クレーン使用検査申請書（様式第19号）	1．移動式クレーン明細書（様式第16号） 2．移動式クレーンの組立図 3．クレーン則別表の種類に応じたそれぞれの構造部分の強度計算書 （注）移動式クレーンを輸入し、又は外国において製造した者が使用検査を受けようとするときは、上記以外に移動式クレーンの構造が厚生労働大臣の定める基準に適合していることを厚生労働大臣が指定する者が明らかにする書面を添付することができる	合格した場合、移動式クレーンに刻印及び移動式クレーン明細書に使用検査済の印を押し、交付
		設置報告書（クレーン則61条）	移動式クレーンを設置しようとする事業者（ただし、安衛法88条1項ただし書き（同条2項において準用する場合を含む）の規定による認定を受けた事業場の事業者は除く）	所轄労働基準監督署長	移動式クレーン設置報告書（様式第9号）	1．移動式クレーン明細書（様式第16号） 2．移動式クレーン検査証（様式第21号）	

	特定機械等	申　請　者	提　出　先	申請書（様式）	申請書添付書類	検査証等の有無
移動式クレーン（つり上げ荷重が三トン以上） 管理	性能検査（クレーン則81条）	移動式クレーン検査証の有効期間の更新を受けようとする者	所轄労働基準監督署長又は登録性能検査機関	移動式クレーン性能検査申請書（様式第11号）（注）労働基準監督署長が行う性能検査を受ける場合	特になし	移動式クレーン検査証の有効期間を更新（期間は性能検査の結果により2年未満又は2年を超え3年以内）
	変更届（クレーン則85条）	次の各号のいずれかに掲げる部分を変更しようとする事業者（ただし、安衛法88条1項ただし書き（同条2項において準用する場合を含む）の規定による認定を受けた事業場の事業者は除く） 1．ジブその他の構造部分 2．原動機 3．ブレーキ 4．つり上げ機構 5．ワイヤロープ又はつりチェーン 6．フック、グラブバケット等のつり具 7．台車	所轄労働基準監督署長	移動式クレーン変更届（様式第12号）	1．移動式クレーン検査証 2．変更しようとする部分（ワイヤロープ又はつりチェーンを除く）の図面	

	特定機械等	申　請　者	提　出　先	申請書（様式）	申請書添付書類	検査証等の有無
移動式クレーン（つり上げ荷重が三トン以上）	変更検査（クレーン則86条）	次の各号に掲げる部分に変更を加えた者 1．ジブその他の構造部分 2．台車	所轄労働基準監督署長	移動式クレーン変更検査申請書（様式第13号）	特になし	合格した場合は移動式クレーン検査証に検査期日、変更部分及び検査結果について裏書
管	休止報告（クレーン則89条）	移動式クレーンを設置している者（ただし、安衛法88条1項ただし書き（同条2項において準用する場合を含む）の規定による認定を受けた事業場の事業者は除く）が移動式クレーンの使用を休止しようとする場合で、移動式クレーン検査証の有効期間を経過する場合	所轄労働基準監督署長	特になし	特になし	
理	使用再開検査（クレーン則90条）	使用を休止した移動式クレーンを再び使用しようとする者	所轄労働基準監督署長	移動式クレーン使用再開検査申請書（様式第14号）	特になし	合格した場合は移動式クレーン検査証に検査期日及び検査結果について裏書

特定機械等		申　請　者	提　出　先	申請書 (様式)	申請書添付書類	検査証等の有無
デリック（つり上げ荷重が二トン以上）	製 造：製造許可（クレーン則94条）	デリックを製造しようとする者（ただし、すでに許可を受けているデリックと型式が同一であるデリックの製造を除く）	所轄都道府県労働局長	デリック製造許可申請書（様式第1号）	1．デリックの組立図 2．次の事項を記載した書面 （1）強度計算の基準 （2）製造の過程において行う検査のための設備の概要 （3）主任設計者及び工作責任者の氏名及び経歴の概要	
	変更報告（クレーン則95条）	製造許可を受けた者で当該デリック又は既に許可を受けているデリックの製造の過程において行う検査のため設備又は主任設計者若しくは工作責任者を変更した場合	所轄都道府県労働局長	特になし	特になし	
	設 置：設置届（クレーン則96条）	デリックを設置しようとする事業者（ただし、安衛法88条1項ただし書き（同条2項において準用する場合を含む）の規定による認定を受けた事業場の事業者は除く）	所轄労働基準監督署長	デリック設置届（様式第23号）	1．デリック明細書（様式第24号） 2．デリックの組立図 3．クレーン則別表の種類に応じたそれぞれの構造部分の強度計算書 4．次の事項を記載した書面 （1）据え付ける箇所の周囲の状況 （2）基礎の概要 （3）控えの固定の方法	

特定機械等			申　請　者	提　出　先	申請書（様式）	申請書添付書類	検査証等の有無
デリック（つり上げ荷重が二トン以上）	設置	落成検査（クレーン則97条）	デリックを設置した者（ただし、所轄労働基準監督署長が当該検査の必要がないと認めたものを除く）	所轄労働基準監督署長	デリック落成検査申請書（様式第4号）	特になし	デリック検査証を交付（様式第7号）
	管理	性能検査（クレーン則125条）	デリック検査証の有効期間の更新を受けようとする者	所轄労働基準監督署長又は登録性能検査機関	デリック性能検査申請書（様式第11号）（注）労働基準監督署長が行う性能検査を受ける場合	特になし	デリック検査証の有効期間を更新（期間は性能検査の結果により2年未満又は2年を超え3年以内）
		変更届（クレーン則129条）	次の各号のいずれかに掲げる部分を変更しようとする事業者（ただし、安衛法88条1項ただし書（同条2項において準用する場合を含む）の規定による認定を受けた事業場の事業者は除く）1．マスト、ブーム控えその他の構造部分 2．原動機 3．ブレーキ 4．つり上げ機構 5．ワイヤロープ又はつりチェーン 6．フック、グラブバケツ	所轄労働基準監督署長	デリック変更届（様式第12号）	1．デリック検査証 2．変更しようとする部分（ワイヤロープ又はつりチェーンを除く）の図面	

特定機械等		申 請 者	提 出 先	申請書（様式）	申請書添付書類	検査証等の有無
デリック（つり上げ荷重が二トン以上）	管理		ト等のつり具 7．基礎				
		変更検査（クレーン則130条）	次の各号に掲げる部分に変更を加えた者 1．マスト、ブーム控えその他の構造部分 2．基礎	所轄労働基準監督署長	デリック変更検査申請書（様式第13号）	特になし	合格した場合はデリック検査証に検査期日、変更部分及び検査結果について裏書
		休止報告（クレーン則133条）	デリックを設置している者(ただし、安衛法88条１項ただし書き(同条２項において準用する場合を含む)の規定による認定を受けた事業場の事業者は除く)がデリックの使用を休止しようとする場合で、デリックの検査証の有効期間を経過する場合	所轄労働基準監督署長	特になし	特になし	
		使用再開検査（クレーン則134条）	使用を休止したデリックを再び使用しようとする者	所轄労働基準監督署長	デリック使用再開検査申請書（様式第14号）	特になし	合格した場合はデリック検査証に検査期日及び検査結果について裏書

特定機械等		申　請　者	提　出　先	申請書（様式）	申請書添付書類	検査証等の有無
エレベーター（積載荷重が一トン以上）	製造	製造許可（クレーン則138条）	エレベーターを製造しようとする者（ただし、すでに許可を受けているエレベーターと型式が同一であるエレベーターの製造を除く）	所轄都道府県労働局長	エレベーター製造許可申請書（様式第1号）	1．エレベーターの組立図 2．次の事項を記載した書面 　(1)　強度計算の基準 　(2)　製造の過程において行う検査のための設備の概要 　(3)　主任設計者及び工作責任者の氏名及び経歴の概要	
		変更報告（クレーン則139条）	製造許可を受けた者でエレベーターの製造の過程において行う検査のための設備又は主任設計者若しくは工作責任者を変更した場合	所轄都道府県労働局長	特になし	特になし	
	設置	設置届（クレーン則140条）	エレベーターを設置しようとする事業者（ただし、安衛法88条1項ただし書き（同条2項において準用する場合を含む）の規定による認定を受けた事業場の事業者は除く）	所轄労働基準監督署長	エレベーター設置届（様式第26号）	1．エレベーター明細書（様式第27号） 2．エレベーターの組立図 3．クレーン則別表の種類に応じたそれぞれの構造部分の強度計算書 4．次の事項を記載した書面 　(1)　据え付ける箇所の周囲の状況 　(2)　屋外に設置するエレベーターにあっては基礎の概要	

特定機械等		申　請　者	提　出　先	申請書（様式）	申請書添付書類	検査証等の有無
エレベーター（積載荷重が一トン以上）	設置				及び控えの固定の方法 （注）建築基準法6条1項1号から3号のエレベーターの場合は、建築基準法の確認申請書のエレベーターに関する部分の写し、確認通知の文書の写し、エレベーター検査済証の写し添付	
	落成検査（クレーン則141条）	エレベーターを設置した者（ただし、所轄労働基準監督署長が当該検査の必要がないと認めたもの及び建築基準法の申請を行ったエレベーターを除く）	所轄労働基準監督署長	エレベーター落成検査申請書（様式第4号）	特になし	エレベーター検査証を交付（様式第28号）
	管理	性能検査（クレーン則159条） エレベーター検査証の有効期間の更新を受けようとする者	所轄労働基準監督署長又は登録性能検査機関	エレベーター性能検査申請書（様式第11号） （注）労働基準監督署長が行う性能検査を受ける場合	特になし	エレベーター検査証の有効期間を更新（期間は性能検査の結果により1年未満又は1年を超え2年以内）

特定機械等		申　請　者	提　出　先	申請書（様式）	申請書添付書類	検査証等の有無
エレベーター（積載荷重が一トン以上）	管	変更届（クレーン則163条）	次の各号のいずれかに掲げる部分を変更しようとする事業者（ただし、安衛法88条1項ただし書き（同条2項において準用する場合を含む）の規定による認定を受けた事業場の事業者は除く） 1．搬器又はカウンターウエイト 2．巻上げ機又は原動機 3．ブレーキ 4．ワイヤロープ 5．屋外に設置されているエレベーターにあっては、昇降路塔、ガイドレール支持塔又は控え	所轄労働基準監督署長	エレベーター変更届（様式第12号）	1．エレベーター検査証 2．変更しようとする部分（ワイヤロープを除く）の図面	
	理	変更検査（クレーン則164条）	次の各号に掲げる部分に変更を加えた者 1．搬器又はカウンターウエイト 2．屋外に設置されているエレベーターにあっては、昇降路塔、ガイドレール支持塔又は控え	所轄労働基準監督署長	エレベーター変更検査申請書（様式第13号）	特になし	合格した場合はエレベーター検査証に検査期日、変更部分及び検査結果について裏書

特定機械等			申 請 者	提 出 先	申請書（様式）	申請書添付書類	検査証等の有無
エレベーター（積載荷重が一トン以上）	管理	休止報告（クレーン則167条）	エレベーターを設置している者（ただし、安衛法88条1項ただし書き（同条2項において準用する場合を含む）の規定による認定を受けた事業場の事業者は除く）が休止しようとする場合で、エレベーターの検査証の有効期間を経過する場合	所轄労働基準監督署長	特になし	特になし	
		使用再開検査（クレーン則168条）	使用を休止したエレベーターを再び使用しようとする者	所轄労働基準監督署長	エレベーター使用再開検査申請書（様式第14号）	特になし	合格した場合はエレベーター検査証に検査期日及び検査結果について裏書

特定機械等			申　請　者	提　出　先	申請書（様式）	申請書添付書類	検査証等の有無
建設用リフト（ガイドレールの高さが一八メートルを超え積載荷重〇・二五トン以上）	製造	製造許可（クレーン則172条）	建設用リフトを製造しようとする者（ただし、すでに許可を受けている建設用リフトと型式が同一である建設用リフトの製造を除く）	所轄都道府県労働局長	建設用リフト製造許可申請書（様式第1号）	1．建設用リフトの組立図 2．次の事項を記載した書面 　(1)　強度計算の基準 　(2)　製造の過程において行う検査のための設備の概要 　(3)　主任設計者及び工作責任者の氏名及び経歴の概要	
	設置	変更報告（クレーン則173条）	製造許可を受けた者で建設用リフトの製造の過程において行う検査のための設備又は主任設計者若しくは工作責任者を変更した場合	所轄都道府県労働局長	特になし	特になし	
		設置届（クレーン則174条）	建設用リフトを設置しようとする事業者（ただし、安衛法88条1項ただし書き（同条2項において準用する場合を含む）の規定による認定を受けた事業場の事業者は除く）	所轄労働基準監督署長	建設用リフト設置届（様式第30号）	1．建設用リフト明細書（様式第31号） 2．建設用リフトの組立図 3．クレーン則別表の種類に応じたそれぞれの構造部分の強度計算書 4．次の事項を記載した書面 　(1)　据え付ける箇所の周囲の状況 　(2)　基礎の概要 　(3)　控えの固定の方法	

特定機械等			申　請　者	提　出　先	申請書（様式）	申請書添付書類	検査証等の有無
建設用リフト（ガイドレールの高さが一八メートルを超え積載荷重〇・二五トン以上）	設置	落成検査（クレーン則175条）	建設用リフトを設置した者（ただし、所轄労働基準監督署長が当該検査の必要がないと認めたものを除く）	所轄労働基準監督署長	建設用リフト落成検査申請書（様式第4号）	特になし	建設用リフト検査証を交付（様式第32号）
	管理	変更届（クレーン則197条）	次の各号のいずれかに掲げる部分を変更しようとする事業者（ただし、安衛法88条1項ただし書き（同条2項において準用する場合を含む）の規定による認定を受けた事業場の事業者は除く） 1．ガイドレール又は昇降路 2．搬器 3．原動機 4．ブレーキ 5．ウインチ 6．ワイヤロープ	所轄労働基準監督署長	建設用リフト変更届（様式第12号）	1．建設用リフト検査証 2．変更しようとする部分（ワイヤロープを除く）の図面	
	理	変更検査（クレーン則198条）	次の各号に掲げる部分に変更を加えた者（ただし、所轄労働基準監督署長が当該検査の必要がないと認めたものを除く） 1．ガイドレール又は昇降路 2．搬器	所轄労働基準監督署長	建設用リフト変更検査申請書（様式第13号）	特になし	合格した場合は建設用リフト検査証に検査期日、変更部分及び検査結果について裏書

特定機械等			申　請　者	提　出　先	申請書（様式）	申請書添付書類	検査証等の有無
ゴ　ン　ド　ラ	製	製造許可（ゴンドラ則2条）	ゴンドラを製造しようとする者（ただし、すでに許可を受けているゴンドラと型式が同一であるゴンドラの製造を除く）	所轄都道府県労働局長	ゴンドラ製造許可申請書（様式第1号）	1．ゴンドラ組立図 2．次の事項を記載した書面 　(1)　強度計算の基準 　(2)　製造の過程において行う検査のための設備の概要 　(3)　主任設計者及び工作責任者の氏名及び経歴の概要	
		変更報告（ゴンドラ則3条）	製造許可を受けた者でゴンドラの製造の過程において行う検査のための設備又は主任設計者若しくは工作責任者を変更した場合	所轄都道府県労働局長	特になし	特になし	
	造	製造検査（ゴンドラ則4条）	ゴンドラを製造した者	所轄都道府県労働局長	ゴンドラ製造検査申請書（様式第2号）	1．ゴンドラ明細書(様式第3号) 2．ゴンドラの組立図 3．アームその他の構造部分の強度計算書（ただし、すでに製造検査に合格しているゴンドラと寸法及び積載荷重が同一である場合は、2．3．ともに省略できる）	

特定機械等			申　請　者	提　出　先	申請書（様式）	申請書添付書類	検査証等の有無
ゴ　ン　ド　ラ	設	使用検査（ゴンドラ則6条）	1．ゴンドラを輸入した者 2．製造検査又はこの使用検査を受けた後設置しないで1年以上（設置しない期間の保管状況が良好であると都道府県労働局長が認めたゴンドラについては2年以上）経過したゴンドラを設置しようとする者 3．使用を廃止したゴンドラを再び設置し、又は使用しようとする者	所轄都道府県労働局長	ゴンドラ使用検査申請書（様式第6号）	1．ゴンドラ明細書（様式第3号） 2．ゴンドラの組立図 3．アームその他の構造部分の強度計算書 （注）ゴンドラを輸入し、又は外国において製造した者が使用検査を受けようとするときは、上記以外にゴンドラの構造が厚生労働大臣の定める基準に適合していることを厚生労働大臣が指定する者が明らかにする書面を添付することができる	合格した場合、ゴンドラに刻印及びゴンドラ明細書に使用検査の印を押し、交付
	置	設置届（ゴンドラ則10条）	ゴンドラを設置しようとする事業者（ただし、安衛法88条1項ただし書き（同条2項において準用する場合を含む）の規定による認定を受けた事業場の事業者は除く）	所轄労働基準監督署長	ゴンドラ設置届（様式第10号）	1．ゴンドラ明細書（様式第3号） 2．ゴンドラ検査証 3．次の事項を記載した書面 　(1)　ゴンドラの組立図 　(2)　据え付ける箇所の周囲の状況 　(3)　固定方法	

	特定機械等	申　請　者	提　出　先	申請書（様式）	申請書添付書類	検査証等の有無
ゴ ン ド ラ	管	性能検査（ゴンドラ則24条）	ゴンドラ検査証の有効期間の更新を受けようとする者	所轄労働基準監督署長又は登録性能検査機関	ゴンドラ性能検査申請書（様式第11号）（注）労働基準監督署長が行う性能検査を受ける場合	特になし	ゴンドラ検査証の有効期間を更新（期間は性能検査の結果により1年未満）
		変更届（ゴンドラ則28条）	ゴンドラについて次の各号のいずれかに掲げる部分を変更しようとする事業者（ただし、安衛法88条1項ただし書（同条2項において準用する場合を含む）の規定による認定を受けた事業場の事業者は除く）　1．作業床　2．アームその他の構造部分　3．昇降装置　4．ブレーキ又は制御装置　5．ワイヤロープ　6．固定方法	所轄労働基準監督署長	ゴンドラ変更届（様式第12号）	1．ゴンドラ検査証　2．変更しようとする部分の図面（ワイヤロープを除く）	
	理	変更検査（ゴンドラ則29条）	次の事項に変更を加えた者（ただし、所轄労働基準監督署長が検査の必要がないと認めた場合を除く）　1．作業床　2．アームその他の構造部分	所轄労働基準監督署長	ゴンドラ変更検査申請書（様式第13号）		合格した場合はゴンドラ検査証に検査期日、変更部分及び検査結果について裏書

特定機械等			申　請　者	提　出　先	申請書 (様式)	申請書添付書類	検査証等の有無
ゴ ン ド ラ	管 理		3．昇降装置 4．ブレーキ又は制御装置 5．ワイヤロープ 6．固定方法				
		休止報告 (ゴンドラ則32条)	ゴンドラを設置している者（ただし、安衛法88条1項ただし書き（同条2項において準用する場合を含む）の規定による認定を受けた事業場の事業者は除く）がゴンドラの使用を休止をしようとする場合で、ゴンドラの検査証の有効期間を経過する場合	所轄労働基準監督署長	特になし	特になし	合格した場合はゴンドラ検査証に検査期日及び検査結果について裏書
		使用再開検査 (ゴンドラ則33条)	使用を休止したゴンドラを再び使用しようとする者	所轄労働基準監督署長	ゴンドラ使用再開検査申請書（様式第14号）	特になし	

3 構造規格を具備すべき機械等一覧

厚生労働大臣が定める規格又は安全装置を具備すべき機械等	告　示　番　号	必要な検定等
ゴム、ゴム化合物又は合成樹脂を練るロール機及びその急停止装置	昭47年労働省告示第79号	
防爆構造電気機械器具（船舶安全法の適用を受ける船舶に用いられるものを除く）	昭44年労働省告示第16号	型式検定
アセチレン溶接装置のアセチレン発生器	昭47年労働省告示第84号	
第二種圧力容器（船舶安全法の適用を受ける船舶に用いられるもの及び電気事業法、高圧ガス保安法又はガス事業法の適用を受けるものを除く）	平15年厚生労働省告示第196号	個別検定
研削盤、研削といし	昭46年労働省告示第8号	
木材加工用丸のこ盤	昭47年労働省告示第86号	
手押しかんな盤	昭47年労働省告示第87号	
動力により駆動されるプレス機械	昭52年労働省告示第116号	型式検定（スライドによる危険を防止するための機構を有するものに限る）
活線作業用器具（その電圧が、直流にあっては750ボルト、交流にあっては300ボルトを超える充電電路について用いられるものに限る）	昭47年労働省告示第144号	
活線作業用装置（その電圧が、直流にあっては750ボルトを、交流にあっては600ボルトを超える充電電路について用いられるものに限る）		
フォークリフト	昭47年労働省告示第89号	
車両系建設機械	昭47年労働省告示第150号	
型わく支保工用のパイプサポート、補助サポート及びウィングサポート	昭56年労働省告示第101号	
鋼管足場用部材及び付属金具	昭56年労働省告示第103号	
つり足場用のつりチェーン及びつりわく	昭56年労働省告示第104号	

（行頭縦書き：危険有害な機械設備）

厚生労働大臣が定める規格又は安全装置を具備すべき機械等	告 示 番 号	必要な検定等
合板足場板（アピトン又はカポールをフェノール樹脂等により接着したものに限る）	昭56年労働省告示第105号	
小型ボイラー（船舶安全法の適用を受ける船舶に用いられるもの及び電気事業法の適用を受けるものを除く）	昭50年労働省告示第84号	個別検定
小型圧力容器（船舶安全法の適用を受ける船舶に用いられるもの及び電気事業法、高圧ガス保安法又はガス事業法の適用を受けるものを除く）		
つり上げ荷重が0.5トン以上3トン未満（スタッカー式クレーンにあっては0.5トン以上1トン未満）のクレーン	平7年労働省告示第134号	
つり上げ荷重が0.5トン以上3トン未満の移動式クレーン	平7年労働省告示第135号	
つり上げ荷重が0.5トン以上2トン未満のデリック	昭37年労働省告示第55号	
つり上げ荷重が0.25トン以上1トン未満のエレベーター	平5年労働省告示第91号	
ガイドレールの高さが10メートル以上18メートル未満の建設用リフト	昭37年労働省告示第58号	
積載荷重が0.25トン以上の簡易リフト	昭37年労働省告示第57号	
再圧室	昭47年労働省告示第147号	
潜水器	昭47年労働省告示第148号	
波高値による定格管電圧が10キロボルト以上のエックス線装置（エックス線又はエックス線装置の研究又は教育のため、使用のつど組み立てるもの及び薬事法2条4項に規定する医療用具で、厚生労働大臣が定めるものを除く）	昭47年労働省告示第149号	
ガンマ線照射装置（薬事法2条4項に規定する医療用具で、厚生労働大臣が定めるものを除く）	昭50年労働省告示第52号	
紡績機械及び製綿機械で、ビーター、シリンダー等の回転体を有するもの	昭47年労働省告示第90号	

危険有害な機械設備

厚生労働大臣が定める規格又は安全装置を具備すべき機械等		告　示　番　号	必要な検定等
危険有害な機械設備	蒸気ボイラー及び温水ボイラーのうち施行令１条３号イからへまでに掲げるもの（船舶安全法の適用を受ける船舶に用いられるもの及び電気事業法の適用を受けるものを除く）	平15年厚生労働省告示第197号	
	ボイラー（施行令１条５号イからニまでに掲げる容器）のうち、第一種圧力容器以外のもの（ゲージ圧力0.1メガパスカル以下で使用する容器で内容積が0.01立方メートル以下のもの及びその使用する最高ゲージ圧力をメガパスカルで表した数値と内容積を立方メートルで表した数値との積が0.001以下の容器並びに船舶安全法の適用を受ける船舶に用いられるもの及び電気事業法、高圧ガス保安法、ガス事業法又は液化石油ガスの保安の確保及び取り引きの適正化に関する法律の適用を受けるものを除く）	昭50年労働省告示第65号	
	大気圧を超える圧力を有する気体をその内部に保有する容器（施行令１条５号イからニまでに掲げる容器、第二種圧力容器及び７号に掲げるアセチレン発生器を除く）で、内容積が0.1立方メートルを超えるもの（船舶安全法の適用を受ける船舶に用いられるもの及び電気事業法、高圧ガス保安法又はガス事業法の適用を受けるものを除く）	昭50年労働省告示第65号	
	チェーンソー（内燃機関を内蔵するものであって、排気量が40立方センチメートル以上のものに限る）	昭52年労働省告示第85号	
	ショベルローダー	昭53年労働省告示第136号	
	フォークローダー	昭53年労働省告示第136号	
	ストラドルキャリアー	昭53年労働省告示第137号	
	不整地運搬車	平２年労働省告示第69号	
	作業床の高さが２メートル以上の高所作業車	平２年労働省告示第70号	
安全装置	プレス機械又はシヤーの安全装置	昭53年労働省告示第102号	型式検定
	ゴム、ゴム化合物又は合成樹脂を練るロール機の急停止装置のうち電気的制動方式のもの	昭47年労働省告示第79号	個別検定

厚生労働大臣が定める規格又は安全装置を具備すべき機械等		告示番号	必要な検定等
安全装置	ゴム、ゴム化合物又は合成樹脂を練るロール機の急停止装置のうち電気的制動方式以外の制動方式のもの	昭47年労働省告示第79号	型式検定
	クレーン又は移動式クレーンの過負荷防止装置	昭47年労働省告示第81号	型式検定
	研削といしの覆い	昭46年労働省告示第８号	
	木材加工用丸のこ盤の反発予防装置又は歯の接触予防装置	昭47年労働省告示第86号	型式検定（歯の接触予防装置）
	手押しかんな盤の刃の接触予防装置	昭47年労働省告示第87号	
	アセチレン溶接装置又はガス集合溶接装置の安全器	平９年労働省告示第116号	
	交流アーク溶接機用自動電撃防止装置	昭47年労働省告示第143号	型式検定
	絶縁用保護具（その電圧が、直流にあっては750ボルト、交流にあっては300ボルトを超える充電電路について用いられるものに限る）	昭47年労働省告示第144号	型式検定
	絶縁用防具（その電圧が、直流にあっては750ボルト、交流にあっては300ボルトを超える充電電路について用いられるものに限る）		
	絶縁用防護具（対地電圧が50ボルトを超える充電電路に用いられているものに限る）	昭47年労働省告示第145号	
保護具等	防じんマスク（ろ過材及び面体を有するものに限る）	昭63年労働省告示第19号	型式検定
	防毒マスク（ハロゲンガス用、有機ガス用、一酸化炭素用、アンモニア用及び亜硫酸ガス用のものに限る）	平２年労働省告示第68号	型式検定
	保護帽（物体の飛来若しくは落下又は墜落による危険を防止するためのものに限る）	昭50年労働省告示第66号	型式検定
	墜落制止用器具	平31年厚生労働省告示第11号	
	電動ファン付き呼吸用保護具	平26年厚生労働省告示第455号	型式検定

4 定期自主検査等が必要な機械等一覧

対象機械等	点検事項等 記録の必要な点検	記録の保存	関 係 条 文	年 次 複数年ごと
法令等に基づき設置した安全装置等	な　し	―	安衛則28条	
研　削　と　い　し	な　し	―	安衛則118条	
木材加工用機械及びその安全装置	な　し	―	安衛則130条	
プレス機械及びその安全装置	な　し	―	安衛則134条	
プレス機械	な　し	―	安衛則136条	
動力によって駆動されるプレス	年次、使用再開時	3年間	安衛則134条の3、 135条の2、135条の3	
シ　ヤ　―	な　し	―	安衛則136条	
動力によって駆動されるシヤー	年次、使用再開時	3年間	安衛則135条、 135条の2、136条	
動力によって駆動される遠心機械	年次、使用再開時	3年間	安衛則141条	
高速回転体(回転軸の重量が1トンを超え、かつ回転軸の周速度が120メートル／秒を超えるもの)の回転試験	な　し	―	安衛則150条	
産　業　用　ロ　ボ　ッ　ト	な　し	―	安衛則151条	
フ　ォ　ー　ク　リ　フ　ト	年次、月例、使用再開時	3年間	安衛則151条の21～25	
ショベルローダー・フォークローダー	年次、月例、使用再開時	3年間	安衛則151条の31～34	
ス　ト　ラ　ド　ル　キ　ャ　リ　ア　ー	年次、月例、使用再開時	3年間	安衛則151条の38～41	
不整地運搬車の荷掛けに使用する繊維ロープ	な　し	―	安衛則151条の47	
―の荷が100キログラム以上のものを不整地運搬車に積む作業又は卸す作業に使用する器具及び工具	な　し	―	安衛則151条の48	
不　整　地　運　搬　車	年次、月例、使用再開時	3年間	安衛則151条の53～57	◎ 2年ごと
―の荷が100キログラム以上のものを構内運搬車に積む作業又は卸す作業に使用する器具及び工具	な　し	―	安衛則151条の62	
構　内　運　搬　車	な　し	―	安衛則151条の63	
貨物自動車の荷掛けに使用する繊維ロープ	な　し	―	安衛則151条の69	
―の荷が100キログラム以上のものを貨物自動車に積む作業又は卸す作業に使用する器具及び工具	な　し	―	安衛則151条の70	
貨　物　自　動　車	な　し	―	安衛則151条の75	
コ　ン　ベ　ヤ　ー	な　し	―	安衛則151条の82	

※表末尾（注）参照

| 定期 点検 等（実施時期、期間等） | | | | | | | | | | | 作業主任者・作業指揮者による点検 |
| 月 例 | | | 毎週 | 毎日 | はじめて使用する前 | その日の作業あるいは使用開始前 | 点検期間間以上未使用の場合の使用再開時 | 分解、改造、修理、用途変更後等 | 暴風、大雨等悪天候・地震後 | その他 | |
1年ごと	複数月ごと	1月ごと									
										○ 有効な状態で使用されるよう点検	
						○ 試運転					
											○ 作業主任者
											○ 作業主任者
						○					
◎						○	○				
						○					
○						○	○				
○							○				
										○ 非破壊検査により欠陥の無いことを確認	
						○					
◎		○				○	○				
○		○				○	○				
○		○				○	○				
						○					
											○ 作業指揮者
		○				○	○				
											○ 作業指揮者
						○					
						○					
											○ 作業指揮者
						○					
						○					

対象機械等	点検事項等	記録の必要な点検	記録の保存	関係条文	年次 複数年ごと
建設機械等	車両系建設機械	年次、月例、使用再開時	3年間	安衛則167条〜170条	
建設機械等	くい打機、くい抜機、ボーリングマシン	なし	—	安衛則192条	
建設機械等	高所作業車	年次、月例、使用再開時	3年間	安衛則194条の23〜27	
建設機械等	電気機関車等	年次（3年、1年）、月例、使用再開時	3年間	安衛則228条〜231条	○ 3年ごと
建設機械等	軌道装置	なし	—	安衛則232条	
型枠支保工	型枠支保工	なし	—	安衛則244条	
型枠支保工	型枠支保工の組立て等の作業に使用する材料、器具及び工具等	なし	—	安衛則247条	
爆発・火災等	危険物を製造し、又は取り扱う設備及び当該設備の附属設備等	点検の結果、異常によりとった必要な措置は、記録必要	—	安衛則257条	
爆発・火災等	化学設備（配管を除く）及びその附属設備	年次、使用再開時	3年間	安衛則276条、277条	○ 2年ごと
爆発・火災等	防爆構造電気機械器具等	なし	—	安衛則284条	
爆発・火災等	乾燥設備の内部	なし	—	安衛則298条	
爆発・火災等	乾燥設備及びその附属設備	年次、使用再開時	3年間	安衛則299条	
爆発・火災等	溶接装置 アセチレン溶接装置 アセチレン溶接装置の安全器	なし	—	安衛則315条	
爆発・火災等	溶接装置 アセチレン溶接装置 アセチレン溶接装置	年次、使用再開時	3年間	安衛則317条	
爆発・火災等	溶接装置 ガス集合溶接装置 ガス集合溶接装置の安全器	なし	—	安衛則316条	
爆発・火災等	溶接装置 ガス集合溶接装置 ガス集合溶接装置	年次、使用再開時	3年間	安衛則317条	
爆発・火災等	導火線・電気発破作業の不発の装薬又は残薬	なし	—	安衛則319条、320条	
爆発・火災等	コンクリート破砕器の不発の装薬又は残薬	なし	—	安衛則321条の4	
爆発・火災等	腐食性液体の圧送設備のホース及びその接続用具	なし	—	安衛則326条	
電気	絶縁用保護具等	年次、使用再開時	3年間	安衛則351条	
電気	電気機械器具等	なし	—	安衛則352条	
電気	電気機械器具の充電部の囲い等	なし	—	安衛則353条	
掘削作業	明り掘削の作業個所及び周辺の地山	なし	—	安衛則358条	
掘削作業	明り掘削の発破を行った個所及びその周辺	なし	—	安衛則358条	
掘削作業	地山掘削作業に使用する器具及び工具	なし	—	安衛則360条	

定期　点　検　等（実施時期、期間等）											作業主任者・作業指揮者による点検
月例			毎週	毎日	はじめて使用する前	その日の作業あるいは使用開始前	点検期間以上未使用の場合の使用再開時	分解、改造、修理、用途変更後等	暴風、大雨等悪天候・地震後	その他	
1年ごと	複数月ごと	1月ごと									
◎		○				○	○				
					○						
◎		○				○	○				
○		○					○				
						○					
						○					
											○ 作業主任者
										＊○ 随時	○ 作業指揮者
					○		○（1カ月以上未使用の場合も含む）	○			
						○					
										＊○ 随時	○ 作業主任者
○							○				
				＊○							○ 作業主任者
○							○				
				＊○							○ 作業主任者
○							○				
											○ 作業指揮者
											○ 作業主任者
						○					
	○ 6月ごと					○	○				
						○					
		○									
						○			○		
										○ 発破後	
											○ 作業主任者

対象機械等	点検事項等	記録の必要な点検	記録の保存	関係条文	年次 複数年ごと
掘削作業	土止め支保工	なし	—	安衛則373条	
	土止め支保工の作業に使用する材料、器具及び工具等	なし	—	安衛則375条	
ずい道	ずい道等の建設の作業時のずい道等の内部の地山	なし	—	安衛則382条	
	ずい道等の建設の作業時の発破を行った個所及びその周辺	なし	—	安衛則382条	
	ずい道内の異常ガス自動警報装置	なし	—	安衛則382条の3	
	ずい道等の掘削の作業に使用する器具、工具、要求性能墜落制止用器具等及び保護帽	なし	—	安衛則383条の3	
	ずい道等の覆工の作業に使用する器具、工具、要求性能墜落制止用器具等及び保護帽	なし	—	安衛則383条の5	
	ずい道支保工	なし	—	安衛則396条	
採石作業	採石作業を行う作業個所及びその周辺の地山	なし	—	安衛則401条	
	採石作業時の発破を行った個所及びその周辺	なし	—	安衛則401条	
	採石作業に使用する材料、器具及び工具	なし	—	安衛則404条	
荷役作業	貨車の荷掛けに使用する繊維ロープ	なし	—	安衛則419条	
	一の荷で100キログラム以上の荷を貨車に積む作業又は卸す作業に使用する器具及び工具	なし	—	安衛則420条	
	はい作業に使用する器具及び工具	なし	—	安衛則429条	
	船内荷役作業に使用する通行設備、荷役機械、保護具、器具及び工具	なし	—	安衛則451条	
	船内荷役作業を行うときのハッチビーム等	なし	—	安衛則456条	
揚貨装置	揚貨装置	なし	—	安衛則465条	
	揚貨装置を用いる作業に使用するスリング等	なし	—	安衛則476条	
建築物等	建築物等の鉄骨の組立等の作業に使用する器具、工具、要求性能墜落制止用器具等及び保護帽	なし	—	安衛則517条の5	
	鋼橋架設等の作業に使用する器具、工具、要求性能墜落制止用器具等及び保護帽	なし	—	安衛則517条の9	
	木造建築物の組立に使用する器具、工具、要求性能墜落制止用器具等及び保護帽	なし	—	安衛則517条の13	
	コンクリート造の工作物の解体の作業に使用する器具、工具、要求性能墜落制止用器具等及び保護帽	なし	—	安衛則517条の18	
	コンクリート橋架設の作業に使用する器具、工具、要求性能墜落制止用器具等及び保護帽	なし	—	安衛則517条の23	
	高さ2メートル以上の個所で使用する要求性能墜落制止用器具等及びその取付け設備	なし	—	安衛則521条	
足場	足場の組立の作業に使用する器具、工具、要求性能墜落制止用器具及び保護帽	なし	—	安衛則566条	

定期 点 検 等（実施時期、期間等）											作業主任者・作業指揮者による点検
年次	月例		毎週	毎日	はじめて使用する前	その日の作業あるいは使用開始前	点検期間以上未使用の場合の使用再開時	分解、改造、修理、用途変更後等	暴風、大雨等悪天候・地震後	その他	
1年ごと	複数月ごと	1月ごと									
			○							○ 急激な地山の軟弱化	
											○ 作業主任者
				○					○		
										○ 発破後	
						○					
											○ 作業主任者
											○ 作業主任者
				○					○		
						○			○		
										○ 発破後	
											○ 作業主任者
						○					
											○ 作業指揮者
											○ 作業主任者
											○ 作業主任者
						○					
						○					
						○					
											○ 作業主任者
											○ 作業主任者
											○ 作業主任者
											○ 作業主任者
											○ 作業主任者
										○ 随時	
											○ 作業主任者

対象機械等		点検事項等	記録の必要な点検	記録の保存	関　係　条　文	年　次 複数年ごと
建築物等	足場	足場（吊り足場を除く）	暴風・地震後	作業終了までの間	安衛則567条、655条	
		吊　り　足　場	な　し	—	安衛則568条、655条	
		作　業　構　台	暴風・地震後	作業終了までの間	安衛則575条の8、655条の2	
照明		労働者を常時就業させる場所の照明設備	な　し	—	安衛則605条	
貸与機械等		貸　与　機　械　等	な　し	—	安衛則666条	
		貸与建築物の工場に供される内部に設けられた、2以上の事業者に共用される、局所排気装置、全体換気装置、排気処理装置、排液処理装置	な　し	—	安衛則672条	
ボイラー等	ボイラー	ボイラー据付工事に使用する材料、機器及び工具	な　し	—	ボイラー則16条	
		ボイラーの水面測定装置	な　し	—	ボイラー則25条	
		ボイラーのダンパー	な　し	—	ボイラー則30条	
		ボ　イ　ラ　ー	月例、使用再開時	3年間	ボイラー則32条	
	第一種圧力容器	第一種圧力容器の内部	な　し	—	ボイラー則63条	
		第　一　種　圧　力　容　器	月例、使用再開時	3年間	ボイラー則67条	
	第　二　種　圧　力　容　器		年次、使用再開時	3年間	ボイラー則88条	
	小　型　ボ　イ　ラ　ー		年次、使用再開時	3年間	ボイラー則94条	
	小　型　圧　力　容　器		年次、使用再開時	3年間	ボイラー則94条	
クレーン等	クレーン	クレーンの組立て又は解体の作業に使用する材料、器具及び工具	な　し	—	クレーン則33条	
		ク　レ　ー　ン	年次、月例、使用再開時、暴風・地震後	3年間	クレーン則34条〜38条	
	移動式クレーン	移動式クレーンのジブ組立て又は解体の作業に使用する材料、器具及び工具	な　し	—	クレーン則75条の2	
		移　動　式　ク　レ　ー　ン	年次、月例、使用再開時	3年間	クレーン則76条〜79条	
	デリック	デリックの組立て解体の作業に使用する材料、器具及び工具	な　し	—	クレーン則118条	
		デ　リ　ッ　ク	年次、月例、使用再開時、暴風・地震後	3年間	クレーン則119条〜121条、123条	
	エレベーター	屋外に設置するエレベーターの昇降路塔又はガイドレール支持塔の組立て又は解体の作業に使用する材料、器具及び工具	な　し	—	クレーン則153条	
		エ　レ　ベ　ー　タ　ー	年次、月例、使用再開時、暴風・地震後	3年間	クレーン則154条〜157条	

定 期 点 検 等（実施時期、期間等） ／ 作業主任者・作業指揮者による点検

年次：1年ごと	年次：複数月ごと	月例：1月ごと	毎週	毎日	はじめて使用する前	その日の作業あるいは使用開始前	点検期間以上未使用の場合の使用再開時	分解、改造、修理、用途変更後等	暴風、大雨等悪天候・地震後	その他	作業主任者・作業指揮者による点検
					○	○		○	○		
					○	○		○	○		
					○	○		○	○		
	6月ごと ○										
										貸与前あらかじめ ○	
										機能の有効保持 ○	
											作業指揮者 ○
				*○							作業主任者 ○
										ボイラーの点火前 ○	
		○					○				
										*随時 ○	作業主任者 ○
		○					○				
○							○				
○							○				
○							○				
											作業指揮者 ○
○		○				○	○		○		
											作業指揮者 ○
○		○				○	○				
											作業指揮者 ○
○		○				○	○		○		
											作業指揮者 ○
○		○					○		○		

*ただし、技術上の指針に適合していると所轄労働基準監督署長が認定した自動制御装置を備えたボイラーは、3日に1回以上。

対象機械等	点検事項等	記録の必要な点検	記録の保存	関 係 条 文	年 次 複数年ごと
クレーン等 建設リフト用	建設用リフトの組立て又は解体の作業に使用する材料	な し	―	クレーン則191条	
	建 設 用 リ フ ト	月例、使用再開時、暴風・地震後	3年間	クレーン則192条～195条	
	簡 易 リ フ ト	年次、月例、使用再開時	3年間	クレーン則208条～211条	
	クレーン、移動式クレーン又はデリックの玉掛用具に用いるワイヤロープ等	な し	―	クレーン則220条	
ゴ ン ド ラ		月次、使用再開時	3年間	ゴンドラ則21条、22条	
有機溶剤	局 所 排 気 装 置	年次、使用再開時	3年間	有機則19条の2、20条、21条、22条	
	プッシュプル型換気装置	年次、使用再開時	3年間	有機則19条の2、20条の2～22条	
	全 体 換 気 装 置	な し	―	有機則19条の2	
鉛	局 所 排 気 装 置	年次、使用再開時	3年間	鉛則35条～37条	
	プッシュプル型換気装置	年次、使用再開時	3年間	鉛則35条～37条	
	全 体 換 気 装 置	な し	―	鉛則34条	
	排 気 筒	な し	―	鉛則34条	
	除 じ ん 装 置	年次、使用再開時	3年間	鉛則35条～37条	
四アルキル鉛	四アルキル鉛の製造、四アルキル鉛のガソリンへの混入の業務に用いる機械又は装置	な し	―	四鉛則2条、4条	
	四アルキル鉛が入っているドラム缶及びこれらがおいてある場所	な し	―	四鉛則9条	
	換 気 装 置	な し	―	四鉛則6条、7条、11条、15条	
	保 護 具 等	な し	―	四鉛則16条	
特定化学物質	局 所 排 気 装 置	年次、はじめて使用、使用再開時、分解・改造・修理	3年間	特化則28条～30条、32条、33条、34条の2	
	プッシュプル型換気装置	年次、はじめて使用、使用再開時、分解・改造・修理	3年間	特化則28条～30条、32条、33条、34条の2	
	除 じ ん 装 置	年次、はじめて使用、使用再開時、分解・改造・修理	3年間	特化則28条～30条、32条、33条、34条の2	
	排 ガ ス 処 理 装 置	年次、はじめて使用、使用再開時、分解・改造・修理	3年間	特化則28条～30条、32条、33条、34条の2	
	排 液 処 理 装 置	年次、はじめて使用、使用再開時、分解・改造・修理	3年間	特化則28条～30条、32条、33条、34条の2	
	特定化学設備又はその付属設備	年次、はじめて使用、使用再開時、分解・改造・修理	3年間	特化則20条、31条、32条、34条、34条の2	○ 2年ごと
	第三管理区分に区分された場所	な し	―	特化則36条の3	
	第二管理区分に区分された場所	な し	―	特化則36条の4	

定期 点 検 等（実施時期、期間等）											作業主任者・作業指揮者による点検
	月 例		毎週	毎日	はじめて使用する前	その日の作業あるいは使用開始前	点検期間以上未使用の場合の使用再開時	分解、改造、修理、用途変更後等	暴風、大雨等悪天候・地震後	その他	
1年ごと	複数月ごと	1月ごと									
											○作業指揮者
		○				○	○		○		
○		○				○	○				
						○					
		○				○	○		○		
○		*○			○		○	○			○作業主任者
○		*○			○		○				○作業主任者
		*○									○作業主任者
○			*○		○		○				○作業主任者
○			*○		○		○	○			○作業主任者
			*○								○作業主任者
			*○								○作業主任者
○			*○		○		○	○			○作業主任者
				○							
						○					
						*○					○作業主任者
						○					
○		*○			○		○	○			○作業主任者
○		*○			○		○	○			○作業主任者
○		*○			○		○	○			○作業主任者
○		*○			○		○	○			○作業主任者
○		*○			○		○	○			○作業主任者
					○		（1カ月以上未使用の場合も含む）○	○			
										区分後、直ちに○	
										区分後、直ちに○	

対象機械等		点検事項等	記録の必要な点検	記録の保存	関 係 条 文	年 次 複数年ごと
特定化学物質		塩素化ビフエニル等が入っている容器及び当該容器が置いてある場所	な　し	―	特化則38条の5	
		コークス炉作業に使用する保護具	な　し	―	特化則38条の12	
		臭化メチル燻蒸作業場所	な　し	―	特化則38条の14	
		臭化メチル燻蒸作業に使用する天幕	な　し	―	特化則38条の14	
		ジクロルベンジジン等製造、取扱設備の接合部	な　し	―	特化則50条	
		ジクロルベンジジン等製造、取扱作業者の保護具	な　し	―	特化則50条	
		ベリリウム等の空気輸送装置	な　し	―	特化則50条の2	
		ベリリウム等製造、取扱作業者の保護具	な　し	―	特化則50条の2	
高　　気	高圧室内	炭酸ガス及び有毒ガス濃度の測定器具	な　し	―	高圧則10条	
		高圧室内作業者の人数	な　し	―	高圧則10条	
		送 気 管、排 気 管 等	毎　日	3年間	高圧則22条	
		通 話 装 置	毎　日	3年間	高圧則22条	
		作業室、気閘室へ送気するための空気圧縮機	毎　週	3年間	高圧則22条	
		圧 力 計	月　例	3年間	高圧則22条、22条の2、24条	
		空 気 清 浄 装 置	月　例	3年間	高圧則22条、22条の2、23条	
		潜函、潜鐘、圧気シールド等に設けられた電路	月　例	3年間	高圧則22条、22条の2、24条	
		作業室内を排気した潜函	な　し	―	高圧則24条	
圧	潜水業務	潜 水 器	作業開始前	3年間	高圧則34条	
		送気管、信号索、さがり綱	作業開始前	3年間	高圧則34条	
		圧 力 調 整 器	作業開始前	3年間	高圧則34条	
		空 気 圧 縮 機 等	毎　週	3年間	高圧則34条	
		手 押 ポ ン プ	毎　週	3年間	高圧則34条	
		空 気 清 浄 装 置	月　例	3年間	高圧則34条	
		水 深 計	月　例	3年間	高圧則34条	
		水 中 時 計	月　例	3年間	高圧則34条	

定　期　点　検　等（実施時期、期間等）												作業主任者・作業指揮者による点検
	月・例			毎週	毎日	はじめて使用する前	その日の作業あるいは使用開始前	点検期間以上未使用の場合の使用再開時	分解、改造、修理、用途変更後等	暴風、大雨等悪天候・地震後	その他	
1年ごと	複数月ごと	1月ごと										
							○					
											○	
											○	
											○	
											○	
											○	
												○ 作業主任者
												○ 作業主任者
					○	○		○ 1月以上未使用後	○		故障等の事故後	
					○							
				○		○		○ 1月以上未使用後	○		故障等の事故後	
		○				携帯式は除く		○ 1月以上未使用後（携帯式は除く）	携帯式は除く		故障等の事故後（携帯式は除く）	
		○				○		○ 1月以上未使用後	○		故障等の事故後	
		○				○		○ 1月以上未使用後	○		故障等の事故後	
											○ 潜函への立ち入り前	
							○					
							○					
							○					
				○								
				○								
		○										
		○										
	○ 3月ごと											

229

対象機械等	点検事項等	記録の必要な点検	記録の保存	関　係　条　文	年次 複数年ごと
高気圧（潜水業務）	流　　量　　計	月　例	3年間	高圧則34条	
高気圧（潜水業務）	ボ　ン　ベ	月　例	3年間	高圧則34条	
高気圧	再　　　圧　　　室	設置時、月例	3年間	高圧則44条、45条	
電離放射線	透過写真撮影用ガンマ線照射装置	月例（6月、1月）、使用再開時	3年間	電離則18条の5～18条の8、19条、52条の3	
電離放射線	放射性物質取扱作業室内の天井、床、壁、設備等	な　し	—	電離則29条	
電離放射線	放射性物質による汚染の除去又は清掃用具	な　し	—	電離則30条	
電離放射線	放射性物質取扱作業室からの退去者	な　し	—	電離則31条	
電離放射線	放射性物質取扱作業室から持ち出す物品	な　し	—	電離則32条	
電離放射線	エックス線、ガンマ線使用の周知用警報装置等	な　し	—	電離則47条、52条の3	
電離放射線	被 ば く 線 量 測 定 器	な　し	—	電離則47条、52条の3	
電離放射線	放射線源送出し装置又は放射線源の位置を調節する遠隔操作装置	な　し	—	電離則52条の3	
酸素欠乏	保護具等（空気呼吸器等、要求性能墜落制止用器具等、要求性能墜落制止用器具等取付設備等）	な　し	—	酸欠則7条、21条、23条の2	
酸素欠乏	酸 欠 作 業 従 事 者 の 人 員	な　し	—	酸欠則8条	
酸素欠乏	測定器具、換気装置、空気呼吸器等酸欠防止器具又は設備	な　し	—	酸欠則11条	
酸素欠乏	避 　難 　用 　具 　等	な　し	—	酸欠則15条	
事務所内	燃　　焼　　器　　具	な　し	—	事務所則6条	
事務所内	機 械 に よ る 換 気 設 備	はじめて使用、分解・改造・修理	3年間	事務所則9条	
事務所内	室　の　照　明　設　備	な　し	—	事務所則10条	
石綿関連作業	石綿則12条1項の規定に基づき設けられる局所排気装置	年次、はじめて使用、使用再開時、分解・改造・修理	3年間	石綿則21条～26条	
石綿関連作業	石綿則12条1項の規定に基づき設けられるプッシュプル型換気装置	年次、はじめて使用、使用再開時、分解・改造・修理	3年間	石綿則21条～26条	
石綿関連作業	石綿則18条1項の規定に基づき設けられる除じん装置	年次、はじめて使用、使用再開時、分解・改造・修理	3年間	石綿則21条～26条	
粉じん	局 　所 　排 　気 　装 　置	年次、はじめて使用、使用再開時、分解・改造・修理	3年間	粉じん則17条～20条	
粉じん	プッシュプル型換気装置	年次、はじめて使用、使用再開時、分解・改造・修理	3年間	粉じん則17条～20条	
粉じん	除　 じ　 ん　 装　 置	年次、はじめて使用、使用再開時、分解・改造・修理	3年間	粉じん則17条～20条	

（注）　1．◎印は特定自主検査を行うべきものを示す。
　　　　2．＊印は「作業主任者による点検」あるいは「作業指揮者による点検」の内容であることを示す。
　　　　3．「作業主任者・作業指揮者による点検」の欄に○印があって、定期点検等（実施時期、期間等）の欄に「＊○」の印が

定期 点 検 等（実施時期、期間等）											作業主任者・作業指揮者による点検
	月 例		毎週	毎日	はじめて使用する前	その日の作業あるいは使用開始前	点検期間以上未使用の場合の使用再開時	分解、改造、修理、用途変更後等	暴風、大雨等悪天候・地震後	その他	
1年ごと	複数月ごと	1月ごと									
	○6月ごと										
	○6月ごと										
		○				○				設置時○	
	○6月ごと	○			○		○	○		*作業中、使用後直ちに及びその日の作業終了後○	作業主任者○
		○									
										使用後○	
										退去時○	
										持ち出しの際○	
											作業主任者○
											作業主任者○
						*○					作業主任者○
						○					
										酸欠場所への入場時、退場時○	
											作業主任者○
						○					
				○							
	○2月ごと				○			○			
	○6月ごと										
○					○		○	○			
○					○		○	○			
○					○		○	○			
○					○		○	○			
○					○		○	○			
○					○		○	○			

ない場合は、作業主任者、作業指揮者の職務の遂行中の適切な時期に点検を実施するものである。

4.「作業主任者による点検」は、法律に基づき作業主任者が選任されている場合、その職務内容として規定されていることを示す。

5 化学設備等の規制一覧

項目 設備	材料					表示事項		予備動力源 （安衛則 273条の5）
	化学設備を内部に設ける建築物（安衛則268条）	設備本体、配管（安衛則269条）	ふた板等の接合部（安衛則270条）	バルブ、コック（安衛則272条）	ストレーナー（安衛則272条）	バルブ、コック、スイッチ等（安衛則271条	見やすい位置（安衛則273条）	
化学設備（配管等除く）	不燃性の材料	腐食しにくい材料（危険物又は引火点が65度以上の物が接触する部分）	ガスケット使用	耐久性のある材料	二重に設置	①開閉方向 ②色分け、形状の区分（色分けのみの措置では不可）	①送給原材料の種類 ②送給の対象となる設備その他必要な事項	必要なし
特殊化学設備（配管及び附属設備を含む）								次の予備動力源の設置が必要 ①直ちに使用できること ②バルブ、コック、スイッチ等に施錠、色分け、形状の区分（色分けのみの措置では不可）

設 置 装 置 等				作 業 規 程 （安衛則274条）	自主検査		退避 （安衛則274 の2）
計測装置 （安衛則 273条の 2）	自動警報 装置 （安衛則 273条の 3）	緊急しゃ 断装置 （安衛則 273条の 4）	安全装置 （安衛則 278条）		定期自 主検査 （安衛 則276 条）	使 用 開始時 （安衛 則277 条）	
必要なし	必要なし	必要なし	異常な事態により内部の気体の圧力が大気圧を超えるおそれのある容器で内容積が 0.1 立方メートルを超える場合の容器について安全弁又はこれに代わる安全装置（密閉式の構造又は危険物を安全な場所へ導き若しくは燃焼、吸収等を行う構造のもの）	次の事項について規程を定め、これにより作業を行わせる。 1. バルブ、コック等（化学設備に原材料を送給し、又は化学設備から製品等を取り出す場合に用いられるものに限る）の操作 2. 冷却装置、加熱装置、撹拌装置及び圧縮装置の操作 3. 計測装置及び制御装置の監視及び調整 4. 安全弁、緊急しゃ断装置その他の安全装置及び自動警報装置の調整 5. ふた板、フランジ、バルブ、コック等の接合部における危険物等の漏えいの有無の点検 6. 試料の採取 7. 異常な事態が発生した場合における応急の措置 8. 特殊化学設備にあってはその運転が一時的又は部分的に中断された場合の運転中断中及び運転再開時における作業の方法 9. 爆発又は火災を防止するための必要な措置	2年以内ごとに1回	次の場合、検査で異常がないことを確認後使用 ①はじめて使用するとき ②分解して、改造若しくは修理を行ったとき ③引き続き1月以上使用しなかったとき	爆発、火災等による労働災害発生の緊迫した危険がある場合
①温度計 ②流量計 ③圧力計等の設置が必要	設置が必要（ただし、困難な場合は監視人でも可（危険物等の量が厚生労働大臣の定める基準に満たないものを除く））	①原材料送給しや断装置 ②製品等を放出する装置 ③不活性ガス送給装置 ④冷却用水送給装置等の設置が必要					

6　機械等の安全措置一覧

機　械　等		安全措置の必要箇所等	必要な安全措置	根拠条文
一般機械	原動機、回転軸、歯車、プーリー、ベルト等	労働者に危険を及ぼすおそれのある部分	覆い、囲い、スリーブ、踏切橋等（踏切橋には、高さ90センチメートル以上の手摺を設置）	安衛則101条1項 101条4項
	回転軸、歯車、プーリー、フライホイール等	附属する止め具	埋頭型又は覆い	安衛則101条2項
	ベルトの継ぎ目	止め具	突出していない止め具	安衛則101条3項
	通路又は作業箇所の上にあるベルト（プーリー間の距離が3メートル以上、幅が15センチメートル以上及び速度が毎秒10メートル以上であるもの）	その下方	囲い	安衛則102条
	一般機械	機械ごと	次の条件を適合するスイッチ、クラッチ、ベルトシフター等の動力しゃ断装置を設置（ただし、連続した一団の機械で共通の動力しゃ断装置を有し、かつ、工程の途中で入力による原材料の送給、取出し等の必要のないものは除く）①切断、引抜き、圧縮、打抜き、曲げ又は絞りの加工の場合は、作業者が作業位置を離れることなく操作できる位置に設置すること②容易に操作でき、接触、振動により不意に起動するおそれのないもの	安衛則103条
	一般機械	機械の運転を開始する場合で、労働者に危険を及ぼすおそれのあるとき	一定の合図を定め、合図する者を指名して、関係労働者に合図をさせる	安衛則104条
	加工物等を飛来させる機械	加工物等が切断し、又は欠損して飛来することにより労働者に危険を及ぼすおそれのある部分	覆い又は囲い（ただし、作業の性質上困難な場合においては労働者に保護具）	安衛則105条

機　械　等	安全措置の必要箇所等	必 要 な 安 全 措 置	根拠条文
切削屑を飛来させる機械	切削屑が飛来すること等により労働者に危険を及ぼすおそれのある部分	覆い又は囲い（ただし、作業の性質上困難な場合においては労働者に保護具）	安衛則106条
一般機械	機械（刃部を除く）のそうじ、給油、検査又は修理の作業を行なう場合において、労働者に危険を及ぼすおそれのあるとき	機械の運転を停止（ただし、機械の運転中に作業を行なわなければならない場合において、危険な箇所に覆いを設ける等の措置を講じたときは除く） 機械の運転を停止したときは、当該機械の起動装置に錠をかけ、当該機械の起動装置に表示板を取り付ける等同項の作業に従事する労働者以外の者が当該機械を運転することを防止するための措置を講じること。	安衛則107条
刃部をもった機械	機械の刃部のそうじ、検査、修理、取替え又は調整の作業を行なうとき	機械の運転を停止（ただし、機械の構造上労働者に危険を及ぼすおそれのないときは除く） 機械の運転を停止したときは、当該機械の起動装置に錠をかけ、当該機械の起動装置に表示板を取り付ける等同項の作業に従事する労働者以外の者が当該機械を運転することを防止するための措置を講じること。	安衛則108条1項、108条2項
	運転中の機械の刃部において切粉払いをし、又は切削剤を使用するとき	ブラシその他の適当な用具を使用	安衛則108条3項、108条4項
研削盤、プレーナー等	研削盤又はプレーナーのテーブル、シェーパーのラム等のストローク端が労働者に危険を及ぼすおそれのあるとき	覆い、囲い又は柵等	安衛則108条の2
紙、布、ワイヤーロープ等の巻取りロール、コイル巻き等	労働者に危険を及ぼすおそれのある部分	覆い、囲い等	安衛則109条
動力により駆動される機械	作業中の労働者の頭髪又は被服が巻き込まれるおそれのあるとき	適当な作業帽又は作業服を着用	安衛則110条

（左端縦書き：一般機械）

	機　械　等	安全措置の必要箇所等	必 要 な 安 全 措 置	根拠条文
一般機械	ボール盤、面取り盤等の回転する刃物をもった機械	回転する刃物に作業中の労働者の手が巻き込まれるおそれのあるとき	手袋の使用を禁止	安衛則111条
工作機械	立旋盤、タレット旋盤等	加工物が突出して回転している場合で労働者に危険を及ぼすおそれのある部分	覆い、囲い等	安衛則113条
	帯のこ盤（木材加工用を除く）	歯の切断に必要な部分以外の部分及びのこ車	覆い又は囲い	安衛則114条
	丸のこ盤（木材加工用を除く）	歯	接触予防装置	安衛則115条
	立旋盤、プレーナー等	テーブル	運転中のテーブルへの搭乗禁止（ただし、テーブルに乗った労働者又は操作盤に配置された労働者が、直ちに機械を停止することができる場合は除く）	安衛則116条
	研削といし（直径が50ミリメートル未満のものを除く）	回転中の研削といしが労働者に危険を及ぼすおそれのあるとき、当該研削といし	覆い	安衛則117条
	研削といし	その日の作業を開始する前	1分間以上試運転	安衛則118条
		研削といしを取り替えたとき	3分間以上試運転	安衛則118条
		研削作業中	最高使用周速度を超えての使用禁止	安衛則119条
			側面を使用することを目的とする研削といし以外の研削といしの側面を使用禁止	安衛則120条
	バフ盤（布バフ、コルクバフ等を使用するバフ盤を除く）	研磨に必要な部分以外の部分	覆い	安衛則121条
木材加工用機械	丸のこ盤（横切り用丸のこ盤その他反ぱつにより労働者に危険の及ぼすおそれのないものを除く）	当該丸のこ盤	割刃その他の反ぱつ予防装置	安衛則122条

	機　械　等	安全措置の必要箇所等	必　要　な　安　全　措　置	根拠条文
木材加工用機械	丸のこ盤（製材用及び自動送り装置を有するものを除く）	歯	接触予防装置	安衛則123条
	帯のこ盤	歯の切断に必要な部分以外の部分及びのこ車	覆い又は囲い	安衛則124条
		スパイク付き送りローラー又はのこ歯形送りローラー	接触予防装置又は覆い（ただし、作業者がスパイクつき送りローラー又はのこ歯形送りローラーを停止することができる急停止装置が設けられているものを除く）	安衛則125条
	手押しかんな盤	刃	接触予防装置	安衛則126条
	面取り盤（自動送り装置を有するものを除く）	刃	接触予防装置（ただし、作業の性質上、接触予防装置の設置が困難な場合は労働者に治具又は工具を使用させること）	安衛則127条
	自動送材車式帯のこ盤	送材車と歯との間	労働者が立ち入ることを禁止し、かつ、その旨を見やすい箇所に表示	安衛則128条
プレス機械及びシャー	プレス機械及びシャー（以下「プレス等」という）ただし、スライド又は刃物による危険を防止するための機構を有するプレス等は除く	スライド又は刃物が作動する範囲	次に適合する措置を講ずること。 １．安全囲いを設ける等当該プレス等を用いて作業を行う労働者の身体の一部が危険限界に入らないような措置 ２．作業の性質上、１の措置が困難な時は次に適合する安全装置を取り付ける等必要な措置 　(1) プレス等の種類、圧力能力、毎分ストローク数及びストローク長さ並びに作業の方法に応じた性能を有するもの 　(2) 両手操作式の安全装置及び感応式の安全装置にあっては、プレス等の停止性能に応じた性能を有するもの 　(3) プレスブレーキ用レーザー式安全装置にあっては、プレスブレーキのスライドの速度を毎秒10ミリメートル以下とすることができ、かつ、当該速	安衛則131条

	機　械　等	安全措置の必要箇所等	必　要　な　安　全　措　置	根拠条文
プレス機械及びシャー			度でスライドを作動させるときはスライドを作動させるための操作部を操作している間のみスライドを作動させる性能を有するもの 3．上記1．2．の措置は、行程の切替えスイッチ、操作の切替えスイッチ若しくは操作ステーションの切替えスイッチ又は安全装置の切替えスイッチを備えるプレス等については、当該切替えスイッチが切り替えられたいかなる状態においても講じられていること	
遠心機械	遠心機械	当該遠心機械	ふたの取付け	安衛則138条
			最高使用回転数を超えて使用禁止	安衛則140条
	遠心機械（内容物の取出しが自動的に行なわれる構造のものを除く）	内容物を取り出すとき	機械の運転を停止	安衛則139条
粉砕機及び混合機	粉砕機及び混合機	開口部（転落のおそれがある場合）	ふた、囲い、高さが90センチメートル以上のさく等（設置が困難な場合は要求性能墜落制止用器具の使用等）	安衛則142条1項
		開口部（可動部分に接触するおそれがある場合）	ふた、囲い等	安衛則142条2項
	粉砕機又は混合機（内容物の取出しが自動的に行われる構造のものを除く）	内容物を取り出すとき	機械の運転を停止 （停止が困難な場合、用具を使用すること）	安衛則143条
ロール機	ロール機（紙、布、金属箔等を通すもの）	労働者に危険を及ぼすおそれがある部分	囲い、ガイドロール等	安衛則144条
	シャットルを有する機械	シャットル	シャットルガード	安衛則145条
	伸線機	引抜きブロックで労働者に危険を及ぼすおそれのあるもの	覆い、囲い等	安衛則146条

	機　械　等	安全措置の必要箇所等	必　要　な　安　全　措　置	根拠条文
ロ ー ル 機	より線機	ケージで労働者に危険を及ぼすおそれのあるもの	覆い、囲い等	安衛則146条
	射出成形機、鋳型造形機、型打ち機等（プレス等を除く）	労働者が身体の一部をはさまれるおそれのある部分	戸、両手操作式による起動装置その他の安全装置（戸は、閉じなければ作動しない構造のものでなければならない）	安衛則147条
	扇風機	羽根で労働者に危険を及ぼすおそれのあるもの	網又は囲い	安衛則148条
産 業 用 ロ ボ ッ ト	産業用ロボット	可動範囲内において当該産業用ロボットについて教示等の作業を行うとき	当該産業用ロボットの不意の作動による危険又は当該産業用ロボットの誤操作による危険を防止するため、次の措置を講じること。ただし、1．及び2．の措置は、産業用ロボットの駆動源を遮断して作業を行うときは除く。 1．安衛則150条の3第1号イからへの事項を規程に定め、これにより作業を行わせること。 2．作業に従事している労働者又は当該労働者を監視する者が異常時に直ちに産業用ロボットの運転を停止することができるようにするための措置を講ずること。 3．作業を行っている間産業用ロボットの起動スイッチ等に作業中である旨を表示する等作業に従事している労働者以外の者が当該起動スイッチ等を操作することを防止するための措置を講ずること。	安衛則150条の3
		運転する場合（教示等のために産業用ロボットを運転する場合及び産業用ロボットの運転中に検査等の作業を行う場合で産業用ロボットを運転するときを除く）で、労働者が産業用ロボットに接触するおそれのあるとき	さく又は囲いを設ける等当該危険を防止するために必要な措置	安衛則150条の4

機　械　等		安全装置の必要個所	必要な安全措置	根拠条文
産業用ロボット	産業用ロボット	産業用ロボットの可動範囲内において当該産業用ロボットの検査、修理、調整（教示等に該当するものを除く）、掃除若しくは給油又はこれらの結果の確認の作業を行うとき	運転を停止するとともに、当該作業を行っている間当該産業用ロボットの起動スイッチに錠をかけ、当該産業用ロボットの起動スイッチに作業中である旨を表示する等当該作業に従事している労働者以外の者が当該起動スイッチを操作することを防止するための措置を講じること。ただし、産業用ロボットの運転中に作業を行わなければならない場合において、当該産業用ロボットの不意の作動による危険又は当該産業用ロボットの誤操作による危険を防止するため、次の措置を講じたときを除く。 １．安衛則150条の３第１号イからへの事項を規程に定め、これにより作業を行わせること。 ２．作業に従事している労働者又は当該労働者を監視する者が異常時に直ちに産業用ロボットの運転を停止することができるようにするための措置を講ずること。 ３．作業を行っている間産業用ロボットの運転状態を切り替えるためのスイッチ等に作業中である旨を表示する等作業に従事している労働者以外の者が当該スイッチ等を操作することを防止するための措置を講ずること。	安衛則150条の５

7 トンネルの警報設備等、避難訓練一覧

トンネルの種類	出入口から切羽までの距離	警報設備等		避難用器具		避難訓練	関係条文
		警報設備	通話装置	携帯用照明器具等	呼吸用保護具		
下記以外のトンネル	100メートル以上	○	×	○	×	（必要な場合）切り羽までの距離が500メートル以上となる場合（回数）切り羽までの距離が100メートルに達するまでの期間内に１回、及びその後６月以内ごとに１回（訓練記録）次の事項を記録し、３年間保存　１ 実施年月日　２ 訓練を受けた者の氏名　３ 訓練の内容	安衛則389条の9〜11
	500メートル以上	○	○	○	○		
爆発火災の生ずるおそれのあるトンネル	100メートル以上	○		○	○	（必要な場合）切り羽までの距離が100メートル以上となる場合（回数）上記に同じ（訓練記録）上記に同じ	
	500メートル以上	○	○	○	○		

警報設備：サイレン、非常ベル等

通話装置：電話機等

携帯用照明器具等：懐中電灯等の携帯用照明器具その他避難に必要な器具

呼吸用保護具：一酸化炭素用自己救命器等

8 フォークリフトに関する規制

フォークリフトに関する規制内容		関係条文
譲渡、貸与、使用の制限等	フォークリフトは、厚生労働大臣が定める規格（昭47年労働省告示第89号）を具備しなければ、譲渡し、貸与し、又は使用しないこと。	安衛法42条 施行令13条 安衛則27条
就業制限	1．最大荷重（フォークリフトの構造及び材料に応じて基準荷重中心に負荷させることができる最大の荷重をいう）が1トン以上のフォークリフトの運転（道路上を走行させる運転を除く）の業務には、次の資格等をもった者でなければ、当該業務に就かせないこと。資格等をもった者でなければ、業務を行わないこと。 ①フォークリフト運転技能講習を修了した者 ②職業能力開発促進法に基づくフォークリフトの訓練受講者 ③その他厚生労働大臣が定める者 2．当該業務に従事するときは、これに係るその資格を証する書面を携帯すること。	安衛法61条 施行令20条11号 安衛則41条 安衛則別表第3
特別教育	1．最大荷重1トン未満のフォークリフトの運転（道路上を走行させる運転を除く）の業務に労働者をつかせるときは、特別教育規程7条に基づき特別教育を行うこと。 2．特別教育の科目の全部又は一部について十分な知識及び技能を有していると認められる労働者については、当該科目についての特別教育を省略することができる。（安衛則37条） 3．特別教育を行ったときは、当該特別教育の受講者、科目等の記録を作成して、これを3年間保存すること。（安衛則38条）	安衛法59条3項 安衛則36条5号
危険・有害業務の現従事者教育	事業場における安全衛生の水準の向上を図るため、危険又は有害な業務に現に就いている者に対し、その従事する業務に関する安全又は衛生のための教育を行うように努めること。 対象者：フォークリフト運転者（平元年　安全衛生教育指針公示　第1号）	安衛法60条の2
作業計画	1．フォークリフトを用いて作業を行うときはあらかじめ、当該作業に係る場所の広さ及び地形、機械等の種類及び能力、荷の種類及び形状等に適応する作業計画を定め、かつ作業計画により作業を行うこと。 2．作業計画には運行経路及び作業方法が示されていること。 3．定めた作業計画は関係労働者に周知すること。	安衛則151条の3
	作業を行うときは、作業指揮者を定め、前条の作業計画に基づき作業の指揮を行わせること。	安衛則151条の4
速度制限	1．フォークリフト（最高速度が10キロメートル/時以下のもの除く）を用いて作業を行うときは、あらかじめ、当該作業に係る場所の地形、地盤の状態等に応じた適正な制限速度を定め、それにより作業を行わせること。 2．運転者は定めた制限速度を超えて運転しないこと。	安衛則151条の5

フォークリフトに関する規制内容		関係条文
転倒転落等による危険防止	1. 転倒転落等による危険防止のため、運行経路について、幅員の保持、地盤の不同沈下の防止、路肩の崩壊防止等必要な措置をとること。 2. 路肩、傾斜地等で作業を行う場合で、危険のおそれがあるときは、誘導者を配置し、フォークリフトを誘導すること。 3. 運転者は誘導者の誘導に従うこと。	安衛則151条の6
接触危険箇所への立入禁止	1. 運転中のフォークリフト又はその荷に接触することによる危険のある箇所には立入らせないこと。ただし、誘導者を配置し、その者にフォークリフトを誘導させるときは、この限りでない。 2. 運転者は誘導者の誘導に従うこと。	安衛則151条の7
誘導者の合図	1. フォークリフトについて誘導者を置くときは一定の合図を定め、誘導者に当該合図を行わせること。 2. 運転者は誘導者の合図に従うこと。	安衛則151条の8
フォーク等の下への立入禁止	フォークリフトのフォーク、ショベル、アーム等（不意に降下することを防止する装置が組み込まれているものを除く）又はこれらにより支持されている荷の下に労働者を立ち入らせないこと。 ただし、修理、点検等の作業を行う場合において、フォーク、ショベル、アーム等が不意に降下することによる労働者の危険を防止するため、当該作業に従事する労働者に安全支柱、安全ブロック等を使用させるときは、この限りでない。ただし書の作業を行う労働者は、同項ただし書の安全支柱、安全ブロック等を使用すること。	安衛則151条の9
荷を積載するときの措置	フォークリフトに荷を積載するときは、偏荷重が生じないように積載すること。	安衛則151条の10
運転位置から離れる場合の措置	1. フォークリフトの運転者が運転位置から離れるときは、当該運転者に次の措置をとること。 ①フォーク、ショベル等の荷役装置を最低降下位置に置くこと ②原動機を止め、ブレーキを確実にかける等逸走防止を講ずること 2. 運転者は運転位置から離れるときは上記の措置を講ずること。	安衛則151条の11
移送するため貨物自動車に積卸しをする際の措置	フォークリフトを移送するため自走又はけん引により貨物自動車に積卸しを行う際には、道板、盛土等を使用するときは、フォークリフトの転倒、転落等による危険を防止するため、次の措置をとること。 ①積卸しは、平たんで堅固な場所において行うこと。 ②道板を使用するときは、十分な長さ、幅及び強度を有する道板を用い、適当なこう配で確実に取り付けること。 ③盛土、仮設台等を使用するときは、十分な幅及び強度並びに適当なこう配を確保すること。	安衛則151条の12
運転席以外の箇所に乗車禁止	フォークリフトを用いて作業を行うときは、乗車席以外の箇所に労働者を乗せないこと。ただし、墜落による労働者の危険を防止するための措置を講じたときは、この限りでない。	安衛則151条の13
主たる用途以外の使用禁止	フォークリフトを荷のつり上げ、労働者の昇降等フォークリフトの主たる用途以外の用途に使用しないこと。ただし、労働者に危険を及ぼすおそれのないときは、この限りでない。	安衛則151条の14

フォークリフトに関する規制内容		関係条文
修理又はアタッチメントの装着・取外し時の措置	フォークリフトの修理又はアタッチメントの装着若しくは取外しの作業を行うときは、当該作業を指揮する者を定め、その者に次の事項を行わせること。 ①作業手順を決定し、作業を直接指揮すること。 ②安全支柱、安全ブロック等の使用状況を監視すること。	安衛則151条の15
前照燈・後照燈	前照燈及び後照燈を備えたものでなければ使用しないこと。ただし、作業を安全に行うため必要な照度が保持されている場所はこの限りでない。	安衛則151条の16
ヘッドガード	次に適合するヘッドガードを備えたものでなければ使用しないこと。 　ただし、荷の落下によりフォークリフトの運転者に危険を及ぼすおそれのないときは、この限りでない。 ①強度は、フォークリフトの最大荷重の2倍の値（その値が4トンを超えるものにあっては、4トン）の等分布静荷重に耐えるものであること。 ②上部わくの各開口の幅又は長さは、16センチメートル未満であること。 ③運転者が座って操作する方式のフォークリフトにあっては、運転者の座席の上面からヘッドガードの上部わくの下面までの高さは、95センチメートル以上であること。 ④運転者が立って操作する方式のフォークリフトにあっては、運転者席の床面からヘッドガードの上部のわくの下面までの高さは、1.8メートル以上であること。	安衛則151条の17
バックレスト	バックレストを備えたものでなければ使用しないこと。 ただし、マストの後方に荷が落下することにより労働者に危険を及ぼすおそれのないときは、この限りでない。	安衛則151条の18
パレット・スキッド	フォークリフト作業に使用するパレット又はスキッドは、次に定めるところによらなければ使用しないこと。 ①積載する荷の重量に応じた十分な強度を有すること。 ②著しい損傷、変形又は腐食がないこと。	安衛則151条の19
許容荷重を超えての使用禁止	許容荷重その他の能力を超えて使用しないこと。 許容荷重：（フォークリフトの構造及び材料並びにフォーク等（フォーク、ラム等荷を積載する装置をいう）に積載する荷の重心位置に応じ負荷させることができる最大の荷重をいう）	安衛則151条の20
特定自主検査	1. フォークリフトについては1年を超えない期間ごとに1回、定期に、次の事項について自主検査を行うこと。ただし、1年を超える期間使用しないフォークリフトの当該使用しない期間においては、この限りでないが、その使用を再び開始する際には、次の事項の異常の有無について自主検査を行うこと。 ①圧縮圧力、弁すき間その他原動機 ②デファレンシャル、プロペラシャフトその他動力伝達装置 ③タイヤ、ホイールベアリングその他走行装置 ④かじ取り車輪の左右の回転角度、ナックル、ロッド、アームその他操縦装置 ⑤制動能力、ブレーキドラム、ブレーキシューその他制動装置	安衛法45条施行令15条安衛則151条の21安衛則151条の24

フ ォ ー ク リ フ ト に 関 す る 規 制 内 容	関係条文
⑥フォーク、マスト、チェーン、チェーンホイールその他荷役装置 ⑦油圧ポンプ、油圧モーター、シリンダー、安全弁その他油圧装置 ⑧電圧、電流その他電気系統 ⑨車体、ヘッドガード、バックレスト、警報装置、方向指示器、燈火装置及び計器 ２．フォークリフトの特定自主検査を行うときは、その使用する労働者で安衛則151条の24第２項で定める資格を有するもの又は安衛法54条の３に規定する登録を受け、他人の求めに応じて特定自主検査を行う者（以下「検査業者」という）に実施させること。 ３．特定自主検査を行ったときは、当該フォークリフトの見やすい箇所に、特定自主検査を行った年月を明らかにすることができる検査標章をはり付けること。 ４．道路運送車両法２条５項に規定する運行（以下「運行」という）の用に供するフォークリフト（同法48条１項の適用を受けるものに限る）について、同項の規定に基づいて点検を行った場合には、当該点検を行った部分については特定自主検査を行うことを要しない。	
定期自主検査	フォークリフトについては、１月を超えない期間ごとに１回、定期に、次の事項の異常の有無について自主検査を行うこと。ただし、１月を超える期間使用しないフォークリフトの当該使用しない期間においては、この限りでないが、その使用を再び開始する際に、次の事項について自主検査を行うこと。 ①制動装置、クラッチ及び操縦装置 ②荷役装置及び油圧装置 ③ヘッドガード及びバックレスト	安衛法45条 施行令15条 安衛則151条の22
自主検査の記録の保存	１．自主検査を行ったときは、次の事項を記録し、３年間保存すること。 　①検査年月日 　②検査方法 　③検査箇所 　④検査の結果 　⑤検査を実施した者の氏名 　⑥検査の結果に基づいて補修等の措置を講じたときは、その内容 ２．特定自主検査を検査業者に実施させた場合は、上記⑤「検査を実施した者の氏名」とあるのは、「検査業者の名称」とする。	安衛法45条 施行令15条 安衛則151条の23 安衛則151条の24
作業開始前点検	事業者は、フォークリフトを用いて作業を行うときは、その日の作業を開始する前に、次の事項について点検を行うこと。 ①制動装置及び操縦装置の機能 ②荷役装置及び油圧装置の機能 ③車輪の異常の有無 ④前照燈、後照燈、方向指示器及び警報装置の機能	安衛則151条の25
異常を認めた際の補修	フォークリフトの定期自主検査及び作業開始前点検で異常を認めたときは直ちに補修その他必要な措置を講じること。	安衛則151条の26

第5章

労働衛生に関する措置

1．健康診断管理一覧
2．産業医の活用等健康管理一覧
3．作業環境測定規制一覧

1 健康診断管理一覧

健康診断名		対象労働者	実施時期	個人票使用様式	結果の記録	健診結果報告	報告提出先
一般健康診断	雇入れ時又は配置替え時	常時使用する労働者	雇入れ時	健康診断個人票（雇入れ時）（安衛則様式第5号(1)） （注1）結果について医師等からの意見を聴取し、個人票に記載すること （注2）医師等から、意見聴取を行う上で必要となる労働者の業務に関する情報を求められたときは、速やかに提供しなければならない	5年間保存（労働者が事業者の指定した医師等の行う健康診断を希望しない場合で、他の医師等による健康診断を受け提出した結果証明書を含む） （注）安衛則43条、44条、45条、45条の2、46条の健康診断の結果については、労働者本人に遅滞なく通知すること	必要なし	
		施行令22条3項の業務に常時従事する労働者	雇入れ時又は配置替え時				
		特定業務従事者（安衛則13条1項2号に掲げる業務に従事する労働者）	配置替え時				
		給食従業員（事業に附属する食堂又は炊事場における給食の業務に従事する労働者）	雇入れ時又は配置替え時				
	定期	常時使用する労働者（特定業務従事者を除く）	1年以内ごとに1回、定期に実施	健康診断個人票（安衛則様式第5号(2)） （注1）結果について医師等からの意見を聴取し、個人票に記載すること （注2）医師等から、意見聴取を行う上で必要となる労働		常時50人以上の労働者を使用する事業場は、遅滞なく定期健康診断結果報告書（安衛則様式第6号)を提出 （なお、労働者が事業者の指定した医師等の行う健康診断を希望しない場合で、他の医師等による健康診断を受け提出した結果証明書を含む）	所轄労働基準監督署長

検　査　項　目	健康診断・検査項目の省略等	関係条文
1．既往歴及び業務歴の調査 2．自覚症状及び他覚症状の有無の検査 3．身長、体重、腹囲、視力及び聴力（1000ヘルツ及び4000ヘルツの音）の検査 4．胸部エックス線検査 5．血圧の測定 6．貧血検査 7．肝機能検査 8．血中脂質検査 9．血糖検査 10．尿検査 11．心電図検査	1．医師による健康診断を受けた後、3月を経過しない者を雇い入れる場合で、当該健康診断結果証明書を提出したときは、当該健康診断の項目の省略が可能 2．年度（4月1日から翌年3月31日までの間）に満15歳以下の年齢に達する者で、学校保健安全法11条又は13条の健康診断を受けた者又は受けることが予定されている者は、健康診断の省略が可能。ただし、卒業者は除く 3．年度に満15歳以下の年齢に達する者で、これら以外の者は、医師が必要でないと認めるときは、健康診断の項目の全部又は一部を省略が可能	安衛則43条、44条の2、51条、51条の2
（安衛法施行令22条3項の業務に常時従事する労働者の場合は、上記1．～11．の項目に次の項目を追加） 12．歯科医師による健康診断	なし	安衛則48条
	なし	安衛則45条、51条
（給食従業員に雇入れる場合は、上記1．～11．の項目に次の項目を追加する。また、給食従業員に配置替え時は次の項目のみを実施） 12．検便	なし	安衛則47条、51条
1．既往歴及び業務歴の調査 2．自覚症状及び他覚症状の有無の検査 3．身長、体重、腹囲、視力及び聴力（1000ヘルツ及び4000ヘルツの音）の検査 4．胸部エックス線検査及び喀痰検査 5．血圧の測定 6．貧血検査 7．肝機能検査 8．血中脂質検査 9．血糖検査 10．尿検査 11．心電図検査	1．年度（4月1日から翌年3月31日までの間）に満15歳以下の年齢に達する者で、学校保健安全法11条又は13条の健康診断を受けた者又は受けることが予定されている者は、健康診断の省略が可能 2．年度に満15歳以下の年齢に達する者で、1．以外の者は、医師が必要でないと認めるときは、健康診断の項目の全部又は一部を省略が可能 3．厚生労働大臣が定める基準（251頁※1参照）に基づき医師が必要でないと認めるときは、「身長、体重、腹囲、視力及び聴力」、「胸部エックス線検査及び喀痰検査」、「貧血検査」、「肝機能の検査」、「血中脂質検査」、「血糖検査」、「心電図検査」の省略が可能	安衛則44条、44条の2、51条,51条の2～51条の4、52条

健康診断名		対象労働者	実施時期	個人票使用様式	結果の記録	健診結果報告	報告提出先
一般健康診断	定期			者の業務に関する情報を求められたときは、速やかに提供しなければならない			
		塩酸、硝酸等歯又はその支持組織に有害な物のガス、蒸気又は粉じんを発散する場所における業務（安衛法施行令22条3項の業務）に常時従事する労働者	6月以内ごとに1回、定期に実施			有害な業務に係る歯科健康診断結果報告書（様式第6号の2）【注】	
		特定業務従事者（安衛則13条1項3号に掲げる業務に常時従事する労働者）	6月以内ごとに1回、定期に実施（ただし、胸部エックス線、喀痰検査は1年以内ごとに1回）				

【注】　有害な業務（安衛令第22条第3項）に従事する労働者に対して歯科健康診断を実施する事業者について、その使用する労働者の人数にかかわらず、安衛則第48条の歯科健康診断（定期のものに限る）を行ったときは、遅滞なく、歯科健康診断の結果の報告〔有害な業務に係る歯科健康診断結果報告書：様式第6号の2〕を所轄労働基準監督署長に行わなければならない（令和4年10月1日施行）。

検　査　項　目	健康診断・検査項目の省略等	関係条文
	※1　（厚生労働大臣が定める基準）	

<table>
<tr><td>項　目</td><td>省略することができる者</td></tr>
<tr><td>身長の検査</td><td>20歳以上の者</td></tr>
<tr><td>腹囲の検査</td><td>1．40歳未満の者（35歳の者を除く）
2．妊娠中の女性その他の者であって、その腹囲が内臓脂肪の蓄積を反映していないと診断されたもの
3．BMIが20未満である者
4．自ら腹囲を測定しその値を申告した者（BMIが22未満である者に限る）</td></tr>
<tr><td>胸部エックス線検査</td><td>　40歳未満の者（20歳、25歳、30歳及び35歳の者を除く）で、次のいずれにも該当しないもの
1．学校（幼稚園を除く）、病院、診療所、助産所、介護老人保健施設、特定の社会福祉施設における業務に従事する者
2．常時粉じん作業に従事する労働者で、じん肺管理区分が管理1のもの、常時粉じん作業に従事させたことのある労働者で、現に粉じん作業以外の作業に常時従事しているもののうち、じん肺管理区分が管理2である労働者</td></tr>
<tr><td>喀痰（かくたん）検査</td><td>1．胸部エックス線検査によって病変の発見されない者
2．胸部エックス線検査によって結核発病のおそれがないと診断された者
3．上欄の胸部エックス線検査を省略することができる者に該当する者</td></tr>
<tr><td>貧血検査、肝機能検査、血中脂質検査、血糖検査及び心電図検査</td><td>40歳未満の者（35歳の者を除く）</td></tr>
</table>

検　査　項　目	健康診断・検査項目の省略等	関係条文
	4．雇入時、海外派遣労働者、特殊健康診断の実施の日から1年間が経過していない場合は、当該健康診断の項目に相当する項目の省略が可能 5．45歳未満の者（35歳及び40歳の者を除く）は医師が適当と認める聴力検査（1000ヘルツ又は4000ヘルツの音に係る聴力を除く）でも可能	
（安衛法施行令22条3項の業務に常時従事する労働者の場合は、上記1．〜11．の項目に次の項目を追加） 12．歯科医師による健康診断	なし	安衛則48条、51条の2〜51条の4、52条
	1．前回の定期健康診断において次の項目の健康診断を実施していて、医師が必要でないと認めるときは、当該項目の全部又は一部の項目の省略が可能 ①貧血検査、②肝機能の検査、③血中脂質検査、④血糖検査、⑤心電図検査 2．厚生労働大臣が定める基準（253頁※2参照）に基づき医師が必要でないと認めるときは、次の項目の省略が可能 ①身長、体重、腹囲、視力及び聴力、②胸部エックス線検査及び喀痰検査、③貧血検査、④肝機能の検査、⑤血中脂質検査、⑥血糖検査、⑦心電図検査 3．雇入時、海外派遣労働者及び特殊健	安衛則45条、51条、51条の2〜51条の4、52条

	健康診断名	対象労働者	実施時期	個人票使用様式	結果の記録	健診結果報告	報告提出先
一般健康診断	定期						
	海外派遣労働者	海外に6月以上派遣しようとする労働者及び当該派遣した労働者であって一時的でなく再び国内で業務に就かせる労働者	あらかじめ	海外派遣労働者健康診断個人票（安衛則様式第5号(3)）（注1）結果について医師等からの意見を聴取し、個人票に記載すること（注2）医師等から、意見聴取を行う上で必要となる労働者の業務に関する情報を求められた		必要なし	

検　査　項　目	健康診断・検査項目の省略等	関係条文
	康診断の実施の日から６月間に限り、当該健康診断の項目に相当する項目の省略が可能 4．45歳未満の者（35歳及び40歳の者を除く）の聴力検査は、医師が適当と認める聴力（1,000ヘルツ又は4,000ヘルツの音に係る聴力を除く）の検査をもって代えることが可能 ※2（厚生労働大臣が定める基準） 表: 項　目 / 省略することができる者 身長の検査 / 20歳以上の者 腹囲の検査 / 1．40歳未満の者（35歳の者を除く） 2．妊娠中の女性その他の者であって、その腹囲が内臓脂肪の蓄積を反映していないと診断されたもの 3．BMIが20未満である者 4．自ら腹囲を測定し、その値を申告した者（BMIが22未満である者に限る） 喀痰検査 / 1．胸部エックス線検査によって病変の発見されない者 2．胸部エックス線検査によって結核発病のおそれがないと診断された者 貧血検査、肝機能検査、血中脂質検査、血糖検査及び心電図検査 / 40歳未満の者（35歳の者を除く）	
1．上欄の11項目を全部行うほか、次の項目のうち、医師が必要と認める項目 2．腹部画像検査 3．血液中の尿酸の量の検査 4．B型肝炎ウィルスの検査 　（派遣しようとするとき、１〜４に加え次の項目を追加） 5．ABO式及びRh式の血液型検査 　（国内業務につかせようとするとき、１〜４に加え、次項目を追加） 6．糞便塗抹検査	1．雇入れ時（健康診断結果証明書を提出した場合を含む）、定期健康診断、特定業務従事者及び特殊健康診断の実施の日から６月間が経過していない場合は、当該健康診断の項目に相当する項目の省略が可能 2．厚生労働大臣が定める基準（251頁※１参照）に基づき医師が必要でないと認めるときは、「身長、体重、腹囲、視力及び聴力」、「胸部エックス線検査及び喀痰検査」の省略が可能	安衛則45条の２、51条、51条の２〜51条の４

健康診断名		対象労働者	実施時期	個人票使用様式	結果の記録	健診結果報告	報告提出先
一般健康診断	深夜業従事者の自発的健康診断（深夜業に従事する労働者が自主的判断により事業主が実施する健康診断以外に受診する健康診断）	常時使用され、6カ月を平均して1カ月当たり4回以上深夜業（原則として午後10時から午前5時までの間の業務をいう）に従事した労働者	労働者の自主的判断により受診	ときは、速やかに提供しなければならない　　　　　健康診断個人票（安衛則様式第5号）※　事業主は深夜業に従事する者が当該健康診断を受けた日から3カ月以内に提出する健康診断結果に基づき作成する			
有機溶剤等健康診断	雇入れ時又は配置替え時	有機溶剤（安衛法施行令別表第6の2に掲げるもの）を製造し、又は取り扱う業務であって、第一種、第二種にあっては屋内作業場等、第三種にあってはタンク等の内部における業務に常時従事する労働者を雇入れるとき又は当該業務へ配置替えするとき	①雇入れ時②配置替え時	有機溶剤等健康診断個人票（有機則様式第3号）（注1）結果について医師からの意見を聴取し、個人票に記載すること（注2）医師から、意見聴取を行う上で必要となる労働者の業務に関する情報を求められたときは、速やかに提供しなければならない	5年間保存	必要なし	
	定期	有機溶剤（安衛法施行令別表第6の2に掲げるもの）を製造し、又は取り扱う業務であって、第一種、第二種にあっては屋内作業場等、第三種にあってはタンク等の内部における業務に常時従事する労働者	6月以内ごとに1回、定期に実施			実施後、遅滞なく（おおむね1月以内）有機溶剤等健康診断結果報告書（有機則様式第3号の2）を提出	所轄労働基準監督署長

検　査　項　目	健康診断・検査項目の省略等	関係条文
次の項目の全部又は一部 1．既往歴及び業務歴の調査 2．自覚症状及び他覚症状の有無の検査 3．身長、体重、視力及び聴力の検査 4．胸部エックス線検査及び喀痰検査 5．血圧の測定 6．貧血検査 7．肝機能検査 8．血中脂質検査 9．血糖検査 10．尿検査 11．心電図検査	できる限り省略しないこと	安衛則50条 の2〜50条 の4、51条
1．業務の経歴の調査 2．作業条件の簡易な調査 3．有機溶剤による健康障害の既往歴並びに自覚症状及び他覚症状の既往歴の有無の検査、別表の下欄に掲げる項目（尿中の有機溶剤の代謝物の量の検査に限る）についての既往の検査結果の調査並びに別表の下欄（尿中の有機溶剤の代謝物の量の検査を除く）及び貧血検査、肝機能検査、腎機能検査、神経学的検査の項目についての既往の異常所見の有無の調査 4．有機溶剤による自覚症状又は他覚症状と通常認められる症状の有無の検査 ※有機則別表の上欄の有機溶剤等に該当する場合 1．有機則別表の下欄に掲げる項目 ※医師が必要と認める者については、次の項目の全部又は一部を追加 1．作業条件の調査 2．貧血検査 3．肝機能検査 4．腎機能検査 5．神経内科学的検査	（検査項目の省略） 　定期健康診断において、前回の健康診断で有機則別表の下欄に掲げる項目（尿中の有機溶剤の代謝物に量の検査に限る）の健康診断を受けた者で医師が必要でないと認めるときは、有機則別表の下欄に掲げる項目（尿中の有機溶剤の代謝物の量の検査に限る）の省略が可能 （健康診断の省略） 　有機溶剤等健康診断を3年以上行い、その間、当該健康診断の結果、新たに有機溶剤による異常所見があると認められる労働者が発見されず、所轄労働基準監督署長の許可を受けたときは、有機溶剤等健康診断の実施並びに記録の作成及び保存を行わないことができる。	有機則29条 〜31条

健康診断名		対象労働者	実施時期	個人票使用様式	結果の記録	健診結果報告	報告提出先
有機溶剤等健康診断	緊急診断	労働者が有機溶剤により著しく汚染され、又はこれを多量に吸入したとき	速やかに				
鉛健康診断	雇入れ時又は配置替え時	鉛業務（安衛法施行令別表第4に掲げる業務（遠隔操作によって行う隔離室におけるものを除く））に常時従事する労働者の雇入れ時又は当該業務への配置替えのとき	①雇入れ時②配置替え時	鉛健康診断個人票（鉛則様式第2号）（注1）結果について医師からの意見を聴取し、個人票に記載すること（注2）医師から、意見聴取を行う上で必要となる労働者の業務に関する情報を求められたときは、速やかに提供しなければならない	5年間保存	必要なし	
	定期	鉛業務（安衛法施行令別表第4に掲げる業務（遠隔操作によって行う隔離室におけるものを除く））に常時従事する労働者	6月以内ごとに1回、定期に実施（はんだ付けの業務などは1年以内ごとに1回）			実施後、遅滞なく（おおむね1月以内）鉛健康診断結果報告書（鉛則様式第3号）を提出	所轄労働基準監督署長

検　査　項　目	健康診断・検査項目の省略等	関係条文
医師による診察、処置		有機則30条の4
1．業務の経歴の調査 2．作業条件の簡易な調査 3．鉛による自覚症状及び他覚症状の既往歴の有無の検査並びに血液中の鉛の量の検査及び尿中のデルタアミノレブリン酸の量の検査の既往の検査結果の調査 4．鉛による自覚症状又は他覚症状と通常認められる症状の有無の検査 5．血液中の鉛の量の検査＊1 6．尿中のデルタアミノレブリン酸の量の検査＊1 ＊1　前回の健康診断時に受診していて、かつ、医師が必要でないと認める場合は省略できる。 ※医師が必要と認めるものについては、次の項目の全部又は一部を追加 1．作業条件の調査 2．貧血検査 3．赤血球中のプロトポルフィリンの量の検査 4．神経内科学的検査	定期健康診断において、前回の健康診断で「血液中の鉛の量の検査」「尿中のデルタアミノレブリン酸の量の検査」を受けた者で医師が必要でないと認めるときは、「血液中の鉛の量の検査」「尿中のデルタアミノレブリン酸の量の検査」の省略が可能	鉛則53条〜55条

健康診断名		対象労働者	実施時期	個人票使用様式	結果の記録	健診結果報告	報告提出先
鉛健康診断	異常時診断	労働者を鉛業務に従事させている期間又は鉛業務に従事させなくなって4週間以内に、腹部の疝痛、四肢の伸筋麻痺若しくは知覚異常、蒼白、関節痛若しくは筋肉痛が認められ、又はこれらの症状を訴える労働者	速やかに				
四アルキル鉛健康診断	雇入れ時又は配置替え時	四アルキル鉛業務（安衛法施行令別表第5に掲げる業務（遠隔操作によって行う隔離室におけるものを除く））に常時従事する労働者の雇入れ時又は当該業務への配置替えのとき	①雇入れ時②配置替え時	四アルキル鉛健康診断個人票（四鉛則様式第2号）(注1)結果について医師からの意見を聴取し、個人票に記載すること(注2)医師から、意見聴取を行う上で必要となる労働者の業務に関する情報を求められたときは、速やかに提供しなければならない	5年間保存	必要なし	
	定期	四アルキル鉛業務（安衛法施行令別表第5に掲げる業務（遠隔操作によって行う隔離室におけるものを除く））に常時従事する労働者	6月以内ごとに1回、定期に実施			実施後、遅滞なく（おおむね1月以内）四アルキル鉛健康診断結果報告書（四鉛則様式第3号）を提出	所轄労働基準監督署長

検　査　項　目	健康診断・検査項目の省略等	関係条文
医師による診断	なし	鉛則56条
1．業務の経歴の調査 2．作業条件の簡易な調査 3．四アルキル鉛による自覚症状及び他覚症状の既往歴の有無の検査並びに血液中の鉛の量の検査及び尿中のデルタアミノレブリン酸の量の既往の検査結果の調査 4．いらいら、不眠、悪夢、食欲不振、顔面蒼白、倦怠感、盗汗、頭痛、振顫、四肢の腱反射亢進、悪心、嘔吐、腹痛、不安、興奮、記憶障害その他の神経症状又は精神症状の自覚症状又は他覚症状の有無の検査 5．血液中の鉛の量の検査＊1 6．尿中のデルタアミノレブリン酸の量の検査＊1 ＊1　前回の健康診断時に受診していて、かつ、医師が必要でないと認める場合は省略できる。 ※医師が必要と認める者については、次の項目の全部又は一部を追加 1．作業条件の調査 2．貧血検査 3．赤血球中のプロトポルフィリンの量の検査 4．神経学的検査	定期健康診断において、前回の健康診断で「血液中の鉛の量の検査」「尿中のデルタアミノレブリン酸の量の検査」を受けた者で医師が必要でないと認めるときは、「血液中の鉛の量の検査」「尿中のデルタアミノレブリン酸の量の検査」の省略が可能	四鉛則22条～24条

健康診断名		対象労働者	実施時期	個人票使用様式	結果の記録	健診結果報告	報告提出先
四アルキル鉛健康診断	異常時診断	次のいずれかに掲げる労働者（四アルキル鉛等業務に従事する労働者以外の者も含む）①身体が四アルキル鉛により汚染された労働者（加鉛ガソリンの汚染で四アルキル鉛中毒のおそれのないものを除く）②四アルキル鉛等を飲み込んだ労働者③四アルキル鉛の蒸気を吸入し、又は加鉛ガソリンの蒸気を多量に吸入した労働者④四アルキル鉛等業務に従事した労働者で、右の検査項目の欄の1に掲げる症状が認められ、又は当該症状を訴えたもの	①遅滞なく（急性又は亜急性中毒にかかる危険性が大きいのですみやかに実施）②上記の診断の結果、異常が認められなかった場合、2週間医師による観察				
特定化学物質健康診断	雇入れ時又は配置替え時	安衛法施行令22条1項3号の業務（石綿等の取扱い等の業務を除く）	①雇入れ時②配置替え時	特定化学物質健康診断個人票（特化則様式第2号）（注1）結果について医師からの意見を聴取し、個人票に記載すること（注2）医師から、意見聴取を行う上で必要となる労働者の業務に関する情報を求め	5年間保存（なお、特別管理物質（特化則38条の3に定義）を製造し、取り扱う業務（クロム酸等を取り扱う業務にあっては、クロム酸等を鉱石から製造する事業場においてクロム酸等を取り扱う業務に限る）に常時従事し、又は従事した労働	必要なし	

検　査　項　目	健康診断・検査項目の省略等	関係条文
異常時診断の場合は、医師の診断を受け適切な医療措置を受けさせること	なし	四鉛則25条
特化則別表第3の上欄に掲げる業務の区分に応じ、下欄に掲げる項目	なし	安衛法66条2項 施行令22条 特化則39条、40条、41条

健康診断名		対象労働者	実施時期	個人票使用様式	結果の記録	健診結果報告	報告提出先
特定化学物質健康診断	雇入れ時又は配置替え時	安衛法施行令22条1項3号の業務（石綿等の取扱い等の業務を除く）		られたときは、速やかに提供しなければならない	者に係るものは、当該労働者が当該事業場において当該業務に常時従事することとなった日から30年間保存、ただし、30年を経過した労働者については、5年間保存の原則が適用される）		
	定期		6月（ただし、ベリリウム等、ニッケルカルボニル等を製造し、取り扱う業務に従事する者に対する検査のうち、胸部のエックス線直接撮影による検査は1年）以内ごとに1回、定期に実施			遅滞なく、特定化学物質健康診断結果報告書（特化則様式第3号）を提出	所轄労働基準監督署長

検　査　項　目	健康診断・検査項目の省略等	関係条文
特化則別表第３の上欄に掲げる業務の区分に応じ、下欄に掲げる項目	なし	安衛法66条２項 施行令22条 特化則39条、40条、41条

健康診断名		対象労働者	実施時期	個人票使用様式	結果の記録	健診結果報告	報告提出先
特定化学物質健康診断	就業経験者	安衛法施行令22条2項の業務（石綿等の製造等の業務を除く）に常時従事させたことのある労働者で、現に使用しているもの	特化則別表第3の上欄に掲げる業務のうち労働者が常時従事した同項の業務の区分に応じ、同表の下欄に掲げる項目を同表の中欄に掲げる期間以内ごとに1回、定期に実施。				所轄労働基準監督署長
	有所見者	前欄の①雇入れ時又は配置替え時、②定期及び③就業経験者の健康診断（シアン化カリウム等、シアン化水素等及びシアン化ナトリウム等を製造し、取り扱う業務に従事する労働者に行われた雇入れ時又は配置替え時、定期の健康診断を除く）の結果、異常の疑いがある者で、医師が必要と認める者	特に規定なし			遅滞なく（定期のものに限る）特定化学物質健康診断結果報告書（特化則様式第3号）を提出	定期のものに限り所轄労働基準監督署長
	緊急診断	特定化学物質が漏洩し、労働者が当該物質に汚染され、又は当該物質を吸入したとき	遅滞なく				

検　査　項　目	健康診断・検査項目の省略等	関係条文
特化則別表第3の上欄に掲げる業務の区分に応じ、下欄に掲げる項目	なし	安衛法66条2項 施行令22条 特化則39条、40条、41条
特化則別表第4の上欄に掲げる業務の区分に応じ、下欄に掲げる項目		
医師による診察又は処置		特化則42条

健康診断名		対象労働者	実施時期	個人票使用様式	結果の記録	健診結果報告	報告提出先
特定有機溶剤混合物に係る健康診断	雇入れ時又は配置換え時	特定有機溶剤混合物に係る業務に常時従事する労働者を雇入れる時又は配置換えをするとき	雇入れ時又は配置換え時	有機溶剤等健康診断個人票(有機則様式第3号)(注1)結果について医師からの意見を聴取し、個人票に記載すること(注2)医師から、意見聴取を行う上で必要となる労働者の業務に関する情報を求められたときは、速やかに提供しなければならない	5年間保存	必要なし	
	定期	特定有機溶剤混合物に係る業務に常時従事する労働者	6月以内ごとに1回、定期に実施			実施後、遅滞なく(おおむね1月以内)有機溶剤等健康診断結果報告書(有機則様式第3号の2)を提出	所轄労働基準監督署長
高気圧業務健康診断	雇入れ時又は配置替え時	高気圧業務(安衛法施行令6条1号(高圧室内業務)及び安衛法施行令20条9号(潜水業務))に掲げる業務)に常時従事する労働者の雇入れ時又は当該業務への配置替えのとき	①雇入れ時②配置替え時	高気圧業務健康診断個人票(高圧則様式第1号)(注1)結果について医師からの意見を聴取し、個人票に記載すること(注2)医師から、意見聴取を行う上で必要となる労働者の業務に関する情報を求められたときは、速やかに提供しなければならない	5年間保存(労働者が事業者の指定した医師等の行う健康診断を希望しない場合で、他の医師等による健康診断を受け提出した結果証明書を含む)	必要なし	
	定期	高気圧業務(安衛法施行令6条1号(高圧室内業務)及び安衛法施行令20条9号(潜水業務))に掲げる業務)に常時従事する労働者	6月以内ごとに1回、定期に実施			実施後、遅滞なく(おおむね1月以内)高気圧業務健康診断結果報告書(高圧則様式第2号)を提出	所轄労働基準監督署長

検　査　項　目	健康診断・検査項目の省略等	関係条文
1．業務の経歴の調査 2．作業条件の簡易な調査 3．有機溶剤による健康障害の既往歴並びに自覚症状及び他覚症状の既往歴の検査、及び貧血検査、肝機能検査、腎機能検査、神経内科学的検査についての既往の異常所見の有無の調査 4．有機溶剤による自覚症状又は他覚症状と通常認められる症状の有無の検査 ※医師が必要と認める者については、次の項目の全部又は一部を追加 1　作業条件の調査 2．貧血検査 3．肝機能検査 4．腎機能検査 5．神経内科学的検査	なし	特化則41条の2（有機則29条（1項、3項及び4項を除く）～30条の3及び31条準用）
1．既往歴及び高気圧業務歴の調査 2．関節、腰若しくは下肢の痛み、耳鳴り等の自覚症状及び他覚症状の有無の検査 3．四肢の運動機能の検査 4．鼓膜及び聴力の検査 5．血圧の測定並びに尿中の糖及び蛋白の有無の検査 6．肺活量の測定 （上記検診項目での健康診断の結果、医師が必要と認めた者については、次の項目の追加が必要） 7．作業条件調査 8．肺換気機能検査 9．心電図検査 10．関節部のエックス線直接撮影による検査	なし	高圧則38条～40条

健康診断名		対象労働者	実施時期	個人票使用様式	結果の記録	健診結果報告	報告提出先
電離放射線健康診断	雇入れ時又は配置替え時	放射線業務（安衛法施行令別表第2に掲げる業務）に常時従事する労働者の雇入れ時又は当該業務への配置替えのとき	①雇入れ時②配置替え時	電離放射線健康診断個人票（電離則様式第1号の2）(注1) 結果について医師からの意見を聴取し、個人票に記載すること(注2) 医師から、意見聴取を行う上で必要となる労働者の業務に関する情報を求められたときは、速やかに提供しなければならない	30年間保存（ただし、5年保存の後、厚生労働大臣が指定する機関に引き渡すときは除く）	必要なし	
	定期	放射線業務（安衛法施行令別表第2に掲げる業務)に常時従事する労働者	6月以内ごとに1回、定期に実施			実施後、遅滞なく（おおむね1月以内）電離放射線健康診断結果報告書（電離則様式第2号）を提出	所轄労働基準監督署長
	緊急時電離放射線健康診断	緊急作業に係る業務に従事する放射線業務従事者	①業務に配置替えの後1月以内ごとに1回、定期に実施②当該業務から他の業務に配置替えの際又は当該労働者が離職する際	緊急時電離放射線健康診断個人票（電離則様式第1号の3）(注1) 結果について医師からの意見を聴取し、個人票に記載すること(注2) 医師から、意見聴取を行う上で必要となる労働者の業務に関する情報を求められたと		実施後、遅滞なく（おおむね1月以内）緊急時電離放射線健康診断結果報告書（電離則様式第2号の2）を提出	

検　査　項　目	健康診断・検査項目の省略等	関係条文
1．被ばく歴の有無（被ばく歴を有する者については、作業の場所、内容及び期間、放射線障害の有無、自覚症状の有無その他放射線による被ばくに関する事項）の調査及びその評価 2．白血球数及び白血球百分率の検査 3．赤血球数の検査及び血色素量又はヘマトクリット値の検査 4．白内障に関する眼の検査 5．皮膚の検査	1．中性子線源（中性子が発生する装置を含む）及び目に大量のエックス線又はガンマ線を受けるおそれがある状況下でのこれら放射線の発生装置がない場合は、雇入れ時又は配置替えの健康診断で、「白内障に関する眼の検査」の省略可能 2．医師が必要でないと認めるときは、定期健康診断のうち、「白血球数及び白血球百分率の検査」、「赤血球数の検査及び血色素量又はヘマトクリット値の検査」、「白内障に関する眼の検査」、「皮膚の検査」の全部又は一部の省略可能	電離則56条～58条
1．自覚症状及び他覚症状の有無の検査 2．白血球数及び白血球百分率の検査 3．赤血球数の検査及び血色素量又はヘマトクリット値の検査 4．甲状腺刺激ホルモン、遊離トリヨードサイロニン及び遊離サイロキシンの検査 5．白内障に関する眼の検査 6．皮膚の検査	医師が必要でないと認めるときは、定期健康診断のうち、「白血球数及び白血球百分率の検査」、「赤血球数の検査及び血色素量又はヘマトクリット値の検査」、「甲状腺刺激ホルモン、遊離トリヨードサイロニン及び遊離サイロキシンの検査」、「白内障に関する眼の検査」、「皮膚の検査」の全部又は一部の省略可能	電離則56条の2～58条

健康診断名		対象労働者	実施時期	個人票使用様式	結果の記録	健診結果報告	報告提出先
電離放射線健康診断				きは、速やかに提供しなければならない			
除染等電離放射線健康診断	雇入れ時又は配置替え時	除染等業務に常時従事する除染等業務従事者の雇入れ時又は当該業務への配置替えのとき	①雇入れ時②配置替え時	除染等電離放射線健康診断個人票（除染則様式第2号）(注1)結果について医師からの意見を聴取し、個人票に記載すること(注2)医師から、意見聴取を行う上で必要となる労働者の業務に関する情報を求められたときは、速やかに提供しなければならない	30年間保存（ただし、当該記録を5年間保存した後にまたは当該除染等業務従事者に係る記録を当該除染等業務従事者が離職した後において、厚生労働大臣が指定する機関に引き渡すときは除く）	必要なし	
	定期	除染等業務に常時従事する除染等業務従事者	6月以内ごとに1回、定期に実施			実施後、遅滞なく（おおむね1月以内）除染等電離放射線健康診断結果報告書（除染則様式第3号）を提出	所轄労働基準監督署長
	診察等	次の各号のいずれかに該当する除染等業務従事者1．除染則3条1項に規定する限度を超えて実効線量を受けた者2．事故由来放射性物質を誤って吸入摂取し、又は経口摂取した者3．洗身等により汚染を40ベクレル毎平方センチメートル以下にすることができない者	速やかに				

検　査　項　目	健康診断・検査項目の省略等	関係条文
1．被ばく歴の有無（被ばく歴を有する者については、作業の場所、内容及び期間、放射線障害の有無、自覚症状の有無その他放射線による被ばくに関する事項）の調査及びその評価 2．白血球数及び白血球百分率の検査 3．赤血球数の検査及び血色素量又はヘマトクリット値の検査 4．白内障に関する眼の検査 5．皮膚の検査	なし	除染則20条〜25条
	定期の健康診断を行おうとする日の属する年の前年1年間に受けた実効線量が5ミリシーベルトを超えず、かつ、当該健康診断を行おうとする日の属する1年間に受ける実効線量が5ミリシーベルトを超えるおそれのない者については、医師が必要と認めないときには左欄の検査項目の2．〜5．は実施不要	
医師による診察又は処置	なし	除染則11条

健康診断名		対象労働者	実施時期	個人票使用様式	結果の記録	健診結果報告	報告提出先
除染等電離放射線健康診断		4．傷創部が汚染された者 (注)上記該当者は速やかに所轄労働基準監督署長に報告すること					
	診察等	次の各号のいずれかに該当する特定線量下業務従事者 1．除染則25条の2第1項に規定する限度を超えて実効線量を受けた者 2．事故由来放射性物質を誤って吸入摂取し、又は経口摂取した者 3．洗身等により汚染を40ベクレル毎平方センチメートル以下にすることができない者 4．傷創部が汚染された者 (注)上記該当者は速やかに所轄労働基準監督署長に報告すること	速やかに				
石綿健康診断	雇入れ時又は配置替え時	石綿若しくは石綿をその重量の0.1パーセントを超えて含有する製剤その他の物(以下「石綿等」という)を取り扱う作業(試験研究のため取り扱う作業を除く)又は石綿等を試験研究のための製造に伴い石綿の粉じんを発散する場所における業務に常時従事するために雇入れる労働者及び当該業務に配置換えする労働者	雇入れ時又は配置替え時	石綿健康診断個人票(様式第2号) (注1)結果について医師からの意見を聴取し、個人票に記載すること (注2)医師から、意見聴取を行う上で必要となる労働者の業務に	当該労働者が当該事業場において常時当該業務に従事しないこととなった日から40年間保存	必要なし	

検　査　項　目	健康診断・検査項目の省略等	関係条文
医師による診察又は処置	なし	除染則25条の7
1．業務の経歴の調査 2．石綿によるせき、たん、息切れ、胸痛等の他覚症状又は自覚症状の既往歴の有無の検査 3．せき、たん、息切れ、胸痛等の他覚症状又は自覚症状の有無の検査 4．胸部のエックス線直接撮影による検査 　　健康診断の結果、他覚症状が認められる者、自覚症状を訴える者その他異常の疑いがある者で、医師が必要と認めるものについては、次の項目について医師による健康診断を行うこと。 1．作業条件の調査 2．胸部のエックス線直接撮影による検査の結果、異常な陰影（石綿肺による線維増殖性の変化によるものを除	なし	安衛法66条2項 施行令6条23号 施行令22条 石綿則40条、41条、42条、43条

健康診断名		対象労働者	実施時期	個人票使用様式	結果の記録	健診結果報告	報告提出先
石綿健康診断				関する情報を求められたときは、速やかに提供しなければならない			
	定期	石綿等を取り扱う作業（試験研究のため取り扱う作業を除く）又は石綿等を試験研究のための製造に伴い石綿の粉じんを発散する場所における業務に常時従事する労働者	６月以内ごとに１回			遅滞なく（おおむね１月以内）石綿健康診断結果報告書（石綿則様式第３号）を提出	所轄労働基準監督署長
	就業経験者	石綿等の製造又は取扱いに伴い石綿の粉じんを発散する場所における業務に常時従事させたことのある労働者で、現に使用しているもの					
じん肺健康診断	就業時	新たに常時粉じん作業（じん肺則別表に掲げる作業（ただし、非粉じん作業の認定を受けた作業は除く））に従事することとなった労働者（ただし、当該作業に従事することとなった日前１年以内にじん肺健康診断を受けて、じん肺管理区分が管理２又は管理３イと決定された労働者等を除く）	その就業のとき	じん肺健康診断結果証明書（じん肺則様式第３号）	７年間保存（じん肺健康診断の記録及びエックス線写真）	毎年、12月31日現在における健康管理の実施状況を翌年２月末日までにじん肺健康管理実施状況報告（じん肺則様式第８号）を提出	所轄都道府県労働局長（所轄労働基準監督署長経由）

検　査　項　目	健康診断・検査項目の省略等	関係条文
く）がある場合で、医師が必要と認めるときは、特殊なエックス線撮影による検査、喀痰の細胞診又は気管支鏡検査		
1．粉じん作業についての職歴の調査及びエックス線写真（直接撮影による胸部全域のエックス線写真）による検査 2．胸部に関する臨床検査（ただし、対象者は、1．の調査及び検査でじん肺の所見がないと診断された者以外の者） 　（1）既往歴の調査 　（2）胸部の自覚症状及び他覚所見の有無の検査 3．肺機能検査（ただし、対象者は、1．の調査及び検査でじん肺の所見がないと診断された者以外の者で、かつ、次の①～③に掲げる以外の者） 　①　じん肺によりエックス線写真に一側の肺野の3分の1を超える大きさの大陰影があると認められる者 　②　結核精密検査の結果、肺結核にかかっていると診断された者 　③　「粉じん作業についての職歴の調査及びエックス線写真（直接撮影による胸部全域のエックス線写	1．次に掲げる者は就業時じん肺健康診断は不要。 　（1）当該作業に従事することとなった日前1年以内にじん肺健康診断を受けて、じん肺管理区分が管理2又は管理3イと決定された労働者 　（2）新たに常時粉じん作業に従事することとなった日前に常時粉じん作業に従事すべき職業に従事したことがない労働者 　（3）新たに常時粉じん作業に従事することとなった日前1年以内にじん肺健康診断を受けて、じん肺の所見がないと診断され、又はじん肺管理区分が管理1と決定された労働者 　（4）新たに常時粉じん作業に従事することとなった日前6月以内にじん肺健康診断を受けて、じん肺管理区分が管理3ロと決定された労働者 2．就業時じん肺健康診断あるいは定期じん肺健康診断を行う日前3月以内に、じん肺健康診断の検査の全部又は一部を行ったとき、当該検査に相当するじん肺健康診断の一部の省略が可能	じん肺法3条、7条～9条の2、じん肺則4条～12条

健康診断名		対象労働者	実施時期	個人票使用様式	結果の記録	健診結果報告	報告提出先
じ ん 肺 健 康 診 断	定期	常時粉じん作業に従事する者でじん肺管理区分が管理2又は管理3である者	1年以内ごとに1回、定期に実施	じん肺健康診断結果証明書（じん肺則様式第3号）	7年間保存（じん肺健康診断の記録及びエックス線写真）	毎年、12月31日現在における健康管理の実施状況を翌年2月末日までに報告	所轄都道府県労働局長（所轄労働基準監督署長経由）
		常時粉じん作業に従事する者で上欄以外の者	3年以内ごとに1回、定期に実施				
		常時粉じん作業に従事させたことのある労働者で、現に粉じん作業以外の作業に常時従事させているもののうち、じん肺管理区分が管理2である者	3年以内ごとに1回、定期に実施				
		常時粉じん作業に従事させたことのある労働者で、現に粉じん作業以外の作業に常時従事しているもののうち、じん肺管理区分が、管理3である労働者	1年以内ごとに1回定期に実施				
	定期外	次に掲げる労働者 ① 常時粉じん作業に従事する労働者（じん肺管理区分が管理2、管理3又は管理4と決定された労働者を除く）が、事業場の行う定期健康診断、特殊健康診断等において、じん肺の所見があり、又はじん肺にかかっている疑いがあると診断されたとき ② 合併症により1年を超えて療養のため休業した労働者が、医師により療養の	遅滞なく実施				

276

検　査　項　目	健康診断・検査項目の省略等	関係条文
真）による検査」、「胸部に関する臨床検査」、「結核菌検査」、「たんに関する検査」あるいは「エックス線特殊撮影による検査」の検査の結果、じん肺の所見があり、かつ、「結核性胸膜炎」、「続発性気管支炎」、「続発性気管支拡張症」、「続発性気胸」あるいは「原発性肺がん」の疾病にかかっていると診断された者 (1)　スパイロメトリー及びフローボリューム曲線による検査 (2)　動脈血ガスを分析する検査（ただし、対象者は、次のいずれかに掲げる者） 　①　スパイロメトリー及びフローボリューム曲線による検査又は胸部に関する臨床検査の結果、じん肺による著しい肺機能障害の疑いがあると診断された者 　②　エックス線写真の像が第三型又は第四型（じん肺による大陰影の大きさが一側の肺野の３分の１以下のものに限る）と認められる者 4．結核精密検査 　(1)　結核菌検査 　(2)　エックス線特殊撮影による検査 　(3)　赤血球沈降速度検査 　(4)　ツベルクリン反応検査 5．肺結核以外の合併症に関する検査 　次の検査のうち医師が必要と認めるもの 　(1)　結核菌検査 　(2)　たんに関する検査 　(3)　エックス線特殊撮影による検査 （注）「肺結核以外の合併症に関する検査」を「原発性肺がん」に関する検査（「肺がんに関する検査」）として実施する場合は、上記「(2)たんに関する検査」は「喀痰細胞診」、「(3)エックス線特殊撮影による検査」は「胸部らせんCT検査」をいうものであること。	3．労働者が就業時じん肺健康診断あるいは定期じん肺健康診断を行う日前３月以内に当該健康診断項目の検査を受け、当該検査に係るエックス線写真若しくは検査の結果を証明する書面を事業者に提出したときは、当該検査に相当するじん肺健康診断の一部の省略が可能 4．「結核精密検査」は医師が必要でないと認める場合は一部の省略が可能 1．定期外じん肺健康診断を行う日前３月以内に、じん肺健康診断の検査の全部又は一部を行ったとき、当該検査に相当するじん肺健康診断の一部の省略が可能 2．定期外じん肺健康診断を行う日前３月以内に当該健康診断項目の検査を受け、当該検査に係るエックス線写真若しくは検査の結果を証明する書面を事業者に提出したときは、当該検査に相当するじん肺健康診断の一部の省略が可能 3．「結核精密検査」は医師が必要でないと認める場合は一部の省略が可能 4．定期外じん肺健康診断の「対象労働者」の④に掲げる健康診断を実施しようとするときは、次の検査を省略することができる。 　①　粉じん作業についての職歴の調査及びエックス線写真（直接撮影による胸部全域のエックス線写真をいう）による検査 　②　厚生労働省令で定める方法による	じん肺法３条、７条〜９条の２、じん肺則４条〜12条

健康診断名		対象労働者	実施時期	個人票使用様式	結果の記録	健診結果報告	報告提出先
じ ん 肺 健 康 診 断	定期外	ため休業を要しなくなったと診断されたとき ③　合併症により１年を超えて療養した労働者が、医師により療養を要しなくなったと診断されたとき（②の場合は除く） ④　常時粉じん作業に従事させたことのある労働者で、現に粉じん作業以外の作業に常時従事しているもののうち、じん肺管理区分が管理２である労働者が労働安全衛生規則の一般定期健康診断、特定業務従事者健康診断の胸部エックス線検査および喀痰検査において肺がんにかかっている疑いがないと診断されたとき以外のとき	遅滞なく実施	じん肺健康診断結果証明書（じん肺則様式第３号）	７年間保存（じん肺健康診断の記録及びエックス線写真）	毎年、12月31日現在における健康管理の実施状況を翌年２月末日までに報告	所轄都道府県労働局長（所轄労働基準監督署長経由）
	離職時	次に掲げる労働者で、離職の日まで引き続き１年を超えて使用していたものが、当該離職の際にじん肺健康診断を行うよう求めたとき（ただし、当該労働者が、直前にじん肺健康診断を受けた日から当該離職の日までの期間が、次に掲げる労働者ごとに、それぞれの期間に満たない場合は、実施しなくてよい） ①常時粉じん作業に従事する労働	離職前の実施が望ましいこと				

検　査　項　目	健康診断・検査項目の省略等	関係条文
1．粉じん作業についての職歴の調査及びエックス線写真（直接撮影による胸部全域のエックス線写真）による検査 2．胸部に関する臨床検査（ただし、対象者は、1．の調査及び検査でじん肺の所見がないと診断された者以外の者） 　(1)　既往歴の調査 　(2)　胸部の自覚症状及び他覚所見の有無の検査 3．肺機能検査（ただし、対象者は、1．の調査及び検査でじん肺の所見がないと診断された者以外の者で、かつ、次の①～③に掲げる以外の者） 　①　じん肺によりエックス線写真に一側の肺野の3分の1を超える大きさの大陰影があると認められる者 　②　結核精密検査の結果、肺結核にかかっていると診断された者 　③　「粉じん作業についての職歴の調査及びエックス線写真（直接撮影による胸部全域のエックス線写真）による検査」、「胸部に関する臨床検査」、「結核菌検査」、「たんに関する検査」あるいは「エックス線特殊撮影による検査」の検査の結果、じん肺の所見があり、かつ、「結核性胸膜炎」、「続発性気管支炎」、「続発性気管支拡張症」、「続発性気胸」あるいは「原発性肺がん」の疾病にかかっていると診断された者 　(1)　スパイロメトリー及びフローボリューム曲線による検査 　(2)　動脈血ガスを分析する検査（ただし、対象者は、次のいずれかに掲げる者） 　①　スパイロメトリー及びフローボリューム曲線による検査又は胸部に関する臨床検査の結果、じん肺による著しい肺機能障害の疑いがあると診断された者 　②　エックス線写真の像が第三型又は第四型（じん肺による大陰影の大きさが一側の肺野の3分の1以下のものに限る）と認められる者 4．結核精密検査 　(1)　結核菌検査 　(2)　エックス線特殊撮影による検査 　(3)　赤血球沈降速度検査 　(4)　ツベルクリン反応検査 5．肺結核以外の合併症に関する検査	胸部に関する臨床検査及び肺機能検査 　③　結核精密検査 　④　肺結核以外の合併症に関する検査における結核菌検査 1．離職時じん肺健康診断を行う日前3月以内に、じん肺健康診断の検査の全部又は一部を行ったとき、当該検査に相当するじん肺健康診断の一部の省略が可能 2．離職時じん肺健康診断を行う日前3月以内に当該健康診断項目の検査を受け、当該検査に係るエックス線写真若しくは検査の結果を証明する書面を事業者に提出したときは、当該検査に相当するじん肺健康診断の一部の省略が可能 3．「結核精密検査」は医師が必要でないと認める場合は一部の省略が可能	じん肺法3条、7条～9条の2、じん肺則4条～12条

健康診断名		対象労働者	実施時期	個人票使用様式	結果の記録	健診結果報告	報告提出先
じ ん 肺 健 康 診 断	離職時	者　　　1年6月 ②常時粉じん作業に従事する労働者でじん肺管理区分が管理2又は管理3である者　　　　6月 ③常時粉じん作業に従事させたことのある労働者で、現に粉じん作業以外の作業に常時従事している者のうち、じん肺管理区分が管理2又は管理3である労働者　　　　6月 ㊟ じん肺健康診断を行った場合は、その限度において、他の健康診断を行わなくてよい（じん肺法10条）。		じん肺健康診断結果証明書（じん肺則様式第3号）	7年間保存（じん肺健康診断の記録及びエックス線写真）	毎年、12月31日現在における健康管理の実施状況を翌年2月末日までに報告	所轄都道府県労働局長（所轄労働基準監督署長経由）
心理的な負担の程度を把握するための検査等（ストレスチェック）		常時使用する労働者	1年以内ごとに1回、定期に実施		事業者は、労働者の同意を得て、当該検査を行った医師等から当該労働者の検査の結果の提供を受けた場合には、当該検査の結果に基づき、当該検査の結果の記録を作成して、5年間保存しなければならない	常時50人以上の労働者を使用する事業者は、1年以内ごとに1回、定期に報告【注】令和4年10月1日より、様式第6号の2から様式第6号の3に変更	所轄労働基準監督署長
		（ストレスチェックの結果、高ストレスと評価された労働者から申し出があった場合、事業者は医師による面接指導を実施しなければならない）					

検 査 項 目	健康診断・検査項目の省略等	関係条文
次の検査のうち医師が必要と認める検査 (1) 結核菌検査 (2) たんに関する検査 (3) エックス線特殊撮影による検査 (注)「肺結核以外の合併症に関する検査」を「原発性肺がん」に関する検査（「肺がんに関する検査」）として実施する場合は、上記「(2)たんに関する検査」は喀痰細胞診、「(3)エックス線特殊撮影による検査」は「胸部らせんCT検査」をいうものであること。		じん肺法3条、7条～9条の2、じん肺則4条～12条
1．職場における当該労働者の心理的な負担の原因に関する項目 2．当該労働者の心理的な負担による心身の自覚症状に関する項目 3．職場における他の労働者による当該労働者への支援に関する項目	なし	安衛則52条の9～52条の21

2　産業医の活用等健康管理一覧

項　目 ＼ 規　模	労働者数50人以上	労働者数50人未満
産業医の選任	1．選任すべき事由が発生した日から14日以内に選任すること。 2．次に掲げる者（①・②は、事業場の運営について利害関係を有しない者を除く）以外から選任すること。 ① 事業者が法人の場合は当該法人の代表者 ② 事業者が法人でない場合は事業を営む個人 ③ 事業場においてその事業の実施を統括管理する者 3．産業医の辞任・解任については、遅滞なくその旨とその理由を衛生委員会等に報告すること。 （なお、選任及び専属の基準並びに選任に必要な資格については、本書、第1章1．及び2．を参照のこと） （安衛法13条、施行令5条、安衛則13条、14条）	1．産業医の選任義務なし。 　ただし、次の者に労働者の健康管理等の全部又は一部を行わせるように努めることとされている。この場合、医師の選任、地域産業保健センターの利用等に努めることとされている。 ① 労働者の健康管理等を行うのに必要な医学に関する知識を有する医師 ② 労働者の健康管理等を行うのに必要な知識を有する保健師 2．事業者は、上記の者に対し、労働者の労働時間に関する情報その他の労働者の健康管理等を適切に行うために必要な情報を提供するように努めなければならない。 3．上記の者を選任した事業者は、その者についての①業務の具体的な内容、②健康相談の申出の方法、③労働者の心身の状態に関する情報の取扱いの方法を、常時各作業場の見やすい場所に掲示し、又は備え付ける等の方法により、労働者に周知させるように努めなければならない。 （安衛法13条の2、101条3項、安衛則15条の2、98条の2第1、2項）
産業医の要件	医師であり、次のいずれかに該当する者であること。 ① 労働者の健康管理等を行うのに必要な医学に関する知識についての研修であって厚生労働大臣の指定する者（法人に限る）が行うものを修了した者 ② 産業医の養成等を行うことを目的とする医学の正規の課程を設置している産業医科大学その他の大学であって厚生労働大臣が指定するものにおいて当該課程を修めて卒業した者であって、その大学が行う実習を履修したもの ③ 労働衛生コンサルタント試験に合格した者で、その試験の区分が保健衛生であるもの ④ 学校教育法による大学において労働衛生に関する科目を担当する教授、准教授又は講師（常時勤務する者に限る）の職にあり、又はあった者 ⑤ その他厚生労働大臣が定める者 （安衛則14条2項）	

項　目　　規　模	労 働 者 数 ５ ０ 人 以 上
産業医の職務	１．労働者の健康管理及び次の事項に関すること（医学に関する専門的知識を必要とするものに限る）を行うこと。 ①　健康診断の実施及びその結果に基づく労働者の健康を保持するための措置 ②　面接指導と、その対象外の労働者に対する面接指導に準じた措置の実施並びにこれらの結果に基づく労働者の健康を保持するための措置 ③　ストレスチェックの実施並びにストレスチェックの結果に基づく面接指導の実施及びその結果に基づく労働者の健康を保持するための措置 ④　作業環境の維持管理 ⑤　作業の管理 ⑥　前各号に掲げるもののほか、労働者の健康管理 ⑦　健康教育、健康相談その他労働者の健康の保持増進を図るための措置 ⑧　衛生教育 ⑨　労働者の健康障害の原因の調査及び再発防止のための措置 ２．上記１.の事項について、総括安全衛生管理者に対して勧告し、又は衛生管理者に対して指導・助言することができる。 ３．少なくとも毎月１回作業場等を巡視し、作業方法又は衛生状態に有害のおそれがあるときは、直ちに、労働者の健康障害を防止するため必要な措置を講じること。 　　ただし、事業者から、毎月１回以上、衛生管理者が行う巡視の結果、その他衛生委員会等における調査審議を経て事業者が提供する労働者の健康障害防止、又は健康保持に必要な情報の提供を受けている場合で、事業者の同意を得ているときは、少なくとも２月に１回の巡視で可。 ４．産業医は、労働者の健康管理等を行うのに必要な医学に関する知識に基づき、独立性・中立性をもって誠実にその職務を行わなければならない。 ５．労働者の健康管理等を行うために必要な医学に関する知識及び能力の維持向上に努めること。 （安衛法13条１項、３項、安衛則14条１項、３項、７項、15条）
産業医に対する情報の提供	事業者は、産業医に対し、労働者の労働時間に関する情報その他の産業医が労働者の健康管理等を適切に行うために必要な次の情報を提供しなければならない。 ①　健康診断、長時間労働者に対する面接指導、ストレスチェック等により既に講じた措置又は講じようとする措置の内容に関する情報（これらの措置を講じない場合は、その旨及びその理由）を医師等からの意見聴取後遅滞なく ②　休憩時間を除き１週間当たり40時間を超えて労働させた場合におけるその超えた時間が１月当たり80時間を超えた労働者の氏名及び当該労働者に係る当該超えた時間に関する情報を算定後速やかに ③　①②以外の労働者の業務に関する情報であって産業医が労働者の健康管理等を適切に行うために必要と認めるものを産業医からの請求後速やかに （安衛法13条４項、安衛則14条の２）

項　目 ＼ 規　模	労 働 者 数 ５ ０ 人 以 上
産業医による勧告等	1．産業医は、労働者の健康を確保するため必要があると認めるときは、事業者に対し、労働者の健康管理等について必要な勧告をすることができる。この場合、事業者は、勧告を尊重しなければならない。 2．産業医は、勧告をしようとするときは、あらかじめ、当該勧告の内容について、事業者の意見を求めるものとする。 3．事業者は、産業医の勧告を受けたときは、次の事項を遅滞なく衛生委員会等に報告しなければならない。 　①　勧告の内容 　②　勧告を踏まえて講じた措置又は講じようとする措置の内容（措置を講じない場合には、その旨及びその理由） 4．事業者は、産業医の勧告を受けたときは、次に掲げる事項を記録し、3年間保存しなければならない。 　①　勧告の内容 　②　勧告を踏まえて講じた措置の内容（措置を講じない場合は、その旨及びその理由） （安衛法13条5項、6項、安衛則14条の3）
不利益取扱いの禁止	事業者は、産業医が法13条5項の勧告をしたこと又は安衛則14条3項の規定による勧告、指導・助言をしたことを理由に、産業医に対し、解任その他不利益な取扱いをしないようにしなければならない。 （安衛則14条4項）
労働者の健康管理等の適切な実施を図るための措置	事業者は、産業医等が労働者の健康管理等の適切な実施を図るため、労働者からの健康相談に適切に対応するために必要な体制の整備その他の必要な措置を講ずるように努めなければならない。 （安衛法13条の3）
衛生委員会等への調査審議の求め	産業医は、衛生委員会等に対して労働者の健康を確保する観点から必要な調査審議を求めることができる。 （安衛則23条5項）
病者の就業禁止に際しての意見聴取	事業者は、安衛則61条1項に基づき、病者の就業を禁止しようとするときは、あらかじめ、産業医その他専門の医師の意見を聞かなければならない。 （安衛法68条、安衛則61条2項）
産業医の業務の周知義務	産業医を選任した事業者は、事業場における①産業医の業務の具体的な内容、②産業医に対する健康相談の申出の方法、③産業医による労働者の心身の状態に関する情報の取扱いの方法を、常時各作業場の見やすい場所に掲示し、又は備え付ける等の方法により、労働者に周知させなければならない。 （安衛法101条2項、3項、安衛則98条の2）

項　目　＼　規　模	労働者数５０人以上
産業医に対する権限の付与等	１．事業者は、産業医に対し、職務（安衛則14条１項各号に掲げる事項）をなし得る権限を与えなければならない。 ２．産業医の権限には、職務に係る次の事項に関する権限が含まれる。 　①　事業者又は総括安全衛生管理者に対して意見を述べること。 　②　職務を実施するために必要な情報を労働者から収集すること。 　③　労働者の健康を確保するため緊急の必要がある場合に、労働者に対して必要な措置をとるべきことを指示すること。 （安衛則14条の４）
歯科医師	１．事業者は、施行令22条３項の有害業務に常時50人以上の労働者を従事させる事業場については、１項各号に掲げる事項のうち当該労働者の歯又はその支持組織に関する事項について、適時、歯科医師の意見を聴くこと。 ２．健康診断を行った歯科医師は、事業者又は総括安全衛生管理者に対し、当該労働者の健康障害（歯又はその支持組織に関するものに限る）を防止するため必要な事項を勧告できる。 （安衛則14条５項、６項）
健康診断の結果についての医師又は歯科医師からの意見聴取	１．異常所見のある労働者について、健康診断が行われた日（又は法66条５項のただし書きに基づき、当該労働者が会社指定以外の医師等の健康診断の結果を証明する書面を事業者に提出した日）から３月以内（法66条の２の自ら受けた健康診断結果に基づく場合は当該健康診断の結果を証明する書面が事業者に提出した日から２月以内）に行うこと。 ２．事業者は、医師又は歯科医師から、意見聴取を行う上で必要となる労働者の業務に関する情報を求められたときは、速やかに提供しなければならない。 （安衛法66条の４、安衛則51条の２）
意見聴取の記録	聴取した医師又は歯科医師の意見を健康診断個人票に記載すること。 （安衛法66条の４、安衛則51条の２第１項、２項）
結果の通知　＼　通知の必要のある健康診断	次の健康診断を実施した場合 １．一般健康診断（臨時、雇入れ時、定期、特定業務従事者、海外派遣労働者） ２．有機溶剤健康診断（雇入れ時、配置替え時、定期、医師が必要と認めるもの） ３．鉛健康診断（雇入れ時、配置替え時、定期、医師が必要と認めるもの） ４．四アルキル鉛健康診断（雇入れ時、配置替え時、定期） ５．特定化学物質健康診断（雇入れ時、配置替え時、定期、就業経験者、医師が必要と認めるもの） ６．高気圧業務健康診断（雇入れ時、配置替え時、定期、医師が必要と認めるもの） ７．電離放射線健康診断（雇入れ時、配置替え時、定期） ８．除染等電離放射線健康診断（雇入れ時、配置替え時、定期）

項　目 規　模	労働者数５０人以上
結果の通知 — 通知の必要のある健康診断	9．石綿健康診断（雇入れ時、配置替え時、定期、就業経験者、医師が必要と認めるもの） 10．じん肺健康診断（就業時、定期、定期外、離職時） 11．給食従業員の検便（雇入れ時、配置替え時、定期） 12．歯科医師による健康診断（雇入れ時、配置替え時、定期） （安衛法66条）
結果の通知 — 通知の必要のある労働者	所見のない労働者も含め、受診した全ての労働者にそれぞれの健康診断結果を通知 （安衛法66条の６）
結果の通知 — 通知の時期	遅滞なく（医師、健康診断機関から結果を受けとった後、速やかにとの趣旨）（安衛則51条の４、じん肺則22条の２）
健康診断実施後の措置	医師又は歯科医師の意見を勘案し、その必要があると認めるときは、次の措置を講じる必要がある。 １．当該労働者の実情を考慮して、就業場所の変更、作業の転換、労働時間の短縮、深夜業の回数の減少等の措置 ２．作業環境測定の実施 ３．施設又は設備の設置又は整備 ４．当該医師又は歯科医師の意見の衛生委員会若しくは安全衛生委員会又は労働時間等設定改善委員会（労働時間等の設定の改善に関する特別措置法７条１項に規定する労働時間等設定改善委員会をいう）への報告 ５．その他の適切な措置 （安衛法66条の５） （参考）健康診断結果に基づき事業者が講ずべき措置に関する指針
有所見者に対する措置	１．事業者は、健康診断の結果、特に健康の保持に努める必要があると認める労働者に対し、医師、又は保健師による保健指導を行うように努めること。 ２．労働者は、通知された健康診断の結果及び医師、又は保健師による保健指導を利用して、その健康の保持に努めること。 （安衛法66条の７）
過重労働による面接指導	長時間労働による脳・心臓疾患の発症を予防するため、次の要領により医師による面接指導を実施する必要がある。 １．事業者は、面接指導を実施するため、下記の高度プロフェッショナル制度が適用される労働者（労基法41条の２第１項）以外のすべての労働者の労働時間の状況を把握しなければならない。 ２．面接指導の対象となる労働者 ①　時間外・休日労働時間が１月当たり80時間を超え、かつ、疲労の蓄積が認められる者（ただし、下記の算定期日前１月以内に面接指導を受けた労働者その他これに類する労働者で面接指導を受ける必要がないと医師が認めたものを除く）

項 目　規 模	労 働 者 数 5 0 人 以 上
	（1月当たりの時間外・休日労働時間の算定式） 　　　1か月の総労働時間（労働時間数＋延長時間数＋休日労働時間数）－（賃金計算期間（1か月間）の総暦日数／7）×40 （算定期日） 　　　時間外・休日労働時間の算定は、毎月1回以上、一定の期日を定めて行うこと。 ②　事業者は、上記時間外・休日労働時間の算定を行ったときは、当該超えた時間が1月当たり80時間を超えた労働者に対し、速やかに、その超えた時間に関する情報を通知しなければならない。 　　　なお、当該通知は、いわゆる管理監督者及びみなし労働時間制が適用される労働者を含め、全ての労働者に適用される（ただし、研究開発業務従事者及び高度プロフェッショナル制度の適用者は除く）。 3．面接指導の実施方法等 ①　面接指導は、面接指導の対象となる労働者の申出により行うこと。 ②　面接指導の申出は、算定期日後、遅滞なく、行うこと。 ③　事業者は、労働者から面接指導の申出があったときは、遅滞なく、面接指導を行うこと。 　　　労働者は、事業主の行う面接指導を受けなければならない。（ただし、事業者の指定した医師が行う面接指導を受けることを希望しない場合で他の医師の行う面接指導を受け、その結果を証明する書面（下記6．の（注）参照）を事業者に提出したときは除く） ④　産業医は、面接指導の対象となる労働者に対して、面接指導の申出を行うよう勧奨することができる。 4．面接指導における確認事項 　　医師は、面接指導を行うに当たっては、面接指導の申出を行った労働者に対し、次に掲げる事項について確認を行う。 ①　当該労働者の勤務の状況 ②　当該労働者の疲労の蓄積の状況 ③　前号に掲げるもののほか、当該労働者の心身の状況 5．面接指導の結果についての医師からの意見聴取 　　面接指導の結果に基づく医師からの意見聴取は、面接指導が行われた後(当該労働者が労働者の希望する医師による面接指導を受けた場合は、その面接指導の結果を証明する書面を事業者に提出した後)、遅滞なく行うこと。 6．面接指導結果の記録の作成 　　事業者は、面接指導（労働者の希望する医師から受けた面接指導を含む）の結果に基づき、下記の事項について当該面接指導の結果の記録を作成し、これを5年間保存すること。 ①　実施年月日 ②　当該労働者の氏名 ③　面接指導を行った医師の氏名 ④　当該労働者の疲労の蓄積の状況 ⑤　前号に掲げるもののほか、当該労働者の心身の状況 ⑥　面接指導の結果に基づき聴いた医師の意見

項　目　　　規　模	労 働 者 数 ５ ０ 人 以 上
	（注）労働者の希望する医師から受けた面接指導の結果を証明する書面は、上記①～⑤に掲げる事項を記載したものであること。 7．面接指導を行う労働者以外の労働者であって健康への配慮が必要なものに対する措置（努力義務） 　①　面接指導の実施又は面接指導に準ずる措置とする。 　②　次に掲げる者に対して行うこと。 　　イ　長時間（時間外・休日労働時間１月当たり80時間）の労働により、疲労の蓄積が認められ、又は健康上の不安を有している労働者 　　ロ　前号に掲げるもののほか、事業場において定めた基準に該当する労働者 　③　当該労働者の申出により行うものとする （安衛法66条の８～66条の９、安衛則52条の２～52条の８）
新技術・新商品等の研究開発業務に係る面接指導等	1．事業者は、時間外・休日労働が１月当たり100時間を超える新技術・新商品等の研究開発業務（労基法36条11項）に従事する労働者に対し、医師による面接指導等を行わなければならない。 2．上記面接指導等は、通常労働者の場合と異なり、本人の申出の有無にかかわらず実施しなければならず、違反した場合は50万円以下の罰金に処される。 （安衛法66条の８の２、120条１号、安衛則52条の７の２）
高度プロフェッショナル制度に係る面接指導等	1．事業者は、高度プロフェッショナル制度が適用される労働者（労基法41条の２第１項）について、１週間当たりの健康管理時間（対象労働者が事業場内にいた時間と事業場外において労働した時間との合計時間）（同項３号）が40時間を超えた場合において、それが１月当たり100時間を超えたときは、医師による面接指導等を行わなければならない。 2．上記面接指導等は、研究開発業務従事者の場合と同様、本人の申出の有無にかかわらず実施しなければならず、違反した場合は50万円以下の罰金に処される。 （安衛法66条の８の４、120条１号、安衛則52条の７の４）

3

作業環境測定規制一覧

測定を行うべき作業場	測定時期・回数評価の時期	測定項目測定結果の評価内容	結果の記録	記録の保存	関係条文
1．土石、岩石、鉱物、金属又は炭素の粉じんを著しく発散する屋内作業場（常時特定粉じん作業が行われている作業場に限る）	6月以内ごとに1回	土石、岩石、鉱物、金属又は炭素の粉じんの空気中の濃度 土石、岩石又は鉱物については、粉じん中の遊離けい酸の含有率	1．測定日時 2．測定方法 3．測定箇所 4．測定条件 5．測定結果 6．測定を実施した者の氏名 7．測定結果に基づいて改善措置を講じたときは、当該措置の概要	7年間	安衛法65条 施行令21条1号 粉じん則25条、26条
	測定の都度、速やかに、測定結果を評価する	作業環境評価基準に従って、作業環境の管理の状態に応じ、第1管理区分、第2管理区分又は第3管理区分に区分	1．評価日時 2．評価箇所 3．評価結果 4．評価を実施した者の氏名	7年間	安衛法65条の2 粉じん則26条の2
2．暑熱、寒冷又は多湿の屋内作業場（安衛則587条に定める屋内作業場に限る）	半月以内ごとに1回	気温、湿度及びふく射熱	1．測定日時 2．測定方法 3．測定箇所 4．測定条件 5．測定結果 6．測定を実施した者の氏名 7．測定結果に基づいて改善措置を講じたときは、当該措置の概要	3年間	安衛法65条 施行令21条2号 安衛則587条、607条
3．著しい騒音を発する屋内作業場（安衛則588条に定める屋内作業場に限る）	6月以内ごとに1回（施設若しくは設備を変更し、又は作業工程若しくは作業方法を変更した場合には、遅滞なく）	等価騒音レベル		3年間	安衛法65条 施行令21条3号 安衛則588条、590条、591条
4．坑内作業場　炭酸ガスの滞留、又はそのおそれのある場所	1月以内ごとに1回	炭酸ガス濃度		3年間	安衛法65条 施行令21条4号 安衛則589条、592条、603条、612条
気温が28℃を超える、又は超えるおそれのある場所	半月以内ごとに1回	気温			
通気設備のある場所	半月以内ごとに1回	通気量			

測定を行うべき作業場		測定時期・回数評価の時期	測定項目測定結果の評価内容	結果の記録	記録の保存	関係条文
5．廃棄物の焼却施設	廃棄物の焼却施設におけるばいじん及び焼却灰その他燃え殻の取扱いの業務	6月以内ごとに1回	ダイオキシン類の濃度	1．測定者 2．測定場所を示す図面 3．測定日時 4．天候 5．温度・湿度等測定条件 6．測定機器 7．測定方法 8．ダイオキシン類濃度	30年間保存（平成13年基発第401号）	安衛則592条の2 廃棄物焼却施設内作業におけるダイオキシン類ばく露防止対策要綱（平成13年基発第401号）
	廃棄物の焼却施設に設置された廃棄物焼却炉、集じん機等の設備の保守点検等の業務					
	廃棄物の焼却施設に設置された廃棄物焼却炉、集じん機等の設備の解体等の業務及びこれに伴うばいじん及び焼却灰その他の燃え殻の取扱いの業務	作業開始前	作業に係る設備の内部に付着したものに含まれるダイオキシン類の含有率	1．測定日時 2．測定者 3．サンプリング調査時の温度 4．サンプリング調査時の湿度 5．サンプリング調査方法（方法及び工具等） 6．サンプリング調査箇所を示す写真・図面等	30年間保存（平成13年基発第401号）	安衛則592条の2 廃棄物焼却施設内作業におけるダイオキシン類ばく露防止対策要綱（平成13年基発第401号）
6．中央管理方式の空気調和設備を設けている建築物の室で、事務所の用に供されるもの		2月以内ごとに1回（測定を行おうとする日の属する年の前年1年間において、当該室の気温が17℃以上28℃以下及び相対温度が40パーセント以上70パーセント以下である状況が継続し、かつ、当該測定を行おうとする日	1．一酸化炭素及び二酸化炭素の含有率 2．室温及び外気温 3．相対湿度	1．測定日時 2．測定方法 3．測定箇所 4．測定条件 5．測定結果 6．測定を実施した者の氏名 7．測定結果に基づいて改善措置を講じたときは、当該措置の概要	3年間	安衛法65条 施行令21条5号 事務所則7条、8条

測定を行うべき作業場	測定時期・回数評価の時期	測定項目測定結果の評価内容	結果の記録	記録の保存	関 係 条 文
	の属する1年間において、引き続き状況が継続しないおそれがない場合は、室温及び外気温、相対湿度については、3月から5月までの期間又は9月から11月までの期間、6月から8月までの期間及び12月から2月までの期間ごとに1回の測定とすることができる)				
7. 放射線業務を行う作業場 — 放射線業務を行う管理区域	1月以内(放射線装置を固定して使用する場合において使用の方法及び遮へい物の位置が一定しているとき、又は3.7ギガベクレル以下の放射性物質を装備している機器を使用するときは、6月以内)ごとに1回	外部放射線による線量当量率又は線量当量	1. 測定日時 2. 測定方法 3. 放射線測定器の種類、型式及び性能 4. 測定箇所 5. 測定条件 6. 測定結果 7. 測定を実施した者の氏名 8. 測定結果に基づいて実施した措置の概要	5年間	安衛法65条 施行令21条6号 施行令別表第2第7号 電離則53条〜55条、60条
放射性物質取扱作業室	1月以内ごとに1回	空気中の放射性物質の濃度			
事故由来廃棄物等取扱施設					
坑内における核原料物質の掘採の業務を行う作業場所					

測定を行うべき作業場	測定時期・回数評価の時期	測定項目測定結果の評価内容	結果の記録	記録の保存	関 係 条 文
8．安衛法施行令別表第3第1号（第一類物質）若しくは2号（第二類物質）に掲げる特定化学物質を製造し、若しくは取り扱う屋内作業場又はコークス炉上において若しくはコークス炉に接してコークスの製造の作業を行う場合の当該作業場（石綿等に係るものを除く）	6月以内ごとに1回	第一類物質（安衛法施行令別表第3第1号8に掲げる物を除く）及び第二類物質（別表第1に掲げる物を除く）の空気中の濃度	1．測定日時 2．測定方法 3．測定箇所 4．測定条件 5．測定結果 6．測定を実施した者の氏名 7．測定結果に基づいて当該物質による労働者の健康障害の予防措置を講じたときは、当該措置の概要	3年間（特化則36条3項に掲げるものの記録は30年間）	安衛法65条 施行令21条7号 施行令別表第3 第1号、2号 特化則36条
	特化則36条の2第1項に掲げるものの測定の都度、速やかに、測定結果を評価する	作業環境評価基準に従って、作業環境の管理の状態に応じ、第1管理区分、第2管理区分又は第3管理区分に区分	1．評価日時 2．評価箇所 3．評価結果 4．評価を実施した者の氏名	3年間（特化則36条の2第3項に掲げるものの記録は30年間）	安衛法65条の2 特化則36条の2
8－2．特別有機溶剤又は有機溶剤を含有する製剤（合計して5％を超えて含有する場合）を製造し、又は取り扱う作業場	6月以内ごとに1回	有機溶剤の濃度	1．測定日時 2．測定方法 3．測定箇所 4．測定条件 5．測定結果 6．測定を実施した者の氏名 7．測定結果に基づいて当該物質による労働者の健康障害の予防措置を講じたときは、当該措置の概要	3年間	安衛法65条 施行令別表第3 第2号3の3 特化則36条の5 （有機則28条（1項を除く）〜28条の4を準用）
	測定の都度、速やかに、測定結果を評価する	作業環境評価基準に従って、作業環境の管理の状態に応じ、第1管理区分、第2管理区分又は第3管理区分に区分	1．評価日時 2．評価箇所 3．評価結果 4．評価を実施した者の氏名	3年間	安衛法65条の2 特化則36条の5 （有機則28条の2を準用）

測定を行うべき作業場	測定時期・回数評価の時期	測定項目測定結果の評価内容	結果の記録	記録の保存	関 係 条 文
9. 石綿若しくは石綿をその重量の0.1%を超えて含有する製剤その他の物を取り扱い、若しくは試験研究のため製造する屋内作業場若しくは石綿分析用試料等を製造する屋内作業場	6月以内ごとに1回	石綿の空気中における濃度	1.　測定日時 2.　測定方法 3.　測定箇所 4.　測定条件 5.　測定結果 6.　測定を実施した者の氏名 7.　測定結果に基づいて当該石綿による労働者の健康障害の予防措置を講じたときは、当該措置の概要	40年間	安衛法65条 施行令21条7号 石綿則36条
	測定の都度、速やかに、測定結果を評価する	作業環境評価基準に従って、作業環境の管理の状態に応じ、第1管理区分、第2管理区分又は第3管理区分に区分	1.　評価日時 2.　評価箇所 3.　評価結果 4.　評価を実施した者の氏名	40年間	安衛法65条の2 石綿則37条
10.　施行令別表第4第1号から8号まで、10号、16号に掲げる鉛業務（遠隔操作によって行う隔離室におけるものを除く）を行う屋内作業場	1年以内ごとに1回	空気中の鉛の濃度	1.　測定日時 2.　測定方法 3.　測定箇所 4.　測定条件 5.　測定結果 6.　測定を実施した者の氏名 7.　測定結果に基づいて鉛中毒による予防措置を講じたときは、当該措置の概要	3年間	安衛法65条 施行令21条8号 施行令別表第4 第1号〜8号、 10号、16号 鉛則52条
	測定の都度、速やかに、測定結果を評価する	作業環境評価基準に従って、作業環境の管理の状態に応じ、第1管理区分、第2管理区分又は第3管理区分に区分	1.　評価日時 2.　評価箇所 3.　評価結果 4.　評価を実施した者の氏名	3年間	安衛法65条の2 鉛則52条の2

測定を行うべき作業場	測定時期・回数評価の時期	測定項目測定結果の評価内容	結果の記録	記録の保存	関 係 条 文
11.　酸素欠乏危険場所（施行令別表第6）において作業を行う場合の当該作業場	その日の作業を開始する前	第一種酸素欠乏危険場所にあっては空気中の酸素濃度、第二種酸素欠乏危険場所にあっては酸素及び硫化水素の濃度	1．測定日時 2．測定方法 3．測定箇所 4．測定条件 5．測定結果 6．測定を実施した者の氏名 7．測定結果に基づいて酸素欠乏症等の防止措置を講じたときは、当該措置の概要	3年間	安衛法65条 施行令21条9号 施行令別表第6 酸欠則3条
12.　施行令別表第6の2第1号から47号に掲げる有機溶剤を製造し、又は取り扱う業務（有機則3条1項の業務は除く）を行う屋内作業場	6月以内ごとに1回	当該有機溶剤の濃度	1．測定日時 2．測定方法 3．測定箇所 4．測定条件 5．測定結果 6．測定を実施した者の氏名 7．測定結果に基づいて当該有機溶剤による労働者の健康障害の予防措置を講じたときは、当該措置の概要	3年間	安衛法65条 施行令21条10号 施行令別表第6の2第1号〜47号 有機則28条
	測定の都度、速やかに、測定結果を評価する	作業環境評価基準に従って、作業環境の管理の状態に応じ、第1管理区分、第2管理区分又は第3管理区分に区分	1．評価日時 2．評価箇所 3．評価結果 4．評価を実施した者の氏名	3年間	安衛法65条の2 有機則28条の2
13.　建築、大規模の修繕又は大規模の模様替を行った室	当該建築等が完了し、当該室の使用を開始した日以後最初に到来する6月から9月までの期間に1回	ホルムアルデヒドの量			事務所則7条の2、8条

測定を行うべき作業場	測定時期・回数 評価の時期	測定項目 測定結果の評価内容	結果の記録	記録の保存	関 係 条 文
14. 化学設備又はその附属設備の改造、修理、清掃等を行う作業箇所及びその周辺（ただし、これらの設備を分解する作業を行い、又はこれらの設備の内部で作業を行うときに限る）	随時（作業開始時及び作業再開時のほか、作業中にも必要に応じて測定することをいう）	引火性の物の蒸気又は可燃性ガスの濃度			安衛則275条、275条の2
15. ずい道等の建設の作業を行う場合において、可燃性ガスが発生し、又は停滞するおそれがある場所	毎日作業を開始する前、中震以上の地震の後及び可燃性ガスに関して異変を認めたとき	可燃性ガスの濃度	結果を記録		安衛則382条の2

〔改訂16版〕安全衛生法令早見表

平成 5 年 8 月　　　　　初版発行
令和 5 年 1 月20日　　改訂16版発行
令和 6 年 5 月27日　　改訂16版 第 2 刷発行

編　者　労働調査会出版局
発行者　藤　澤　直　明
発行所　労　働　調　査　会
〒170-0004　東京都豊島区北大塚 2 - 4 - 5
TEL 03（3915）6 4 0 1
FAX 03（3918）8 6 1 8
〔HOMEPAGE〕https://www.chosakai.co.jp/

ISBN978-4-86319-949-1　C2030